李嘉诚传

我不是超人

王 晶◎著　　陈 润◎主编

团结出版社

图书在版编目（CIP）数据

李嘉诚传 / 王晶著 . -- 北京：团结出版社 ,2019.9
ISBN 978-7-5126-7376-2

Ⅰ . ①李… Ⅱ . ①王… Ⅲ . ①李嘉诚－传记 Ⅳ . ① K825.38

中国版本图书馆 CIP 数据核字 (2019) 第 206817 号

李嘉诚传

王晶　著

出　　版	：团结出版社	
	（北京市东城区东皇城根南街84号　　邮编：100006 ）	
责任编辑	：郑　纪	
电　　话	：（010 ）65228880	
发　　行	：（010 ）51393396	
网　　址	：http://www.tjpress.com	
E – mail	：65244790@163.com	
经　　销	：全国新华书店	
印　　刷	：三河市华东印刷有限公司	

开　　本	：145×210　1/32
印　　张	：9.75
字　　数	：200千字
版　　次	：2020年1月第1版
印　　次	：2020年3月第2次印刷

书　　号	：978-7-5126-7376-2
定　　价	：49.00元

为中国标杆企业立传

古希腊哲学家柏拉图提出过人生三问："我是谁？我从哪里来？我要到哪里去？"

"现代管理学之父"彼得·德鲁克有企业三问：我们企业是个什么企业？我们企业将是个什么企业？我们企业应该是个什么企业？

其实，无论个人还是企业，不同的个体、组织有不同的基因、命运和结局。对于个人来说，要有思想和灵魂，才能活得明白，取得成功。对于企业而言，要有愿景、使命、价值观，才能做大做强，基业长青。世间万物，皆有"灵魂"，我们要不断地找魂、炼魂。

每个企业出生时都有"灵魂"，但发展壮大以后就容易被忽视，往往当危机袭来才意识到"灵魂"不复存在，老板无力回天，毕竟灵魂人物也会在名利浮华中失去"灵魂"。企业的灵魂人物是创始人，他给企业创造的最大财富是企业家精神；管理的核心是管理愿景、使命、价值观，我们通常将其称为企业文化。有远见的企业家重视找魂、炼魂，其中效率最高、成本最低的方式是写作企业家传记和企业史，前者提炼企业家精神，后者重塑企业文化，以此重塑企业，找到企业复兴之路。

当今世界正处在百年未有之大变局之中，企业家面临空前机遇，也面临新的挑战：企业转型升级、品牌价值重塑、精神文化复兴。成功的企业家不仅要满足客户、成就员工、回报股东，更应该实现自我，以管理智慧、商业思想、人生哲学塑造人格品牌和企业文化，形成超越行业、引领未来的时代影响力。

"立德、立功、立言"，这是儒家追求，也是人生大道。在过去 8 年间，我所创办的润商文化秉承"以史明道，以道润商"的使命，汇聚一大批专家学者、财经作家、媒体精英，专注于企业定制出版和传播，为中国标杆企业立传。我们为招商局金融、华润、戴尔中国、用友、卓尔等数十家著名企业提供知识服务，策划出版过美的、碧桂园、小米、奇虎 360 等企业史类具有影响力的作品，将部分优秀作品版权输出到海外，而且出版了近百部研究顶级企业家智慧和企业发展模式的财经图书，堪称最了解中国本土企业管理水平和商业模式的知识服务机构之一。在我看来，人类总是在不断重复相同的错误，企业发展史亦是不断犯错的过程，而真正能够超越历史的企业才称得上"以史为鉴"。

正是出于对中国商业文明的专业研究精神和时代使命感、责任感，当我提出策划出版"中国著名企业家传记"丛书的倡议之后，得到了团结出版社的大力支持。2019 年，我们启动"中国著名企业家传记"丛书的学术研究和出版工程，聚集业内知名财经作家

组建研究团队，花费大半年时间进行专题研究和创作，作品陆续
出版问世。为了高标准、高品质打造精品工程，我们首批仅选取
李嘉诚、任正非、马云、雷军、董明珠、彭蕾等著名企业家作为
样本，特别是董明珠和彭蕾两位女性企业家，让我们真切感知到
这句话："商业因女性而美好。"

一直以来，我们致力于实现文化工作者的梦想——为有思想
的企业提升价值，为有价值的企业传播思想。作为中国商业观察
者、记录者、传播者，我们将聚焦于更多中国标杆企业、行业龙
头企业、区域领导品牌、高成长型创新公司等有价值的企业，将"中
国著名企业家传记"丛书不断完善。为企业家立言，为企业立命，
为中国商业立标杆，重塑企业品牌价值，推动中国商业进步。

通过"中国著名企业家传记"丛书的调查研究和出版工程，
我们意在为更多中国企业汲取前行的智慧和力量，为读者在喧嚣
浮华的时代打开一扇希望之窗：

在这个美好时代，每个人都可以通过奋斗和努力，成为想成
为的那个自己。

"中国著名企业家传记"丛书主编 陈润

2019 年 9 月 1 日

"我不是超人"

1940年，12岁的李嘉诚随父从潮州逃难到香港，父亲去世后，他一步步白手起家，创立了一个市值逾万亿港元、分支机构遍布50多个国家（地区）、子公司超过90家、拥有逾23万雇员的巨型商业王国。崇拜李嘉诚的人，称之为"超人"。

据说，"超人"的说法来自一个香港学生的作文《李家的城》，其中这样写道："李嘉诚，名副其实，香港就是李家的城。他是我们的上帝，万物都是他所创造……"虽然有些夸张，但香港人的衣食住行，似乎都与李嘉诚的产业有关。

中国香港是全球贫富差距问题较严重的地区之一，近几年，"港独分子"闹事，一些人把对现状的不满发泄到李嘉诚身上，有的甚至要求政府创设"李嘉诚税"。尽管李嘉诚多次表示"我爱这片土地，这里是我的根"，但是"李嘉诚从香港撤资"的消息依然不断传出。

2015年9月，某微信公众号一篇题为《别让李嘉诚跑了》的文章，在内地社交网络引发了极大关注。继"抛弃香港"之后，对李嘉诚又多了一个"不爱国"的质疑。之后"李嘉诚跑了"的消息就没停过。

2019年发生的两件大事，让那些对李嘉诚的"质疑"不攻自破。

其一，从加拿大政府应美国要求在温哥华逮捕了华为副董事长、首席财务官孟晚舟开始，一场"围剿华为"、争夺5G全球话语权、借此打压中国的贸易战就此打响。在中美摩擦不断的关键时刻，背负"跑路""不爱国"恶名久未露面的李嘉诚，在关键时刻挺身而出，先是紧急终止收购加拿大公司行动，接着力挺华为，通过自己在欧洲的渠道关系，为华为牵线搭桥，为其在欧洲市场打破僵局，让美国发动的围剿不攻自破。

其二，香港6月9日发生"反修例"风波以来，暴力冲突持续不断，港人民不聊生之际，国际反华势力趁机大做文章。关键时刻，李嘉诚再次挺身而出，霸气发声，买下了8月16日香港几乎所有报纸的头版广告，以一个香港市民的名义，呼吁大家一定要"以爱之义，止息怒愤"，对"一国两制"以谦和而珍之，"不要让今天的激情，成为明天的遗憾"。李嘉诚引用武则天之子的"黄台之瓜，何堪再摘"之言，可谓寓意深刻。

这两件事，让公众对李嘉诚再次刷新了认知。关键时刻，李嘉诚表现出来的爱国爱港气节，如同定海神针一般。

这是最好的时代，也是最坏的时代。今天是很多人惊叹"遍地都是发财机会"的时代，也是很多人哀叹"除了上天难，就是挣钱难"的时代。

李嘉诚告诉我们：人生的高度不应当被出身论和所谓的机遇论来决定。

李嘉诚功成名就之后，外界给了他很多头衔："亚洲首富""商界超人""地产大亨"……可是超人并不是一开始就是超人，至少李嘉诚从来不觉得自己是超人。

说起出身，没有多少人比李嘉诚更惨。年少遇上日本侵华、饱受战争之苦，为躲避战火举家迁至香港。到了香港，以为从此过上幸福生活，结果却是更困难的人生开始。先是父亲染病辞世，14岁的李嘉诚不得不挑起家庭的重担。本来有个有钱的舅舅，如果能够得其拉拔，人生也就少了很多弯路。事实上并没有。李嘉诚的舅舅是个标准的商人，他不会投资看不到收获的人。李嘉诚必须先验证自己是值得投资的人。于是，李嘉诚被迫从茶楼跑堂做起，接着在钟表店当小伙计、去五金厂当推销员，从普通的销售员一直埋头干到了总经理。当李嘉诚对自己的能力充满自信之后，他不再对舅舅的拉拔感兴趣了。他果断下海创业，做出人生重要的抉择——创办长江塑胶厂，紧接着靠着不凡的眼光和良好的信誉，成为"塑胶花大王"。当机遇来临，他又转型做地产行业，收购和记黄埔、香港电灯，在全球扩张货运码头，投资内地房地产，构建零售帝国，进军通讯行业和医药行业……李嘉诚用非凡的智慧和眼光从容地面对一次又一次的挑战，从而建立庞大的商业王国。正如李嘉诚所言：我的每一分钱都是自己辛苦赚来的。

可以说，李嘉诚是人生逆袭的最佳代表。这也是无数人把他视作人生偶像的原因所在。李嘉诚的投资时有争议，但他富有传奇的生命轨迹和做人做事态度，有口皆碑。就连《福布斯》杂志也盛赞他："环顾亚洲，甚至全球，只有少数企业家能够从艰困的童年，克服种种挑战而成功建立一个业务多元化及遍布全球54个国家的庞大商业王国。

李嘉诚在香港素有'超人'的称号。事实上，全球各地商界翘楚均视他为拥有卓越能力、广阔企业视野和超凡成就的强人。"

表面上看，李嘉诚的财技惊人，过无不胜，如同超人。最让人感叹的是，每一次金融危机之后，李嘉诚都会暴涨财富。1997年亚洲金融危机爆发之前，李嘉诚还只是"香港四大富豪"吊尾，危机过后的1999年，李嘉诚坐上香港第一富豪的交椅；2009年金融危机爆发之前，李嘉诚马上被李兆基赶上，两人财富只差50亿美元，危机过后，双方的财富差距一下子就拉大了，金融海啸中，"和黄系"的股价跌幅远小于李兆基的"恒基系"。大危机面前，别人都在大发愁，李嘉诚却如有神助。

为何如此？

对此，李嘉诚说："我只是比别人多了一双前后眼而已。哪有什么幸运女神眷顾，只有蓄谋已久的等待。"李嘉诚每投资一家项目，通常观察上好几年，在充分做了调查工作之后才下手。举个例子，在成功收购澳大利亚电信公司之前，李嘉诚已经考察了好几年，直到2013年下半年，李嘉诚才等到了一个机会。李嘉诚的投资谨慎又谨慎。

其次，李嘉诚寻找机会都是靠笨方法。让他第一次翻身的塑胶花生意，是在每晚翻阅英语杂志中看到的消息，为了拿到这笔生意，李嘉诚还特意去意大利做工。让他视作一生最骄傲的生意——收购加拿大赫斯基石油公司，是怎么来的呢？20世纪80年代石油危机，李嘉诚觉得石油会是最赚钱的生意，于是他翻阅地图和全球报纸挨个找，发现加拿大有这家公司在年年亏损。李嘉诚有很多生意都是这么道听途说、寻根刨底而来的。可见，李嘉诚并不具备"翻手为云覆手为雨"

的超能力。只不过，李嘉诚执行力比别人快，他说过一句经典的话：当一个新事物出现，只有5%的人知道时，赶紧做，这就是机会，做早就是先机。

另外，李嘉诚也不总是胜券在握的人，相反，他更多思考的是失败。2008年11月21日，《商业周刊》杂志对李嘉诚进行了一次特别采访，"常胜将军"李嘉诚公布了让人跌破下巴的经商心得——花90%的时间考虑失败。"想想你在风和日丽的时候，假设你驾驶着以风推动的远洋船，在离开港口时，虽然天气蛮好，你要先想到万一有台风来袭，你怎么办。我会不停地研究每个项目要面对可能发生的坏情况下出现的问题，所以往往花90%的时间考虑失败。正是因为这样，这么多年来，自从1950年到今天，长江实业才从来没有翻船。你一定要先想到失败。从前，我们中国人有句做生意的话：'未买先想卖。'你还没有买进来，你就先想怎么卖出去，预估最坏的结果。一个小诀窍是，多了解细节，经常能在事前预防危机的发生。"外人眼中无所不能的李超人，实际上是一个务实的悲观主义者。

从铁皮桶，到塑胶玩具，到塑胶花，再到房地产，后来进军电信业，现在投资大健康产业……李嘉诚这一生，做过太多的行业，你可以解读为他有一颗永远在路上的不安分的心。但李嘉诚本人可没有这么浪漫，他如此折腾不已的原因很简单："没有一个行业可以永远兴旺下去，好的时候不要看得太好，坏的时候不要看得太坏。"拥抱变化的唯一办法就是自己必须跟着变化。

不是超人的李嘉诚，为什么能创造出超人一般的财富神话呢？如果一定要总结出一个原因的话，那就是李嘉诚把做人与致富成功融合。与其他富豪不一样的地方是，李嘉诚商业的成功，更多来自做人的成功。除了眼光独到、财技惊人之外，李嘉诚十分注重财富之外的个人修养。在他看来，做人成功是经商的底牌。讲信誉、和为贵、善包容、常感恩、多奉献、肯吃苦、有耐心、有远见、能自律、不满足……在李嘉诚对外道出的商业经里，最常出现的是这些做人的品质。他很少谈及"正儿八经"的投资经，更多的是做人的道理。一生信奉大商主义，大概这就是李嘉诚颠覆"无奸不商"的地方，这也是本书的写作逻辑：从做人来破解超人的财富密码。

超人不过是传说。商业本无奇迹，人生本无捷径。世界正在悄悄惩罚那些热衷投机的小人，也正在悄悄奖励那些取之有道的君子。如果你跟着李嘉诚学经商，你很大可能会失败，因为没有亘古不变的商业真经。让我们不妨来学习一下李嘉诚"一本万利"的做人艺术，以及如何将做人艺术贯穿至经营财富的高超能力。做人、做事与赚钱，其实一脉相承。愿诸君能通过本书有所领悟。

目　录

第七章 抓住机遇：世事洞明，人情练达

第八章 深谋远略：眼界不同，结果不同

第九章 冷静自持：过犹不及，知止不败

第十章 永不满足：保持谦卑，心系未来

第十一章 坦荡为人：不义而富且贵，于我如浮云

第十二章 内心富贵：建立自我，追求无我

附录

第一章

学会吃苦：天行健，君子以自强不息

　　李嘉诚的年少时代是他人生最脆弱的时候。从小颠沛流离，父亲英年早丧，作为家庭的长子，他14岁就不得不承担起养家的重担。可这个时候的他，除了瘦弱多病的身体外，所依仗只有内心里的不甘、不倦、不服气，也正是因为内心的这股气，他慢慢地变得强大起来。

先处理心情再处理事情

在我眼中，未来跟明天是两回事，天命和命运是不同的。明天只是新的一天，而未来是自己在一生各种偶然性中，不断选择的结果。

——李嘉诚

谁能想到，日后在财富场上纵横驰骋的李嘉诚，最初的理想是从事教育工作。

李嘉诚出生于广东潮州潮安县北门街面线巷，祖籍福建莆田，先祖为河南焦作人士。潮州素有"岭南名邦"之称，明清两代，人才辈出。说起来，李嘉诚可是出身正经书香门第，从祖父一代起就是读书人，祖父曾是清朝末年的秀才，父亲是当地小学的教师兼校长。年幼的李嘉诚在书香浓郁的环境里长大，自小就对书本特别亲近。每天放学后，他不像其他孩子一样去疯玩疯跑，而是沉浸于书本中。李嘉诚小小年纪涉猎很广，《诗经》《论语》《离骚》，唐诗、宋词、元曲……他都读过。儿时的李嘉诚是小伙伴们心中的大学问家。就连后来成为学者的堂兄李嘉来也承认："嘉诚虽然比我小，但读的书一点不比我少，最主要的是他很刻苦，每晚对着煤油灯看很晚。"

造化弄人。李嘉诚最初的理想是继承祖辈衣钵，走治学执教的路子。可是，风云急变，残酷的现实猝不及防地毁了他的理想。

1937 年 7 月 7 日，虎狼般的日军大举侵入中国，一时间山河破碎，中华大地再难找到一处安定的角落。随后的几年，民不聊生，李家也不例外。1940 年，为了一家人的生存，李嘉诚的父亲李云经带着一家老小逃往香港，本来想找到一处安身之所，谁知道战火跟着烧到了香港。1941 年，日本在偷袭美国珍珠港的同时，野蛮空袭香港。在生活的艰辛与家庭重担的双重压力下，两年后，李云经因肺结核病突然去世。李云经临终前，拉着李嘉诚的手说："阿诚[1]，这个家以后就要靠你了，你要把这个家维持下去啊……"李嘉诚哽咽着回答说："我们家一定会过得很好！"

可是，怎样才能把整个家维持下去呢？父亲没有说，14 岁的李嘉诚迷茫了。

绝望之际，一位会看相的好事同乡对李嘉诚母亲庄碧琴说："你儿子眼眸无神，骨架瘦弱，未来恐难成大器。他若安分守己，终日干干，勉强谋生是可以的，但飞黄腾达，怕没有他的福分！"

庄碧琴强忍着丧夫之痛，安慰和鼓励李嘉诚，说："阿诚！天命难算，上天一定会厚待善良、努力的人。再艰难，只要努力都会过得越来越好。"

李嘉诚虽然对算命先生的话心存芥蒂，但他就当没听过，他也安慰母亲，请母亲放心，自己一定能扛着这个家的。倒不是李嘉诚乐观，是现实由不得他不坚强。父亲走了，他连怕死的心都不敢有。作为长子，他知道，自己没有悲伤和自怜的权力。李嘉诚悄悄告诉自己：可以信风水但不可以信命，人的命运最终还是靠事在人为。只有自己双手创建的未来，才是唯一能信任的命运。

后来在回忆这段日子时，李嘉诚说："小时候，我的家境虽然不

---

[1] 孙良珠：《李嘉诚全传》，华中科技大学出版社，2010。

富裕，但生活基本上是安定的。我的先父、伯父、叔叔的文化程度很高，都是受人尊敬的读书人，抗日战争爆发后，我随先父到香港，看到的都是世态炎凉，人情冷暖，就感到这个世界原来是这样的，因此在我的心里产生了很多感想，就这样，童年时期五彩缤纷的梦想和天真都完全消失了。"因为战争的破坏和父亲的突然去世，李嘉诚过去赖以生存的世界崩塌了，未来的生活应该是什么样的呢？他其实想了很多。

刚到香港时，李嘉诚身边的本地同学都能将英语说得很好，而他自己却连字母都认不全，这让他十分挫败。当时父亲李云经特别嘱咐李嘉诚：想要融入香港的大环境，必须学会做香港人，要想做香港人，必须先学习香港的语言——粤语和英语。李嘉诚听从父亲的教诲，这一两年时间里，一直在苦学语言。对语言的逐步把握，让他受益匪浅。现在，虽然父亲不在身边了，但李嘉诚按照父亲的思路，自己开始做分析：要想养活弟妹和母亲，自己需要去挣钱；自己去挣钱的话，肯定就没有办法上学了；没法上学的话，自己的理想怎么办呢？最后，他得出的结论是：可以先赚一大笔钱，然后再去搞教育。于是，在内心深处，李嘉诚悄悄将自己治学执教的理想修改成"先赚一大笔钱，然后再去搞教育"。这个决定影响了他一生的轨迹。

"我是谁，我要到哪里去"，人生路上，我们会经常面对这样的抉择，有人习惯怀着迷茫而忐忑的心情，走一步看一步，走到哪里算哪里。在人生节点上，青年李嘉诚跟普通人一样，同样会忐忑不安，只不过，他没有因此迷茫，而是先处理自己的心情，理清楚自己想要什么，现在要干什么，未来应该是怎样之后，李嘉诚这才开始行动。这种"谋定而后动"的精神恰恰是很多年轻人所不具备的。

国学大师南怀瑾认为，只有达到了止和定的境界，才能够停止一切的动相。也就是说，心乱则万事乱，心定则万物定。后面的事实证明，李嘉诚定心之后，生活的困难便很难将他打倒了。

得知李嘉诚退学养家的想法后，舅舅庄静庵曾提出帮忙。庄静庵1935年来到香港，后创立香港中南钟表公司，如果有他的扶持，李嘉诚自然会少受苦，但寄人篱下的生活，不是李嘉诚真正想要的，认真思考后，李嘉诚谢绝了舅舅的帮助，他决定自己去趟一条路出来。

在那兵荒马乱的年月，到处都是失业的人，对于一个刚从学校里走出来、只有14岁的少年来说，想找到一个赖以糊口的工作，并不是一件容易的事情。因为李嘉诚年龄实在太小，母亲庄碧琴不放心，所以第一天，庄碧琴带着李嘉诚沿街挨家挨铺寻找工作，每见一个店铺，她都在门口等着，李嘉诚进去询问人家是否需要伙计。一次又一次的尝试，一次又一次的碰壁，他们足足奔波了一整天，没有任何收获。眼看着天黑了，李嘉诚早晨喝的是菜叶煮稀粥，这时早就饿得前心贴后背，庄碧琴心疼地问："阿诚，饿了吗？阿妈给你买糯米鸡。"李嘉诚压下肠胃的轰鸣说："我不饿。"他知道现实的冷酷，不找到工作，一家人连一日两顿的稀粥马上就都喝不上了。

第二天，李嘉诚坚持一个人出门，他不忍心母亲跟着他一拐一拐地在街上奔走。直到天黑，仍旧一无所获。李嘉诚遭遇了数不清的拒绝，可他不想放弃，也不能放弃。第三天，一位茶楼老板看他可怜，终于答应收留他在茶馆里当烫茶的跑堂，在老板点头的那一刻，李嘉诚欣喜若狂。

14岁被迫踏入社会，就算李嘉诚比同龄人早熟，但要做到没有一点情绪是不可能的。李嘉诚也为这不公的命运深深愤怒过。他在2013年汕头大学毕业典礼上分享过他14岁那年的真实心情：

"在逆境中奋斗的人，不要让内心的愤怒燃烧，而影响你解决问题的能力。"

李嘉诚的小指头有一个疤痕，这是14岁的时候留下的"愤怒的印记"。那年，一个寒风透骨的冬天下午，李嘉诚无意间从窗框中，看见高层领导坐在暖暖的室内，悠闲地品茗，顿时感到很孤独、很怨愤，他在愤怒中错手割伤自己，深可见骨。看着血从伤口由红变黑，李嘉诚当时心中只有一个念头：出人头地，一定不要做可怜的人。但是他知道，只有怨愤而欠缺思维，只会令自己更软弱、更惶恐。于是，他决定把愤怒转为对自己更高的要求和更专注解决问题的动力。

正当李嘉诚觉得生活马上就会变好的时候，一场灾难悄悄降临在了他的身上。

肯努力一点就可以赢多一点

一个人所获得的报酬和成果与他付出的努力有极大的关系。个人的努力是创造事业的最基本条件。在 20 岁前，事业上的成果百分之百靠双手勤劳换来；20 岁至 30 岁之前，事业已有些小基础，10% 靠运气好，90% 仍是由勤劳得来。

——李嘉诚

在 1990 年汕头大学毕业典礼上，李嘉诚说："美国立国的时间只有二百多年，比欧洲许多国家的历史短促，但整个国家的发展，却是后来居上。日本自明治维新以后，曾几何时，便超越了许多比它历史更悠久的国家，第二次世界大战失败后，不久又在经济的成就上大放异彩。而德国经历了两次大战的失败，都能迅速复原。可见在人为的努力下，可以加速达至目标。"他通过国家的恢复和发展来证明"人为的努力"的重要性，而实际上，李嘉诚的人生正是跟"人为的努力"紧密相关的。

刚进入茶楼工作不久，李嘉诚身上出现了跟父亲一样的症状，不仅咳嗽不止，咳出的痰中还带有血迹，简单检查后，很快就确定了，他染上了肺结核。"我会不会像父亲一样死去？"一想到这个问题，李嘉诚犹如五雷轰顶。父亲李云经就是死于肺结核，当时李嘉诚常常吃不饱，身体非常瘦小，营养不足所以抵抗力很差。在当时落后的医疗条件下，得了这个病，就相当于得了绝症。本来心里充满恐惧，但看到母亲担忧的脸，李嘉诚什么都不敢流露出来。"这是我一生中最艰难的时刻。"李嘉诚回忆说，"我告诉自己不能死，身为大儿子，为了母亲和弟妹，为了前途，一定要做好自己的工作。"[1]

一方面，自己要赚钱养家；另一方面，自己无钱看病，怎么办呢？李嘉诚利用从旧书摊上学来的医学知识，开始努力自救。在工作之余，他每天很早就起来，去外面呼吸新鲜的空气，并用尽全身力气大声喊叫。身体难受的时候，他就喝盐水消炎。听说鱼杂汤能补身子，李嘉诚就帮厨师写信，这样可以拿到茶楼别人吃剩的鱼杂，他把这些鱼杂熬成汤喝，这种汤味道非常恶心，即使常常喝到呕出来，李嘉诚还是硬逼着自己喝了下去。这段时间，李嘉诚对饮食只求营养不求喜恶，坚持运动、特别注重整洁卫生，他一坚持就是一年，在完全没有医疗照顾的情况下，李嘉诚的肺结核奇迹般的治愈了。李嘉诚用自己的实际行动证明了，人为的努力连顽固的疾病都可以战胜。这件事，让少年李嘉诚发现，只要肯努力，没有什么不可战胜的。

虽然身体生着病，但李嘉诚对茶楼的工作不敢有丝毫的懈怠。除了养家糊口的需要，还有职业素养使然。广东人习惯喝早晚茶，天蒙蒙亮，就有茶客上门，到午夜还有客人逗留。店伙计，按照季节的不同，必须在早上5点左右赶到茶楼做准备工作，最后一个客人走后才能下班。李嘉诚很珍惜这次工作机会，从此他养成了一个影响一生的小习惯：把闹钟提前10分钟，这样他每天总是能第一个到店铺，最后一个离开。

每天工作时间长达十五个小时，对一个未成年的孩子来说，这实在是残酷的煎熬，李嘉诚硬生生扛了下来。除此之外，他还利用这段

---

[1] 引自李嘉诚长江商学院10周年庆典致词：《行动英雄》。

时间坚持在晚上在家苦学粤语和英语，他很清楚，他想要的未来必须要闯过语言关。在日后的商战风云中，熟练的英语和粤语让李嘉诚受益匪浅，这是后话。

在茶楼做跑堂的日子，李嘉诚的工作重复而单一，擦桌子、刷碗、拖地、给客人倒茶，看起来非常枯燥无聊。生活中，很多人在类似的单调工作里把自己活成了一个机械的人，虽然手脚还在行动着，可心如死水，脑子形同朽木。李嘉诚却不同，他把这个工作当成是丰富自己人生的宝贵机会。在工作之余，他留心吸收着一切有益于自我发展的养分。

茶楼是个小社会，三教九流，什么样的人都有，他们或贫，或富，或豪放，或沉稳，一个个都富有鲜明的个性。也许是泡在书堆里太久的缘故，茶楼的人和事，让李嘉诚有一股特别的新鲜感，他会揣测某一位茶客的籍贯、职业、财富、性格，由此养成了观察人、分析人的习惯。另外，茶客们闲谈时，天南海北、谈古论今，会提到各种消息，很多都是李嘉诚在家里、在课堂闻所未闻的，这让他觉得世界一下子变得异彩纷呈起来。

因为一直对工作很有兴致，不自觉间，李嘉诚对常来用茶者的个人习惯了如指掌，常客来时，不等他们说话，李嘉诚就能准确端上他们喜欢的茶和茶点，顾客对此十分满意，夸他很有眼力见儿。渐渐，面对新茶客时，李嘉诚也能八九不离十地猜出他们的喜好，茶客们觉得他特别善解人意，便常常光顾这家茶楼。李嘉诚得到了茶客们的喜欢，老板自然很高兴，不定期给他涨工资。

在茶楼的日子里，李嘉诚不但学会了察言观色、通晓人情世故，训练出了分析客户的能力，还学到了做生意的门道。这些成为他未来人生道路上最有力的支撑，是他一辈子最值钱的财富。

做跑堂的日子毕竟太辛苦，而且收入很低，李嘉诚也有对未来充满迷茫的时候。后来在与儿子李泽楷谈及这段经历时，李嘉诚说：

> "当时，我最大的希望，就是好好睡三天三夜。可是，我不敢，这份工作来之不易，我必须保住它。"

在午夜梦回的时候，李嘉诚也曾自我怀疑：没有接受教育的机会，没有可以依靠的人际关系网络，只凭刻苦耐劳和一股毅力是否足以让我渡过难关？我们一家人的命运是否早已注定？纵使我能糊口存活，但我能否有出人头地的一天？

这样的念头出现后，很快就被李嘉诚压下去，他自己鼓励自己：不为模糊不清的未来担忧，只为清清楚楚的现在努力，现在努力做好一切就好。

在茶楼工作一年后，突然有一天，李嘉诚的内心有一个声音告诉他：是时候离开了。

第一能吃苦，第二会吃苦

苦难的生活，是我人生的最好锻炼，尤其是做推销员，使我学会了不少的东西，明白了不少事理，所有这些，是我今天用10亿、100亿也买不来的。

——李嘉诚

在茶馆工作一年后，李嘉诚常常想起父亲生前亲笔书写的一副春联："将相本无种，男儿自当强。"一种对现状的不满情绪在悄悄发酵。虽然不知道下一步应该做些什么，但是他知道，自己必须离开了。

离开茶馆后，舅舅又一次伸出了橄榄枝，这次李嘉诚接受了他的邀请，去了中南钟表公司。李嘉诚为什么想通了呢？原来，在茶楼，李嘉诚认定打工没出路，做商家最赚钱，但自己做商家之前，还得打好基础，在舅舅的钟表公司做学徒可以比别处学到更多，将来能开一间钟表公司也是很不错的事情。

进了中南钟表公司，庄静庵没有因为亲戚关系对他特别照顾，而这也正是李嘉诚期望的状态，他按照公司的规定，从小学徒干起，做扫地、煲茶、倒水、跑腿的杂事。

李嘉诚在茶楼受过极严格训练，对这些杂事轻车熟路，做得又快又好。在完成杂事的空隙，李嘉诚虚心地跟师傅学艺，他心灵手巧又用心，仅仅半年时间，就学会了各种型号的钟表装配及修理。

一方面，李嘉诚很懂得察言观色，与人打交道，另一方面，他对各类钟表了如指掌，于是很快就被安排到中南钟表公司下属的钟表销售店里做店员。当时李嘉诚是钟表店里年纪最小的店员，一开始谁都不把他当一回事，但不久就都对他刮目相看了。一个老同事曾这样评价他："他对钟表很熟悉，知识很全，像吃钟表饭多年的人，谁都不敢相信，他学师才几个月。"

当时，认识李嘉诚的人都觉得，他未来肯定能成为一个出色的钟表商。出乎意料的是，1946 年年初，17 岁的李嘉诚突然离开了势头正好的中南钟表公司，去了一间名不见经传的小五金厂，将自己一两年的努力归零，一切从头做起。周边的人很不理解：李嘉诚是不是脑子有问题啊？

之所以做出这个选择，李嘉诚的头脑很清醒：距离自己开一家钟表店的目标还很遥远，但是在中南钟表公司，能学的东西差不多都学完了，而且碍于舅舅的情面，李嘉诚对于行业未来的很多想法都压制着。如果继续在这里工作，自己的未来收入是很稳定，生活也很安逸，可这并不是一件好事。年轻却追求稳定生活，是最不靠谱的事情。终有一天，会被所谓的稳定生活伤害。李嘉诚决定趁年轻多闯荡一番，扩展视野，增长见识，锤炼自己。为了更好的未来，李嘉诚决定告别舒适区，去挑战一下自我。

与茶楼伺候客人、钟表的坐店销售完全不同，五金店的销售需要走街串巷，跑出去自己找客户，会很辛苦，但也更磨练人。怎么找到客户呢？之前在茶馆跑腿练就的功夫发挥了作用，李嘉诚"以步代车"，靠着两条腿，一步一步走遍大街小巷，这样既省钱，又能接触到更多的客户。接下来，如何和客户搭上话呢？李嘉诚生性内向、拘谨、不喜欢主动与陌生人交谈，这对他来说无疑是个大难关。难关是用来克服，不是用来逃避的。每次接触客户前，李嘉诚总是在路上把要说的话想好，准备充足，并且练了又练。做足准备后，他才敢鼓起勇气跟陌生人交谈，然后，在实践中慢慢摸索与人接触的方法。当年的李嘉诚自己也没想到，几十年后他在各种场合竟然能谈吐优雅、思维敏捷，丝毫不见内向的影子。

在推销工作中，李嘉诚发现，想做好推销工作，有两点非常关键：一是勤勉，二是动脑。李嘉诚一直要求自己比别人付出更多，同事们工作 8 个小时，准点上班下班，而李嘉诚主动将工作时间延长到 16 个小时，比别人的工作时间长一倍。只有努力，方向不对，一切付出都是徒劳，因此，在推销方式上，李嘉诚很注意动脑筋、创新思路，走别人没走过的路。

五金厂铁桶的销售一般对准的是杂货铺，这样一次的销售额度很大，还能建立长期客户关系。这个销售思路很省力，它的不足也很明显，很多同行都按照这个路子做销售，数量有限的杂货铺成了被各家争相抢夺的目标，竞争很激烈。一番权衡后，李嘉诚决定转变思路，向客户直销。他先是把目光放到了酒楼、旅店这些"吃货"大户身上。

绕过了零售商这一环节，酒楼、旅店这些客户从李嘉诚这拿货，价格肯定要低很多，可是，李嘉诚所在的公司是一个名不见经传的小厂，没有品牌背书，李嘉诚连这些大客户的门都很难进。第一次，李嘉诚将目标锁定在君悦酒店。因为是五星级高档饭店，李嘉诚首先遭到了门口侍应生的刁难。好不容易搞定了侍应生，李嘉诚又遇到了老板女秘书的阻拦。后来，女秘书被李嘉诚的诚心打动，终于帮忙通报了，老板却直接拒绝了跟他见面。这时，李嘉诚仍旧不肯放弃，他在大厅死守，终于等来了老板。面对老板挥苍蝇一样的拒绝手势，李嘉诚做出了一个让对方颇为惊诧的行为：在道歉打扰之后，他向老板虚心请教自己的不足之处。李嘉诚的耐心和努力让老板刮目相看，他决定停下来，听听这年轻的小伙子有什么话说。李嘉诚忙抓住机会，把自己提前搜集到的信息说了出来：君悦酒店"御用"的某大牌厂家，在用料上有瑕疵。老板将信将疑，派人一调查，果然一切正如李嘉诚所说，酒店在用的铝桶质量差，价格还高，于是，他爽快地在李嘉诚这儿下了 500 个铁桶订单。

随着推销经验的增加，李嘉诚渐渐地发现，自己内向、拘谨的性格不仅适合推销，而且大有潜力。因为拘谨的另一面是细致，这促使他在接触客户前总能尽可能的搜集关于客户的各方面信息；而内向的另一面是敏感，这使得他在与客户交谈时总是能敏弱捕捉到客户的心理、偏好、性格等等特征。直攻客户给他带来的好处是，树立了口碑效应，一传十、十传百，一开始被拒绝，后来变得受欢迎。李嘉诚谈起自己的销售经时说：

　　　　"不要害怕被拒绝，不想被拒绝就要事先想好应对的方法。"

因为业绩突出，李嘉诚 18 岁就当上了总经理。然而，在五金厂做总经理正做得风生水起的时候，李嘉诚又一次决定给自己找点苦吃，他毅然舍弃了在五金厂积攒的地位、人脉、行业知识，跳槽到了一个全新的领域——塑料厂，又从头做起。

不要有傲心，但一定要有傲骨

我常常都想能列出我个人认为成功一生缺一不可的素质，坚毅、勇气、有志、有识、有恒、有为、诚恳、可靠、有礼、宽容、公平、正义、洞察、智慧、尊重、正直、和善大方……

——李嘉诚

李嘉诚进入塑胶厂后，一切从头开始，全新的工作意味着全新的压力和挑战。

这个塑胶厂虽然是个规模不大的小工厂，可它的产品在当时的香港是数一数二的，它直接从国外引进先进设备和工艺，资金和生产实力都不用愁，万事俱备，就差具备超强公关能力的高级推销员了。塑胶厂的老板王东山听说李嘉诚在五金厂创下了一个又一个销售奇迹，对他很看好，好不容易把李嘉诚这个推销人才挖了过来。他直接任命李嘉诚为销售团队的带头人，把公司已有的七个推销员全都交给他带。

上班第一天，李嘉诚左右一看，销售团队里，属自己的年纪最小，资历最浅，其他人不仅经验丰富，还都有固定的客户，自己作为行业新人，要领导他们，不拿出点成绩来是很难让人信服的，也很难在这个公司站稳脚跟。李嘉诚心高气傲，他不想输给别人，于是给自己定了一个目标：三个月，干得和别的推销员一样出色；半年后，超过他们。

　　经过简单分析后，李嘉诚得出结论：要想实现遥遥领先的业绩，靠做散户肯定没戏，唯一可行的就是开发大客户。其实，老板王东山看重的也正是他在这方面的实力。有了方向，李嘉诚开始每天拿着公司的新型产品——塑胶洒水器，一家挨着一家拜访批发行。连续好几天，都没有收获。这一天，李嘉诚来到了九龙最大的商货批发行——九龙太平洋商行，时间还早，空空荡荡的大厅里只有清洁人员在打扫卫生。李嘉诚很自然地拿起手里的塑胶洒水器，开始帮助清洁人员洒水打扫卫生，不一会儿，公司的员工陆陆续续来上班了，李嘉诚礼貌性地打招呼寒暄，等到采购负责人来了，清洁人员在旁边插了一句。"这个塑胶洒水器很轻，用起来省劲儿多了"。采购负责人很感兴趣，李嘉诚忙把手里的产品详细介绍了一番，采购负责人当即决定经销塑胶洒水器。李嘉诚一炮打响。

　　说到推销，很多人的印象是低三下四、死磨硬泡，李嘉诚在多年的推销经验中发现：

　　　　"人要去求生意，就比较难，让生意跑来找你，这就容易做。"

　　李嘉诚很喜欢庄子的这句话"势为天子，未必贵也；穷为匹夫，未必贱也；贵贱之分，在行之美恶。"一直以来，在跟客户接触的过程中，他都很注重自我形象，他给自己定下的形象标准是要具有绅士风度，要态度诚恳，要彬彬有礼，要谦和包容，不管面对什么客户，成交的还是没成交的，他都把给对方留下好的印象作为第一要务。

　　李嘉诚认为，一个推销员，在推销产品之时，也在推销自己，并且更应注重推销自己。因此，在推销工作中，他有意识去结交朋友，先不谈生意，而是建立友谊。做推销的人，对公关费用都不陌生，很多人认为拉拢客户关系少不了金钱开路。李嘉诚的收入不高，家庭负担很重，他还要攒钱办大事，因此，结交朋友，他不允许自己花太多的钱，这种君子之交，反而更加真诚。

李嘉诚结交朋友，不会戴上有色眼镜，不以能否成为客户为选择标准，而是以诚相见，以诚共处，即使促成不了生意，帮着出出点子，叙叙友情，也是一件好事。李嘉诚不是健谈之人，说话也不风趣幽默，他总是推心置腹谈他的过去和现在，谈人生与社会，李嘉诚广博的学识，待人的诚恳，形成一种独特的魅力，使人们乐意与他交友。事实证明，这种不挑朋友的方式反而能更加受益于朋友，很多人自己做不了李嘉诚的客户，但知道他的工作和难处，都会很乐意帮他引荐客户。

一年后，公司进行业务统计，李嘉诚成为全公司业绩最高的推销员，他的销售业绩是第二名的七倍。老板也没想到李嘉诚会有这么耀眼的成绩，由于公司施行阶梯制提成，按照规定，他的提成将比总经理还高，这让其他同事很嫉妒，让总经理也很尴尬。这时，李嘉诚主动跟老板说：“现在同一个公司其他人都嫉妒我，你给我提成跟第二名一样就行了，这样大家都开心。”[1]当时李嘉诚肩负着沉重的养家糊口重担，手里的钱一直是紧缺的，可他却能主动提出少要钱，只是为了“别遭人嫉妒，别得罪人”。这一觉悟，也深深影响了他一生。后来无论事业做多大，他都告诫自己“树大招风，一定不要得罪人”。

在日常的工作和生活中，总有这样一些人，在努力工作，取得一定成绩后，心中难免会生出骄傲成绩，开始自满。李嘉诚则不同，他时刻提醒自己要保持做人的原则：谦虚而谨慎，这样才能不断攀登高峰。

虽然是销售经理，可李嘉诚并不认为自己做好推销工作就万事大吉了。他一直关注着塑胶制品的国际市场变化情况，他会从报刊上、从四面八方的朋友那收集各种各样的信息，然后给老板提一些经营上

---

[1]李忠海：《李嘉诚传：峥嵘》，国际文化出版社，2014。

的建议：什么产品会畅销、哪个区域的消费水平高、哪种促销方案更适合……李嘉诚的想法很简单，工作不仅仅是为了钱，更是为了一项事业。为别人工作，最终是为自己的事业积攒经验。

老板很感激李嘉诚的付出，很快把他提拔为总经理，分给他公司的股份，让他做公司的二把手。到了这一步，李嘉诚应该心满意足了，然而他的字典里没有满足两字，这个时候，李嘉诚又做出了一个重大决定：辞职创业。

没有知识就改变不了命运

心力是理性和理智心灵的发展，通过终生思索和追求学问的人一定不会掉进时间的迷宫，在营营役役中黯然失去生命的光彩。善于学习的人能领会和掌握未来，好学的人懂得把观察、经验和知识转化为智慧并使用得当，不仅能把梦想持之以恒，更懂得如何事半功倍。

——李嘉诚

一直以来，知识改变命运，是李嘉诚深信不疑的真理。在茶馆做跑堂时，李嘉诚一直在坚持学习英语和粤语，除了晚上学习外，他还经常把新单词记在一个小纸片上，工作间隙就瞄上两眼。

后来，到中南钟表公司做学徒的时候，晚上的时间空下来很多，李嘉诚决定把中学的课程自学完。他尽管有着十分强烈的求知欲望，却首先碰到了教材问题。他的工资要维持全家的生活，还要保证弟妹读书的学费，根本拿不出多余的钱去买书，仔细考量后，李嘉诚想到了一个绝妙的办法——购买旧教材。许多中学生的惯常做法是将用过的教材当废纸卖掉，或者当垃圾扔掉，有书店发现了这里面的利润空间就专门做起了旧书生意，李嘉诚从书店入手，先花一点点钱买来半新的旧教材，等学完了再卖给旧书店，然后再补一点点差价就可以买新的旧教材。对李嘉诚来说，这样做，既学到了知识，又省了钱，一举两得，那种喜悦和满足比后来赚几个亿还要强烈。

为了有更多的时间学习，李嘉诚给自己立下了很多规定：不看小说，也不看娱乐新闻，不与人同餐，也不与人同游，除了做好工作外，把所有时间都用来学习。别人学习是求学问，李嘉诚则是争分夺秒地"偷"学问、"抢"学问。

十七八岁正是呼朋唤友一起玩耍的年纪，如此苦行僧一般的学习，会不会难熬呢？李嘉诚不仅不觉得难熬，反而自得其乐，他说：

> "年轻时我表面谦虚，其实内心很骄傲。为什么骄傲呢？因为别人去玩的时候，我去求学问；他们每天保持原状，而我自己的能力在日渐提高。"

从艰苦自学中，李嘉诚没有体味到辛苦，而是体会到了骄傲感、成就感，在学习中，他吸取了力量和自信，这让他确信自己终有一天，会超越同龄人。

自学的李嘉诚涉猎很广泛。除了中学教材外，他还喜欢中文古书，从《曾国藩家书》《论语》《老子》等传统中国古典书籍中学习到很多为人处世的哲学。他学习英文，还有意识的阅读英文杂志，了解外国资讯、把握世界动态。也正是因为一本杂志，李嘉诚的一生改变了。

在当时最新一期的英文杂志中，有一个版块介绍了新知识——最新化工产品和塑料制品，这本杂志预言说，在不久的将来，塑料制品很可能代替一切铁制品。这让李嘉诚眼前一亮，1948年的香港，漂亮轻巧的塑料制品还属于奢侈品，但是过不了几年，随着市场加入者越来越多，竞争的结果必然是价格下降，最终塑料制品必将成为价廉的大众消费品，走进千家万户。李嘉诚敏感地意识到，塑料品行业大有可为。

在意识到塑料行业有很好的前景后不久，李嘉诚就狠狠吃了一次塑料的亏。在一次推销铁桶的过程中，原本跟他谈得不错的酒店突然废掉了购买铁桶的口头协议，李嘉诚一打听，原来酒店老板决定了采购塑胶桶，因为塑胶桶更轻便，更好用。这无疑印证了李嘉诚的预测。

五金行业已经式微，何必一定要在这棵歪脖子树上吊死呢？李嘉诚开始思索自己的未来，塑料行业是一个充满前景的新兴行业，如果不能及早加入，错过了，以后可能就没有机会了。年轻就要敢于折腾尝试，不然老了想折腾就折腾不起来了。考虑到这些，当塑胶厂的老板向李嘉诚伸出橄榄枝的时候，李嘉诚毅然决定再次跳槽。

在一次演讲中，李嘉诚提到了宋代的画家范宽，他非常推崇范宽的一句话"师古人不如师造化"，这句话的意思是如果一味地跟古人学习，不如向大造化学习。造化这里指的就是万法自然。李嘉诚说：

"做生意是一通百通的，不是每一样都要学，有的事一通其他的也就通了。最紧要的一句话是'追求最新的知识，最新的商业动态、知识动态，你的每天都在变'。"

李嘉诚学习，不是死学，而是紧跟时代潮流，在实践中学习，然后将学到的东西应用于实践。

进入塑料行业工作后，李嘉诚借来《当代塑料》杂志及其他西方专门的塑料杂志，从中学习外语和专业知识。同时，他进一步地给自己制定了阅读纪律：

第一，不看对发展事业无用的书，即使内容再有趣味性也不看。第二，有用的书，即使没有趣味，也要看，而且要看出趣味和学问。

这样的习惯，同样影响了李嘉诚后半生，他保持了几十年没变过，他说："非专业书籍，我抓重点看，如果跟我公司的专业有关，就算再难看，我也会把它看完。"

李嘉诚在系统的学习塑料行业知识之余，还主动进入生产车间，穿着工装，跟工人一起做最基本的生产工作。他知道，生产是自己的薄弱处，他就像小学生一样，从头做起，每道工序都要亲自尝试，一点也不觉得苦和累。有一次，李嘉诚站在操作台上割塑胶裤带，不慎把手指割破，鲜血直流，他没有吭声，迅速缠上胶布，又继续操作。事后伤口发炎，很严重，他这才到诊所去看医生，还好他年轻又救治及时，这才没有落下后遗症。

许多年后，一位记者向李嘉诚提及这事，说："你的经验，是以血的代价换得的。"李嘉诚微笑着回答："大概不好这么说，那都是我愿做的事，只要你愿做某件事情，就不会在乎其他的。"

"在阅读的过程中，我深深感到知识改变命运。"李嘉诚多次在接受媒体采访时谈到，成功领袖的必备条件之一就是善用知识："经济的竞争，是以知识为基础的战争；知识的创造与应用，是企业成败的关键。"直到今天，李嘉诚依然坚持自学不辍，回家仍必做两项功课：一是晚饭后看电视学英文，二是就寝前的阅读。所谓机会都是留给有准备的人，大概就是李嘉诚这样。

习总书记说过："青年处在价值观形成和确立的时期，抓好这一时期的价值观养成十分重要。这就像穿衣服扣扣子一样，如果第一粒扣子扣错了，剩余的扣子都会扣错。人生的扣子从一开始就要扣好。"苦难生活是人生最好的锻炼。吃苦不一定能成功，但不吃苦一定不能成功。国难之苦，丧父之痛，打工之累，自学之难，李嘉诚在青少年时期，吃尽了苦，但没有因此自暴自弃，也没有企图走捷径攀附人，而是以自强不息的姿态直面命运带给自己的考验。他相信古人所言，"凿井者起于三寸之坎，以就万仞之深"。只要自己坚持不懈地努力，终有一天会拥有自己的财富人生。正是这段吃苦的人生历练，促使李嘉诚价值观和财富观的形成，可以说，这是他一生中最宝贵的一笔财富。

第二章

空手创业：大富在天，小富在人

　　李嘉诚的财富人生从踏上创业的道路开始。这条路是离财富最近的路，也是最艰难的路，在没钱、没人、没资源的"三无"条件下，李嘉诚砥砺前行，他坚定地认为，困难不是阻碍，而是机会，只要克服困难就是赢得机会。就是在克服一个个困难的道路上，他成功完成了资本的原始积累。

打工是收效最缓慢的投资

当年我用一分钟的时间算了一下上班的结果，于是我离开了。很多人用一生的时间去试了一下，他们发现我算的是对的。上班很简单，就是生活很困难。创业很困难，就是生活比较简单。很多人有体面的工作，并没过上体面的生活！创业不体面，但生活很体面。

——李嘉诚

在对年轻人的建议中，李嘉诚曾经说过这样一段广为流传的话：

"人生最宝贵的是什么？除了我们的青春，还有什么更宝贵？！很多人抱怨穷，抱怨没钱，想做生意又找不到资金。多么可笑！其实你自己就是一座金山，只是你不敢承认，宁可埋没也不敢利用；宁可委委屈屈地帮人打工，把你的资产双手拱让你的老板。为什么你一直是打工仔？因为安于现状！因为你没有勇气，你天生胆小怕事不敢另择他路！因为你没有勇往直前，没有超越自我的精神！虽然你曾想过改变你的生活，改变你的命运，但是你没有做，因为你不敢做！你害怕输，你害怕一穷再穷！你最后连想都不敢想了，你觉得自己也算努力了，拼搏了，你抱着雄心大志，结果你没有看到预想的成就，你就放弃了，你就只能打工！"

也有人因此说李嘉诚是"大放厥词","站着说话不腰疼","并不是每个人都适合创业"。其实这是曲解了李嘉诚的本意,他的话是针对那些天天坐在工位上梦想着发大财的人,在自己的舒适圈浮想联翩,除了浪费青春,毫无意义可言。而且,最重要的是,李嘉诚的这段话可谓发自肺腑。

1950年,成为总经理的李嘉诚,做了一个决定:辞职创业。常人不理解,但是他却认为是时候到了。

一直以来,像很多安分守己的家庭一样,李家也奉行"饿死不经商"的祖训。受时代的局限和传统文化的影响,曾经在很长一段历史时期,在很多国人的观念里,经商是一件不光彩的事情。自古经商被视作下等人,商人属于古代三教九流中的"下九流"。体面的读书人是不屑于经商的。李家本是书香门第,并不崇尚做生意。李嘉诚的伯父最先打破这一祖训,曾经到南洋做生意,却不被家乡人接受,但是李嘉诚父子对伯父很敬仰。父亲李云经深受养家之累,明里遵守祖训,暗地里却做了多次经商的尝试。在潮州教书的空隙,兼职给商铺做过会记;后来干脆背着家人,弃教从商,追随李嘉诚的伯父到印尼做玻璃器皿买卖。如果不是生意赔了,李嘉诚可能就是一个富二代了。尽管如此,经商赚大钱的种子却落在了李嘉诚的心田。功成名就的李嘉诚说过:

> "人的志向是由儿时的梦想到以后成长中的实际情况,也是一个纵向发展的过程,这其中就涉及两个环境:其一是你自己的理想所造成的;其二是现实生活所给你的。这两个环境就是你无法抗拒的。他们相互斗争的过程,也是磨炼你意志的过程。"

经过艰难世事的洗礼,李嘉诚更加坚定了靠自己改变命运的决心;经过茶楼、表行、五金厂、塑胶厂的磨炼,李嘉诚完全具备了自己创业单干的实力。"生死有命，富贵在天"，如果说伯父和父亲的时代容不下经商，李嘉诚青少年时期遭遇战乱，事势所迫，人力不可挽回，但在万商峥嵘的香港，心智已磨炼成熟的李嘉诚，似乎再没有理由不去实现自己的创业梦想了。

据说，当22岁的李嘉诚向母亲庄碧琴阐述了"打工不如自己当老板"的想法之后，他没有想到的是，开明的庄碧琴很快就接受了他的想法，并且拿出自己勤俭节约攒下来的5万港元（具体多少钱，有多种不同说法），支持他自立门户。

一个人要成为亿万富翁，首先要在精神上成为亿万富翁。李嘉诚用很长时间思考公司名字，先后取了几十个名字，都不是很满意，最后确定为"长江"。他的寄望是："长江不择细流，故能浩荡万里。长江之源头，仅涓涓细流，东流而去，容纳无数支流，形成汪洋之势，日后的长江塑胶厂，发展势头也会像长江一样，由小到大。长江是中国的母亲河，是中华民族的骄傲，未来的长江集团，也应该让中国人引以为豪。长江浩荡万里，具有宽阔的胸怀，一个有志于实业的人，理当扬帆万里，破浪前进，去创建宏图伟业。"

1950年3月15日，长江塑胶厂生产出第一批塑胶玩具手枪。虽然数量不多，只有五十只，但是李嘉诚激动地流泪了，晚上还特地和同事一起庆功，一起喝到了醉。醉了的李嘉诚对创业团队说出了自己的远大计划："有朝一日我们的长江塑胶厂一定会成为香港第一的工厂。我希望大家要像我们的公司名字一样，如长江之水一般，一浪接一浪，一浪高过一浪地走向前！我们公司一定会一路扩大，一路变好，你们跟着我也会一路变得有钱！"

塑胶玩具推向市场之后，李嘉诚再次冲到一线开辟市场，同样是当推销员，但为别人打工和为自己干的心情，完全是不一样的。创业最初的那段时间，李嘉诚每天都工作至少16个小时。按照他的话说，每天再苦再累，心里都是甜的。

李嘉诚的5万港元创业资本，说起来是母亲庄碧琴勤俭节省出来的，实际上羊毛来自羊身上，这些钱大部分是李嘉诚的血汗换来的，一直以来，他打工的薪水都不是很高。和李嘉诚共事过的同事朋友都表示，从来都没有见过李嘉诚奢侈过一回，要知道年轻人都比较注重吃穿，但李嘉诚从来都是吃便宜快餐，穿戴很朴素。他把自己节省下来的工资几乎全部交给母亲，让她打理一家子的生活。庄碧琴也是一位厉害的理财母亲，在精打细算维持全家生活之余，竟然还能攒出5万港元。

而长江塑胶厂第一批产品很快顺利卖出后，李嘉诚所赚到的远远超过这5万港元。这也难怪李嘉诚会感慨"打工才是收效最缓慢的投资"的原因所在。

每一个成功的人都有一套成功的哲学，或者是运气，或者是实力，或者是聪慧，但是李嘉诚的人生哲学是大富在天，小富在人，事在人为。人的命运"三分天注定，七分靠打拼"，不能把当下的不如意全部归因于时运不济。

打工是收效最缓慢的投资，这个道理大家都懂，打工本身也没有什么错，每个人都要有一段职场"潜伏期"。对于有远大追求的人而言，打工只是通往成功之路的一种过渡，他们从来不会把打工视作长久之计。而太多人打工打着打着，要么变得安于现状，要么变得胆小怕输，失去了勇往直前的动力。正所谓不忘初心，方得始终，李嘉诚的可敬之处，首先在于他始终没有放弃改变命运的信念。

但是，创业的艰难，远远超乎李嘉诚的预设。

穷人易做，穷生意难做

事在人为，不能有志无才。你可以夸口说你的志向是摘天上的月亮，但你知道怎么摘吗？

——李嘉诚

一直以来，亚洲首富的光环和商业之王的美誉，掩盖了真实的李嘉诚，人们只见其激进，不见其保守。人道李嘉诚是超人，殊不知这个超人不但不喜欢飞，还保守到近乎发指。

李嘉诚说过："我在 1950 年开始经营自己的生意，到今天已经 60 多年，经历过不少风雨。我做生意的原则，一方面是对于债务和贷款问题要非常小心，如履薄冰。长江实业及和记黄埔，在我的控制之下，这么多年一直维持着非常低的负债比。另一方面，我在地产经营上步步为营。如果地产价格太高，到老百姓买不起的时候经营就有风险了，我不会冒险去赚最后一个铜板。"

据长江集团的高管们透露，李嘉诚对负债率的控制，近乎偏执，他总是"不停研究每个项目要面对可能发生坏情况下出现的问题"，"往往花 90% 时间考虑失败"。

从他的很多言论中就可以看出，李嘉诚从根本上是一个保守的投资者，他对风险有着根深蒂固的害怕：

"旱时，要备船以待涝；涝时，要备车以待旱。一家公司即使有盈利，也有可能破产，一家公司的现金流是正数的话，便不容易倒闭。

从前我们中国人有句做生意的话：未买先想卖。你还没有买进来，你就先想怎么卖出去，你应该先想失败会怎么样。因为成功的效果是100%或50%的差别根本不是太重要，但是如果一个小漏洞不及早修补，可能带给企业极大损害，所以，当一个项目发生亏蚀问题时，即使所涉金额不大，我也会和有关部门商量解决问题，所付出的时间和精力都是远远超乎比例的。

就像是军队的统帅必须考虑退路。例如一个小国的统帅，本身拥有两万精兵，当计划攻占其他城池时，他必须多准备两倍的精兵，就是六万，因战争激活后，可能会出现很多意料不到的变化；一旦战败退守，国家也有超过正常时期一倍以上的兵力防御外敌。

任何事业均要考量自己的能力才能平衡风险，一帆风顺是不可能的，过去我在经营事业上曾遇到不少政治、经济方面的起伏。我常常记着世上并无常胜将军，所以在风平浪静之时，好好计划未来，仔细研究可能出现的意外及解决办法。"

李嘉诚之所以如此"保守"，源自创业之初所吃的苦头与教训。

"穷人易做，穷生意难做。"没有谁比李嘉诚更理解这句话了。当个穷人过穷日子，能不消费就不消费，不是难事；但是做穷生意就太难了，因为花钱是不可控的，就算主观上再想省，也很可能会失控。

创业之初，5万港元的启动资金根本就是杯水车薪。当时长江塑胶厂选在筲箕湾，目的就是省钱！李嘉诚从港岛到九龙，考察了足足一个多月，最终才在筲箕湾定下了一座破厂房。这座厂房是个建设多年的旧仓库，墙破瓦裂。因为香港春夏多雨，为了避免漏泄，李嘉诚还被迫为此花一笔修缮钱。生产塑胶玩具的压塑机采购的是欧美淘汰的第一代塑胶设备，还是从同行二手采购的。雇当地人雇不起，李嘉诚就只能雇佣从内地涌进香港的难民。

废旧工厂，落后设备，超低薪工人，李嘉诚把成本压缩到了最低，还是有一阵子发不出来工资。穷生意有多难做，他深深体会到了，关键是越是穷生意越是会被人欺负。

有一次，李嘉诚收到塑料花买家付款的一张期票，讲求信用的他认定买家肯定会及时兑现期票，就给原料供应商开出一张期票作结数，买家支付的款项存入自己的户口后，供货商就可以兑现这张期票。不巧的是，买家未能及时支付款项，为了不食言，李嘉诚想方设法给原料供应商从其他地方筹备款项。当时正是资金紧张的时候，他东拼西凑，还是未能凑足所需数目，这让他头疼不已。幸好，他平时会随手把多余的硬币放在一个手表包装盒里，而这些无意间积攒的硬币竟凑足了亏欠的金额。这个手表包装盒至今都被李嘉诚保存着。每每看到它，他就会警惕自己去核查公司的财务状况。

"自1956年开始，我就养成了这样的习惯，存放一笔可以立即变为现金的相约资产在银行里，这样随后遇到任何风波也不怕。"这是李嘉诚成功的最大秘密所在。

正是因为李嘉诚在金钱上的"保守"，才保证了长江集团的千帆不倒。1997年亚洲金融风暴之前，香港经济已经出现了连续多年的高速增长。1994～1995年，香港政府推出了一系列抑制楼价的措施，其间，银行也一再调高贷款利率，这使得香港楼市陷入低谷，住宅价格跌至冰点。在这种市场环境下，以房地产开发为收入主要来源的长江实业积极调整财务策略，大幅降低长期贷款，提高资产周转率，保持"高现金、低负债"。1996年，香港经济逐渐恢复，房价和股市进入全面繁荣时期，长江实业的流动资产净值大幅增长，但李嘉诚没有为眼前的利益迷花了眼，他依然低调地保持着原有的线性增长速度，并没有为了赢利而大举负债。1997 年下半年，亚洲金融危机爆发，长江实业的资产负债率仅有 12%，流动资产仍然远远大于负债，这让它成功抵抗了金融危机对它的冲击。

2009 年全球金融危机爆发的时候，李嘉诚如法炮制。从 2007 年开始，李嘉诚开始一步步减持手中的中资股，回笼资金至少上百亿港元；2008 年初，李嘉诚旗下的公司更是吐血抛售手中的物业与楼盘；在 2009 年 11 月，李嘉诚以最低 5.7 折甩卖了其在北京投资的第一个别墅项目。这几次腰斩似的甩卖，正是李嘉诚"手里有钱心里不慌"的理念在起作用。

理想丰满，现实骨感。给别人打工和给自己干，完全是两码事。给自己干，挣的是自己的钱，可是花的也是自己的血汗钱。李嘉诚的创业经验告诉我们，理想可以远大，业务可以做多，但永远记住：脚下一定要踩得稳当，一定要避免把自己变成做生意的穷鬼。

"有一句话，我牢牢记住：穷人易过，穷生意难过。你再穷，你吃不起好的白米，你可以买最便宜的米，还是可以过，人家吃肉，你可以吃菜，吃最便宜的菜；但是穷生意很难，非常难。所以务必小心翼翼，可以讲，如履薄冰。"

做生意要讲诚信，但诚信是要有本钱的。巧妇难为无米之炊，再精明的人没有本钱，日子也不好过。如果决定创业，就要做好在一段时期日子难过的觉悟。

只要克服困难就是赢得机会

纵使没有人能告诉你前路是什么一道风景，生命长河将流往何方，然而，在这过程中，你会领悟到丘吉尔多年的名言："只要克服困难就是赢得机会。一点点的态度，但却能造成大大的改变。"

——李嘉诚

李嘉诚不是天生的超人，所有创业者必经的磨难，他都经历过。

长江塑胶厂第一批产品顺利卖出去之后，第二批、第三批、第四批、第五批订单接踵而来。李嘉诚招聘大量工人，经过短暂的培训就上岗了。几班人马三班倒，昼夜不停地生产。就在春风得意之时，他遇到了意想不到的退货危机。其实，客观来讲，退货危机的种子已经埋下。很难指望淘汰机器、不熟练的工人生产的产品不出任何问题，就算全部没有问题，也不能指望它们有多大的竞争力。

当手下的推销员回来告诉李嘉诚"客户拒收产品，还要长江塑胶厂赔偿损失"时，李嘉诚整个脊背发凉：不怕没生意做，就怕做断生意。客户就是上帝，客户就是衣食父母，当上帝发怒，当父母抓狂的时候，往往后果很严重。

短短几天时间，李嘉诚的人生就从高峰跌入低谷。虽然他早就知道做生意有赚有赔，但当事情落到自己身上的时候，还是很震惊。

眼看着仓库里退回来的玩具产品越堆越高，李嘉诚如万箭穿心。最让他崩溃的是，曾经和颜悦色的客户此时像变了脸一般，每天铁了心似的上门要求索赔。没有进账，李嘉诚拿不出钱，逼急了，就说："我实在拿不出钱，你们把我人带走。"这一下落得了"李嘉诚赖账"的恶名。[1]银行闻讯而至，派职员来催贷款。听到风声的某些亲戚朋友，也开始要债了，正所谓"墙倒众人推"。

长江塑胶厂天天不得片刻安宁。那段时间人心惶惶，有意留下的员工，也为公司的前途，为自己的生计担心不已。连一向淡定的李嘉诚也开始脾气暴躁，一向对工人和蔼可亲的他开始动辄训斥人了。晚上，李嘉诚回到家里，面对比他还操心的母亲，无法发脾气，憋着更难受。

这样"不正常"的日子没持续多久，李嘉诚慢慢恢复了沉稳：万里长征才迈出了第一步，我不能就这么被打倒。

攘外必先安内，李嘉诚做的第一件事是恢复士气。首先，他向全体员工坦承这属于自己的经营错误，连累了大家。并当众向被他无端训斥的工人一一赔礼道歉。最后，李嘉诚表示，去留在个人选择，无论是去是留，他都尊重个人选择。未来，经营一旦转机，离开的员工还可以回来上班，当然找到更好的去处，不回来也不勉强。最后，李嘉诚保证与留下的员工同舟共济。李嘉诚真诚勇于承担的态度，感动了团队。

在内部稳定之后，李嘉诚开始把同样的话和事情说给、做给了客户、供应商和银行。李嘉诚在请求原谅的同时，并没有掩饰公司的实际经济情况。他在如实陈述之后，让这些债主们自己去决定处置长江塑胶厂的方式。李嘉诚的真诚，得到了他们中大多数人的谅解，大家都是业务伙伴，长江塑胶厂倒闭，对他们同样不利。供货商选择放

---

[1] 李永宁：《李嘉诚：成功没有偶然》，中国华侨出版社，2014。

宽偿还期限的同时，向李嘉诚继续供货，但是新原料李嘉诚必须先付70%。终端的客户有的妥协了，同意放宽偿还欠款限期，有些则开始继续加紧催债，李嘉诚一一亲自上门道歉，尽可能地争取谅解。银行也做出了妥协，选择放宽偿还欠款限期，但不再发放新贷款。

一时的"逼命"算是解决了，李嘉诚获得了喘息的机会，加上舅舅庄静庵的出手相助，到1955年，长江塑胶厂终于渡过了危机。如何看待创业伊始就遭遇这么沉重的打击，李嘉诚说：

> "你想过普通的生活，就会遇到普通的挫折。你想过最好的生活，就一定会遇上最强的伤害。这世界很公平，想要最好，就一定会给你最痛。"

痛定思痛，李嘉诚开始陷入沉思：就算解决了这些塑胶产品的质量问题，也是治标不治本。市场上那么多厂房，仅仅玩具厂就有300多家，他们和长江塑胶厂生产的东西并无差异。没有一个富有竞争力的产品，长江塑胶厂随时可以被替代，危机说来就还会来。

如何从同质化竞争中跳出来呢？李嘉诚迅速将突破的视野，放在了国际市场。既然香港的工业品多是从欧美引进来的，那么自己为何不到源头去寻找呢？

沿着这个思路，机会还真被他给寻找到了。有一天晚上，最新英文版《塑胶》杂志的一个小角落里，李嘉诚发现了一个新闻：意大利一家公司凭借自产的塑胶花畅销整个欧洲。对市场极其敏感的李嘉诚预感这就是自己要找的东西。

1957年春天，李嘉诚亲自飞往意大利去考察，最终满意而归。回到长江塑胶厂，李嘉诚果断决策：公司以后将把塑胶花作为公司的拳头产品来发展。1957年年末，"长江塑胶厂"正式改名为"长江工业有限公司"。公司总部也跟着搬到了北角，公司开始主攻塑胶花生产。很快，美丽的塑胶花神速征服了香港岛。长江塑料厂从不久前的负债危机，转眼间就红红火火起来。

有句话说得好："人生所有的机遇，都在你全力以赴的路上。"机会总是戴着危机的面具来到我们的身边。"危机"两个字，一个意味危险，一个代表机遇。只要战胜了危机，就意味着赢得了机会。危机提醒并逼着你去改变。困难之际，李嘉诚喜欢看伟人传记。其中，令他备受鼓舞的是拿破仑的名言："在我的字典里没有难字。"此外，还有丘吉尔的名言："只要克服困难就是赢得机会。一点点的态度，但却能造成大大的改变。"面对集体逼债，他没有躲避，捐款走人；面对挫败，他积极寻求改变，最终赢得了新的发展机会，从一群作坊工厂中脱颖而出。

最困难的时候就是最接近成功的时候

生命抛来一颗柠檬，你是可以把它转榨为柠檬汁的人。

——李嘉诚

创业九死一生，你以为危机过后是晴天，其实还有下一个危机在等着。

李嘉诚凭借塑胶花产品，转危为机，产品畅销新加坡、泰国、菲律宾、马来西亚、印度尼西亚、越南、斯里兰卡、印度、不丹等国家。正当他觉得长江大业就在眼前的时候，突然又摊上了大事。

有一天，香港报纸上登载了一大段攻击他的文字：李嘉诚不过是茶楼跑堂出身，后在中南表行当学徒，然后又跳槽无名小五金厂当推销员，最后看到塑胶业火了，就自己办了小作坊，拿塑胶花四处招摇，这样没有职业精神和专业技术的人，大家还是不要相信他。

李嘉诚先是很生气，随后释怀了：这是自己的成功引起了竞争对手的嫉妒。只有成功的人才会招来诋毁，别人造谣，说明自己正在无限接近成功。李嘉诚看明白了，同行是冤家，竞争对手这是想把长江工业有限公司扼杀在摇篮之中。

不过小企业也要注重大名声，任由对手造谣和诋毁，对长江工业有限公司的名气和生意势必损坏很大。怎么办呢？李嘉诚决定将计就计。他联系到该报的总编，首先据理力争，批判了对方："我们长江塑胶厂生产的产品都是经过市场检验的过硬产品，我们曾经在产品这方面栽过跟头，不可能犯同样的错误。你们没有实际调查就没有发言权，这样乱给我们穿小鞋的行为是不负责任的，这样误导消费者后果很严重，我们需要你们到时候承担相应的后果。"

镇住对方后，李嘉诚发出了进厂参观的邀请。总编派人到"长江工业有限公司"拍摄了厂房、设备和塑料花产品，刊登了诚意满满的道歉报道。这篇大篇幅文章，无疑起到了广告宣传效果。李嘉诚不仅利用媒体打击了竞争对手，还免费打了一次漂亮的广告，超人的公关天赋可见一斑。这次危机事件因为处理得当，让长江工业有限公司的塑胶花在本土市场变得更加抢手了。

不过，竞争对手并没有因此放弃对李嘉诚的打击。塑胶花世界最大的消费市场不在亚洲，而是在欧美。但是，洋行垄断对外贸易，他们利用在欧美的销售网络，在欧美赚了大钱，而只支付长江工业有限公司廉价的进货费。对此，李嘉诚一开始完全不知情。

有一天，李嘉诚翻看《塑胶》杂志，无意间得知香港塑胶花在欧美市场广受欢迎。之前，负责包销的香港洋行，并没有给他透露过这个消息，李嘉诚一直不知道自己的塑胶花具体销往何国何地？代理商是谁？到岸价、批发价、零售价是多少？销路如何？消费者有何反馈？一句话，李嘉诚一直被香港洋行牵着鼻子走，价格、产量都由对方说了算。

实际上，境外的批发商，也希望绕过香港洋行这个中间商，直接从香港的塑胶厂家进货。知道实际情况之后，李嘉诚开始积极与外商直接洽谈，给他们看样品，商议双方都满意对方的实惠价格，从而绕过香港洋行，成功截流了很多境外订单。与此同时，李嘉诚花重金聘请全港最优秀的塑胶人才，不断地推出新样品，确保订单从四面八方不断飞来。

登陆欧美市场后，长江工业有限公司彻底站稳了脚跟。1958 年，长江工业有限公司凭借塑胶花系列产品，实现纯利润 100 多万港元。李嘉诚赢得了"塑胶花大王"的称号，举世瞩目。

每个人的人生总会有自以为再也过不去的时候，这种时候该怎么激励自己呢？来看看李嘉诚事后怎么说：

> "如果世界上有任何成功秘方，其中最关键的元素必定是你对成功的欲望远远大于对失败的恐惧。"

从李嘉诚的创业经历，我们可以看出，其实没有什么"至暗时刻"。很多时候，创业者认为到了最最困难的时候，很可能只是被强大的竞争对手吓破了胆子而已。李嘉诚创业的时候，与资金和渠道实力雄厚的洋行相比，无疑是"鸡蛋碰石头"的差距。但是，李嘉诚没有被对手的乌云遮蔽了双眼，从而"拨开云雾见青天"。正如毛泽东所言，"一切反动派都是纸老虎"，没有一手遮天的对手，只有吓破胆的自己。

好的时候不要看得太好

看问题的眼光不能一成不变，当目前的目标不适合你发展时，就
要更改目标。并且要集中力量，毫不犹豫地向新目标进发。

——李嘉诚

李嘉诚曾在一次演讲中，提过这样一个问题："请问，你们开车
进了加油站以后，最想完成的事情是什么呢？"

在座的人纷纷回答："抽烟！""休息一下！""打个电话问问
公司的情况！""买点儿吃的！"……

答案五花八门，却没有一个说中李嘉诚的答案："开车进了加油
站的人，他最想做的事情是——早一点离开加油站，以继续他的旅程，
不管是工作还是休闲。"

1958 年，长江工业有限公司在塑胶业异军突起，李嘉诚获得了"塑
胶花大王"的美称。很多人以为，李嘉诚应该在这个行业一心一意闯
下去。然而，李嘉诚却不是这样想的。就在这一年，李嘉诚开始涉足
人人不看好的房地产。

李嘉诚不止一次公开说过："我每天 90% 以上的时间不是用来想
今天的事情，而是想明年、五年、十年后的事情。"他的每一步决定都"蓄
谋已久"，尽管当时很多人看不懂。

世事无常，变化莫测。时代的兴衰交替，以及商品、技术的不断革新，

都显示出社会是动态的，我们必须不断地向前，否则就会跟不上时代。每一个产品都有自己的生命周期，盛极必衰。塑胶业也难逃其运。

长江工业有限公司在塑胶业创造的业绩眼红了很多人，大批跟风者涌入塑胶行业，一时间生产塑胶花的工厂如同雨后春笋般遍布各地。李嘉诚敏锐地预感到这个看似兴隆的行业将来会出现很大的危机，于是他当机立断，放弃了当时盈利颇丰的塑胶花业，一边开始尝试开发新的替代产品——塑胶玩具，一边开始涉足全新的领域——地产业。果然，没过多久，火爆的塑胶花就由畅销转为滞销，那些跟风兴起的塑胶花工厂全部赔得血本无归，而这时的李嘉诚已经在地产行业中赚了数千万港元。

李嘉诚看好的房地产业，当时正处于低谷，香港地价下跌70%，房价下跌30%，许多生意人都对房地产业避而远之，但是李嘉诚却认为香港人多地少，房地产业的不景气只是暂时的。1958年，李嘉诚在繁盛的工业区——北角购地兴建一座12层的工业大厦。1960年，他又在新兴工业区——港岛东北角的柴湾兴建工业大厦，两座大厦的面积，共计12万平方英尺。几年过后，他所购置的地皮都上涨了数百倍，而他也最终成为香港的地产大王。

"明者因时而变，知者随事而制。"李嘉诚一直都是一个眼光很好、善于把握机遇并懂得见好就收的人。

当年他创办长江塑胶厂，正值朝鲜战争爆发，以美国为首的西方国家对华实行经济封锁，港英政府不得不关闭对华贸易进出口通道，香港转口贸易地位一落千丈。据英国戴维·莱恩布里奇《香港的营业环境》一书揭示："转口贸易是香港的经济支柱，对华禁运之前，香港的转口出口占全部出口的89%。这就是说，香港本地产品出口只占全部出口的11%。这是二战后香港经济最大的灾难。"

悲观情绪在香港经济界徘徊，但很快被蓬勃兴起的加工工业一扫而光。港府制定出新的产业政策，香港经济从此由转口贸易型转向加工贸易型。香港资源匮乏，市场有限。香港加工工业的显著特点是"两头在外，大进大出"。原料和市场在海外，利用本地劳力资源赚取附加值。香港的工业化以纺织成衣业为龙头，塑胶、玩具、日用五金、手表装嵌等众多行业相继崛起，形成百花齐放、万马奔腾的活跃局面，逐渐成为香港新的经济支柱。

李嘉诚当时投身塑胶行业，正是顺应了香港经济的转轨。不过，塑胶制品加工，投资少，见效快，门槛低，适宜小业主经营，但不利于做大做强。生产塑胶花，只是李嘉诚原始积累的手段，他心中的"长江"蓝图，需要更大的支撑。地产也只是其中一个选择，李嘉诚要着力打造的是一个集合多元业务于一身的集团帝国。

著名经济学家郎咸平曾经尖锐地指出，李嘉诚纵横商界数十年，常在河边走却很少有湿鞋的"法宝"之一，在于投资多元化。把全部资产投在单一业务上，就如同赌博一样，充满了风险。深谙此道的李嘉诚，靠塑胶花发家后并没有故步自封，而是尽可能在多领域赚钱。赚钱的门路越多，意味着受制于人的几率越低。

"一个人若自以为有许多成就而止步不前，那么他的失败就在眼前。我见过许多的人，开始时挣扎奋斗，但是他们付出无数血汗，在前途稍露光明后，便自鸣得意，开始怠惰、松懈，于是失败立刻追踪而至。他们跌倒后，再也爬不起来。"在1998年长江集团周年晚宴上，李嘉诚如是告诫并提醒，"好的时候不要看得太好，坏的时候不要看得太坏。"

人与人之间的差别不只在于有没有能力实现自己的最初梦想，更在于当梦想成真的时候，你是否会在成功的台阶上更知进取。与其说李嘉诚是一个现实且有眼光的人，不如说他是一个永不满足、不断进取的人。而立足现实，永不满足，是不同于常人的前提。

第三章

诚信起家：赚钱靠机遇，成功靠信誉

　　李嘉诚之所以能创业成功，得益于他的一个坚守：诚以待人。
为了做到这点，他行事上总是给人一种"轴"，甚至是"傻"的印象。
不过，也正是因为这份看似简单实在考验人性的诚以待人，他赢得
了客户的信赖、员工的忠诚、公众的热爱、朋友的慷慨。

损失了信誉就什么事情也不能做了

一个人一旦失信于人一次，别人下次再也不愿意和他交往或发生
贸易往来了。别人宁愿去找信用可靠的人，也不愿意再找他，因为他
的不守信用可能会生出许多麻烦来。

——李嘉诚

我们经常听到这样一句话：无誉不成商，无艰不成商，无巧不成
商。说的就是信誉的重要性，它是商人成就事业的基础。我们见过做
小生意的人偷奸耍滑，却从未见过做大买卖的不讲信誉。就连《教父》
这样有争议的电影也告诉我们：干大事者首先要讲诚信。讲信誉，是
成功商人身上最宝贵的品质。

李嘉诚自幼家境贫困，连小学都没读完，所以为了能够成功，他
除了注重积极学习和勤奋打拼之外，还十分注重做人。在他看来，做人，
诚信是最硬的底牌。李嘉诚之所以 30 岁就能创业成功，最关键的一点
在于做人讲信誉。

李嘉诚当时辞职离开万和塑胶公司的时候，非常诚恳地对自己的
老板承诺："感谢您一直以来对我的厚爱和照顾，现在我离开您的公
司自己单干，我也不会别的，暂时只能用在您这儿学到的技术和管理
理念，去做类似的产品，我希望您能理解。不过，我在此向你承诺：

我绝对不会带走您一个客户！"

可是作为前东家最得力的销售干将，公司的人脉大多都是靠他积累的，那些客户都很看好他的人格魅力。所以一听说李嘉诚创业之后，很多老客户纷纷找来了。

有一天，李嘉诚正和工人们在宵箕湾破旧厂房埋头苦干的时候，有不速之客前来拜访。这位故人看到李嘉诚作为老板，浑身脏兮兮地钻在机器下面干活，非常吃惊。之前他看到的李嘉诚，从来都是仪表堂堂，现在当了老板反而邋遢成这样，有点接受不了。而李嘉诚其实也蛮吃惊的，因为他创业很低调，从来没有主动撒名片放口风，但是怎么会有老客户找上门呢？

来就来了，李嘉诚还是很热情地接待了对方，但是他没有像其他创业者一样，怕别人看到自己创业的寒酸状况，而请别人到外面喝咖啡聊天。李嘉诚没有遮遮掩掩，他带着以前的老客户参观了自己寒碜的厂房，也一五一十地介绍自己的进度。作为老朋友，对方很同情他，决定仗义支持一下他："反正每家生产的塑胶品都差不多，干脆我从你这里进货得了。"

对方没有想到的是，李嘉诚拒绝了。

看到对方一副不理解的样子，李嘉诚解释道："您的心意我领了，但我不能这么做，我和老东家有过君子协议，我不能抢他的客户。"

老朋友被他的"迂腐"逗乐了："你我都不说，他怎么知道？再说了，自己单干，有几个不是靠老客户起家的？"

的确，这么干的人很多，但李嘉诚就是李嘉诚。他对自己做过的承诺，从来都是说到做到，他也知道，之前那些给他带来业绩的合作伙伴也都是冲着他这一点的。香港生意圈子就这么大，如果自己上来为了一个单子，就丢掉了信誉，以后谁还肯给自己合作呢？而且，他也很清楚，抢客户资源，绝对不会走很远。

之后陆续有不少老客户上门拜访，希望从李嘉诚这里进货，都被他拒绝了。

送上门的生意，这对于一穷二白的年轻创业者来说，是多么大的诱惑啊！当时李嘉诚才 22 岁，一没背景二没资金三没生产经验，同行竞争还这么大，这时候人脉的重要性不言而喻，但是他顶住诱惑推开了。很多员工都在怪他这个老板太死脑筋，但是李嘉诚做好了心理准备：宁可让产品挤压在仓库，也不砸自己在塑料圈子的好口碑。

出乎李嘉诚本意的事情发生了：李嘉诚推老客户的事情传开了，连他的老东家也出来赞叹他为人正直，这等于是给李嘉诚做了背书。"李嘉诚这人做生意有原则"的美名就这么传开了。经过老客户的转相介绍，万和塑胶公司之外的客户纷纷来下单了。讲信誉、守信用的李嘉诚在创业早期省了很多抓客户的时间，这让他把很多精力用在创业的"内务"上。

从李嘉诚身上，我们看到了一个讲信誉的生意人，最终是不会吃亏的。相反，试想一下，如果李嘉诚没有守住原则，一个接一个撬走了万和塑胶公司的老客户，在方兴未艾的香港塑胶圈，后果又是多么不堪设想。

诚信是白手起家之本。我们经常听到很多白手起家的感人故事，但是白手起家靠什么？靠可遇不可求的机遇吗？很难。李嘉诚的经历告诉我们，当你什么都没有的时候，诚信就是你最大的资本。和坏事传千里一样，信誉也会传千里。在一无所有的时候，守住信誉比什么都重要。正如李嘉诚所言："一时的生意损失将来还是可以赚回来的，但损失了诚信就什么事情也不能做了。一个人一旦失信于人一次，别人下次再也不愿意和他交往或发生贸易往来了。别人宁愿去找信用可靠的人，也不愿意再找他，因为他的不守信用可能会生出许多麻烦来。"

从创业开始，李嘉诚为了维护自己的信誉，养成了这样的原则：

视信誉为自己的第二生命，当"诚信"和"利益"发生冲突的时候，始终将"诚信"放在"利益"的前面。

诚以待人，能帮人处且帮人

我很欣赏富兰克林的一句话，"Time is money, credit is money"，时间和诚信都是能生钱的投资。

——李嘉诚

我们都知道，李嘉诚是出了名的节俭。关于他异常节俭的小故事很多，比如与李嘉诚有过数面之缘的冯仑如是写道：

"李先生是一个平实而且节俭的人，他一套西装可以穿十年八年，皮鞋坏了他会觉得扔了可惜，补一补还可以继续穿；他住的也不是半山豪宅，而是 1962 年结婚购置的老房子；一块西铁城的手表市价也就 3100 港币，可他已经戴了十年；他的眼镜也用了十年以上，好几次度数增加，只不过换了一下镜片，也没有换镜架。

一次，有人在招待会上看到一个细节，李先生面前的桌子上盘子里还剩下两片西红柿，他笑着低声招呼身边的助手，让助手上来一人一片把西红柿分着吃了，这么简单的动作却感动了周围的人，大家为李先生如此细致周到的动作心里由衷感到钦佩。"[1]

[1]冯仑：《李嘉诚如何在香港当带头大哥？》百家号"冯仑风马牛"，2018 年 1 月 3 日。

李嘉诚很节俭，但不抠门。抠门的人，喜欢贪占别人的便宜。关于抠门的来历故事流传较广的版本是：古时候有一个爱财如命的财主，去寺里烧香看见庙门上刷的金粉，抠了带走，故有了"抠门"这个词语。人们讨厌抠门的人，是因为他们不喜欢付出，还习惯占便宜。相反，我们说节俭是美德，因为节俭的人是只对自己"狠"，对别人不这样。有些节俭的人，对外人其实是很大方的。李嘉诚就是这样的人，关于他成名后做慈善的故事有很多，这里我们不作赘述，让我们来看看还在创业阶段的李嘉诚是如何以财待人的。

故事一：

李嘉诚才开始创业的时候，经常在香港皇后大道上，看到一个穿得干干净净的乞讨妇人，与其他邋里邋遢的乞讨者完全不一样。李嘉诚觉得她品行不差，应该是因为生活所迫不得不乞讨，所以偶尔会给她点钱。除此之外，还时常惦记着给她留意工作。有一次，李嘉诚想到了一个适合这位妇人做的差事，就约她下次见面谈。不巧的是，约定的那天，李嘉诚忙着接待一个客户，一时间忘了这件事。等他终于想起来的时候，急忙对客户说了句"抱歉"，便飞速开车去见了那位乞讨妇人。见面后，李嘉诚给了对方一大笔钱，嘱咐她如何以此为本钱卖报纸自力更生，不要再乞讨了。然后，又飞速赶回工厂，继续陪客户谈生意。

故事二：

李嘉诚是靠塑胶花发家的，有人这样说："如果李嘉诚当时够狠，他赚的应该更多。"理由是，奇货可居，填补空白的新产品卖高价，这在任何行业都很常见。李嘉诚是香港第一个做塑胶花的人，如果他走垄断路线，谋取一时暴利自然不难做到。

当时，意大利产的塑胶花在香港卖的是奢侈品价格，独家经销商是老牌英资洋行———连卡佛百货集团。如果李嘉诚定价略低于连卡佛百货，就可以抢走很多富裕阶层客户，从而大捞一笔。

事实上，当时很多经销商非常看好李嘉诚自产的塑胶花，因为在外观上和意大利产塑胶花真的没有两样，塑胶花产品的技术含量本身没有多高，不存在质量上的天差地别，其最大的卖点就是新奇。

但是，李嘉诚没有走暴利路线。他最终选择的是平价路线，让普通百姓也能买得起。"我的成本加25%，就是我的价格，而且，我永远是这个价钱。"这就是李嘉诚最初的商业观———货真价实。在他看来，货真价实比"居奇为贵"更符合商界的游戏规则。

一些看好塑胶花行业、却没法代理意大利产塑胶花的本土经销商，纷纷打款交定金，争着做李嘉诚的经销商。有的为了买断权益，预付订金高达50%。这些经销商的渠道层次不等，有人建议李嘉诚趁机搞"价格歧视"，给不同渠道不同实力的经销商以不同出厂价，李嘉诚拒绝了。

故事三：

李嘉诚不仅自己靠塑胶产品起家，还带领一群潮州老乡靠塑胶产品发家致富。20世纪五六十年代，潮商塑胶厂在香港几乎占了一半市场。

1973年，中东战争引发全球石油危机，各行各业都受到不同程度的影响，香港的塑胶原料全部依赖进口，价格一时间暴涨。不少厂家因未储备原料，被迫停产，有些不得不关闭。原料炒家趁机介入，大幅提价，赚取危机财。这时候已经转行投资地产的李嘉诚，挺身而出，

在他的牵头下，数百家塑胶厂家，入股组建了联合塑胶原料公司，绕开炒家，直接由国外进口塑胶原料。他从长江公司的库存原料中，匀出万磅，以低于市价一半的价格救援停工待料的会员厂家。直接购入国外出口商的原料后，他又把长江本身的配额———20万磅硬胶原胶，

以原价转让给需量大的厂家。在危难之中，受李嘉诚帮助的厂家达几百家之多。

上述故事一发生在李嘉诚创业捉襟见肘、一穷二白的时候，为了帮助一个不相干的普通人，宁愿做"活雷锋"，不管对方地位有多低，答应帮助就一定要做到。

故事二发生在李嘉诚事业有转机、可以大捞一笔的时候，他没有"巧取豪夺"，而是以透明的低价，做细水长流的事业，而且能占便宜却绝不趁机揩油。

故事三发生在李嘉诚离开老本行、人生昂首阔步的时候，他原本可以事不关己高高挂起"见死不救"的，却义务救市。

一个人诚信与否，其对待金钱的态度，最能体现出来。从李嘉诚人生三阶段对待普通人、客户和同行的态度，我们不难看出李嘉诚的仁商底色。

小生意人把诚信简单定义为按照合同办事，你要让他额外出钱的时候，他翻脸比谁都快。诚信的底色是善良，真诚待人、发自善心地帮助人，才能令人信服。

一经承诺，便要负责到底

如果要取得别人的信任，你就必须重承诺，在做出承诺之前，必须经过详细的审查和考虑。一经承诺便要负责到底；即使中途有困难，也要坚守诺言贯彻到底。

——李嘉诚

李嘉诚的小儿子李泽楷曾经公开说过："我从家父那里学到的东西很多。最主要的是怎样做一个正直的商人。父亲对我和哥哥说得最多的话是，如果要取得别人的信任，你就必须重承诺，在做出承诺之前，必须经过详细的审查和考虑。一经承诺便要负责到底，即使中途有困难，也要坚守诺言贯彻到底。"

李嘉诚从小对李泽楷、李泽钜的言传身教，就是教他们先成为一个正直诚信的人，然后才去做一个成功人士。在他看来，正直诚信的人，就是信守承诺，并对自己的承诺负责到底的人。

"做生意，说一句算一句，答应人家的事，不能反悔，不然叫人家看不起，以后就吃不开了。"李超人的话总是这么朴素而有力，"做生意和做人一样，做人如此注重承诺，诚实守信，在做生意上如何守信用，也是可想而知了。一些小生意人认为承诺能否兑现无关紧要，东西卖出去才是真理。这其实是非常错误的，生意再小，如果不守诚信，只想做一次性买卖，那也会将生意做断、做绝，最终无法在商界立足。诺言不是随随便便说说就了事的，嘴上答应的事，一定要实现，这就叫信守诺言。"

信守承诺，之所以在商场如此被重视，正是因为它说着容易做着难。仔细想一下，人什么时候需要做出承诺呢？通常都在困难重重的境况或者有一方对另一方能否做得到存疑的时候。这时候，做出的承诺是定心丸还是定时炸弹，完全是要去看当事人随后怎么做了。

就像李嘉诚在1998年接受香港电台访问时所言："诚信是做出来的，人们不是看你怎么说，而是看你怎么做。越是在困境下，越能检验一个企业的诚信度。"

当初李嘉诚靠塑胶花打开香港市场和东南亚市场之后，一心想进军北美市场。毕竟，当时美国和加拿大，作为发达的资本主义国家，消费水平极高，占世界消费总额的四分之一。拿下北美市场，意味着财源滚滚。

可是怎么拿下北美的单子呢？李嘉诚采取的是当时前卫、现在很普遍的做法：按照黄页给北美各贸易公司寄 DM 杂志。结果，还真"碰"到了一家大贸易商。这家公司是北美最大的生活用品贸易公司，实力雄厚，销售渠道遍布美国、加拿大，是李嘉诚梦寐以求的大客户。这家公司对李嘉诚生产的塑胶花样品及报价很满意，在确定合作之前，希望能参观考察一下李嘉诚的长江工厂。

"李先生，一周后我们的采购经理会抵达香港，在参观完贵公司之后，希望李先生也能拨冗陪同走访其他厂家。有问题吗？"

对方的越洋电话传达了两层意思：第一，我们只给你一周准备时间，希望你能拿出最好的东西；第二，我们也不一定就选你，需要在比较后做决定。

"没有问题！欢迎贵公司派员一周后来港！"

机会千载难逢，香港独家供应商的诱惑实在太大。李嘉诚做出了肯定承诺，但代价是沉重的。

这是一次残酷的同业竞争，李嘉诚要在一个星期内，把香港同行都比下去。质量不是大问题，问题是规模。当时香港有好几家实力雄厚的大型塑胶公司，看上去都很高大上，相比之下，长江公司的工厂完全就是个作坊。

既然对客户做出了承诺，李嘉诚挂了电话就召开动员会议，宣布了自己的计划：必须在一周之内，将生产规模扩大到令外商满意的程度。

当时，李嘉诚正在香港北角附近筹建一座工业大厦，新的现代化大厂房已经在计划之列。但是远水解不了近渴，为了抢时间，李嘉诚紧急委托中介租厂房。中介带他看了一个最繁盛工业大厦的一套标准厂房之后，李嘉诚当即拍板租下并迁厂。

旧厂房退租、设备搬迁与购新、新厂房改建、设备安装调试，这些工作，李嘉诚和全体员工一起，每天只睡三四个小时，奋斗了七昼夜，终于搞定了。当然一向谨慎的李嘉诚，忙而不乱，每天按照日程安排表严格进行，哪组人马该干什么，哪些工作由外包公司做，都安排得清清楚楚。

等待约定的日子到来，李嘉诚从容地亲自驾车到机场接外商，直接带到了新厂房。李嘉诚带领外商参观了全部生产过程和样品陈列室之后，对方忍不住称赞道："李先生，我原来担心你宣传画册夸大其词，没想到你们的设备这么先进，生产规模这么大，管理得也这么好，真的和你在电话中承诺的一样！"

李嘉诚说："我们的塑胶花报价低廉，不代表我们的生产能力不行。我承诺给你们无论批量多大都不断货供应，就一定能够做到！"

"好，我们马上就商量一下合同细节。"

李嘉诚说："我先带你去参观一下另外几家塑胶公司。"

外商笑了："不用了，你就是我们最理想的独家供应商。"

其实这家信息灵通的北美大公司应该对李嘉诚这一周的"动作"有所耳闻，况且全新的厂房对于经验老道的内行来说现场一看便知。这家北美大公司之所以选择了李嘉诚，就是看重他的行动力和信守承诺的品格。

随后，这家北美大公司成了长江工业公司的大客户，每年来的订单都以数百万美元计。通过这家北美大公司，李嘉诚还有一个更大的收获，与加拿大帝国商业银行形成了友好合作关系，为后期大举进军海外打好了基础。

不要对人随便做出承诺，而不得不做出承诺之后，就要负责到底。这就是年轻李嘉诚备受欢迎的魅力所在：

> "经商就像做人一样，要忠诚、有义气。对自己说出的每一句话、做出的每一个承诺，一定要牢牢记在心里，并且一定要做到。当你建立了良好的信誉后，成功、利润便会随之而来。"

李嘉诚用行动告诉我们，一个人的信用是靠"说"（承诺）和"做"（负责）共同建立的，后者比前者更为重要。

善待他人，充分考虑到对方的利益

如果一单生意只有自己赚，而对方一点不赚，这样的生意绝对不能干。

——李嘉诚

商业说到底是个合作游戏，有合作才有赚钱的可能。商业遵循的永恒法则是互惠互利。商业合作必须有三大前提：一是双方必须有可以合作的利益，二是必须有可以合作的意愿，三是双方必须有共享共荣的打算。此三者缺一不可。如果把目光仅仅局限在自己的利益上，不考虑对方的利益，那么合作指定无法长久。不给对方机会的同时，也会断送自己的机会。主动让利，以妥协求发展，当下不会赢得最大利益，但长远看会赢得更多的利益。

"七分合理，八分也可以，那我只拿六分。"李嘉诚的这句话已经为很多人熟知，但迄今为止，能做到的人不多。你看"李超人"不是超级精明，而是超级能吃亏。可见，做人最高的境界是厚道，精明的最高境界也是厚道。

李嘉诚在《做人》一文中写道：

一、心甘情愿吃亏的人，终究吃不了亏，能吃亏的人，人缘必然好，人缘好的人机会自然多，人的一生能抓住一两次机会，足矣！吃亏是福。

二、爱占便宜的人，终究占不了便宜，捡到一棵草，失去一片森林，你看那些一到买单就上厕所或钱包半天掏不出来的聪明人，基本上都没啥成就。金钱如粪土，仁义值千金。

三、心眼小的人，天地大不了。朋友聚会时，三句话不离自己和自家的人，是蜗牛转世，内心空虚、自私。心里只有自家的事，其他的事慢慢也就与他无关。尤其是男人，当内心宽阔，能包容一切。从容才能中道，宰相肚里能撑船。

四、只有惜缘才能续缘。在人生的路上我们会遇到很多人，其实：有缘才能相聚，亲人多半是前世的好友，好友多半是前世的亲人，给你带来烦恼的多半是你前世伤害过的。因此切记：善待身边的亲人，关心身边的朋友，宽恕那些伤害你的人。万物皆缘。

生意场上，什么情况都会遇到。李嘉诚也有"被坑"的时候。但是，他和一般人"被坑"时的表现也不一样。

创业早期，李嘉诚曾经接到了一家贸易公司的大订单。正当他和团队都异常开心的时候，突然又接到通知：因为一些不可控原因，外商决定取消合同。

初创公司，每一笔订单都很重要，甚至可以说一决生死。试想一下当时的情景：按照对方的合约，李嘉诚们已经生产出来了大批产品了，人力物力成本已经投入了，对方却突然取消订单！一般人会怎么做？先求对方履行合约，请求不行再气急败坏要求补偿损失。

李嘉诚没有这么做。对方主动承诺给他一定补偿，李嘉诚拒绝了。虽然他很需要这笔补偿金。

这就是李嘉诚的过人之处：不要对方的赔偿，等于对方欠下了自己一笔账。李嘉诚是要赌一把：放长线钓大鱼，换来日后更大的合作。

然而，事情没有按照李嘉诚的设想去走。李嘉诚盼了很久，这家欧洲贸易公司日后也没有从长江工厂再进塑胶玩具。

几年之后，李嘉诚开始转型做塑胶花生意，有一天，一个素不相识的美国人突然找上门来，扬言一定要和李嘉诚合作。李嘉诚正纳闷，接到了欧洲贸易公司的电话，原来是他们推荐美国客户来进货的。

这就是李嘉诚和小老板们的区别之处：他肯吃亏。正所谓"小利不舍，大利不来"。有时候吃点亏牺牲眼前利益正是为了获得更多的长远利益。和小生意人"为达目的可以不择手段"所不同的是，李嘉诚"绝不同意为了成功而不择手段"，他很清楚，即使这么做"侥幸略有所得，亦必不能长久，如俗语说刻薄成家，理无久享"。因此，他建议："当业中同行需要你施以援手，而你又有能力时，鼎力相助才是智者所为。落井下石，踩沉对方，总会有新的竞争对手崛起，一个人是不可能永远独霸一个行业的，而救人为难之中，不但可以赢得人缘和声誉，你的形象也会成为另外一笔宝贵的财富，让你受用无穷。"

李嘉诚在生意场上只有对手而没有敌人，不能不说是个奇迹。"这么多年来，任何一个国家的人跟我合作之后，从来没有一件事情闹得不开心，这一点我是引以为荣的，我喜欢友善交易，这是我的哲学。"我们再看看李嘉诚的箴言："人要去求生意就比较难，生意跑来找你，你就容易做。"那如何才能让生意来找你？那就要靠朋友。如何结交朋友？那就要善待他人，充分考虑到对方的利益。

李嘉诚说过："如果一单生意只有自己赚，而对方一点不赚，这样的生意绝对不能干。"李嘉诚的意思是，生意人应该利益均衡，这样才能保持久远的合作关系。相反地，只顾一己之利益，而想把对方的利益都赚到，只能是一锤子买卖，自己将生意做断做绝。在李嘉诚的这种理念下，凡与李嘉诚合作过的人，大多都赚得盆满钵满，自然有了越来越多的人主动找到李嘉诚来寻求合作。

有多少人信任你，
你就拥有多少次成功的机会

人的一生最重要的是守信，我现在就算有十倍多的资金，也不足以应付那么多的生意，而且很多是别人来找我的，这些都是为人守信的结果。

——李嘉诚

俗话说，"诚信走遍天下"。诚信何以有这么大的魔力呢？原因在于它可以捕获人心，换取信任。

李嘉诚创业不久即遇到"质量门"危机，墙倒众人推，供货商、银行、员工一度把他逼到了崩溃边缘。

当时母亲庄碧琴讲了一个故事，让李嘉诚茅塞顿开。

庄碧琴讲的是一寂与二寂的故事：

在李嘉诚的老家有个开元寺，里面住着一个法号叫元寂的住持。元寂年事已高，希望找个合适的接班人。候选人是他的两个徒弟，一个法号一寂，另一个法号二寂。

有一天，元寂把这两个徒弟都叫到跟前，说："我给你俩每人一袋稻谷，第二年秋天以谷为答卷，谁收获的谷子多，谁就是我的接班人。"第二年秋天到了，一寂挑来满满的一担谷子，二寂则两手空空。元寂当众宣布二寂担当接班人。

众人纳闷之际，元寂说："我给一寂和二寂的谷子，都是用滚水煮熟的。显然，二寂是诚实的，理应由他来当住持。"于是，众人悦服。

李嘉诚悟出母亲的用意：真诚乃处世之本，诚信当头无危不克。李嘉诚旋即向客户、员工和银行坦承自己经营错误，连累了大家。员工原谅了他的暴躁，留下来共度危机；原料商放宽付款期限；银行放宽偿还贷款期限。李嘉诚得以安度危机。

这件事让李嘉诚第一次认识到了坦诚的神奇力量。《韩非子》有句话说："巧诈不如拙诚，惟诚可得人心。"巧妙的欺诈不如愚笨的诚实，只有诚实可以得到人们的尊重和信任。

把李嘉诚推向事业巅峰的，同样是这一招。当时，李嘉诚凭借塑料花在香港和亚洲地区打开了市场，名气大增，但实际上赚的还是薄利。李嘉诚决定到欧美市场试试机会。当他将目标锁定一家欧洲大代理商时，问题来了。

这位实力雄厚的大代理商，十分看重长江工业有限公司款式齐全的塑胶花产品，他们还为此专门到长江工业有限公司来实地考察。在看了长江工业有限公司的简陋工厂后，惊讶不已。他们决定向长江工业有限公司长期订购。李嘉诚适时建议他们做长江工业有限公司的欧美总代，对方欣然同意，但是，这位严谨的大代理商提出了一个条件：长江工业有限公司必须有实力雄厚的企业家或者实业公司作为自己的担保。

找谁担保呢？对大公司而言，这不过是个形式，但是对于李嘉诚来说，却是一个很大的难题。毕竟担保人是要承担长江工业有限公司无法履行合同，或者丧失偿还债务能力的债务风险。

李嘉诚思来想去，也找不到这么大的担保人。此时，最能求助的就是自己的舅舅，但是自从中南钟表公司取得瑞士某品牌表的独家经销权后，迅速扩大了规模，其网点遍及香港及内地、东南亚、韩国等地，规模迅速扩张，自身就存在各种各样的危机。在商言商，这个时候，确实不适合给李嘉诚做担保。李嘉诚也比较理解。而且，他认为根据塑胶花的市场前景，以及在欧洲市场受欢迎的事实，担保也没有必要。

在约定的最后期限，李嘉诚找到大代理商下榻的酒店，先将设计师们连续几个通宵赶出来的数款新产品的样品摆在了代理商的面前，然后又把报刊的相关报道拿了出来，例证了自己公司产品在欧美市场的风靡程度，然后预测了新产品的未来竞争。在引得对方频频点头之后，李嘉诚开诚布公，和盘托出："我只是一个白手起家的小业主，目前香港的借贷政策还没有向我们这样的企业开放，我拥有的资本只有自己的产品和商誉。我们目前真的无法找人写下书面担保书。"

对方笑了："你就是最大的担保。李先生的真诚和信用，是无价的，是我们见过的最好的担保。我们将来的合作，一定会很长久！"

在这位超级经销商的鼎力相助下，长江工业有限公司的塑胶花终于成功打开了欧美市场，李嘉诚终于开始赚大钱了。

真诚是最打动人心的力量。从李嘉诚身上，我们可以看到，诚信是无法用金钱估量的，是普通人逆袭发展的法宝。他可以帮人渡过危机，也可以助人走向成功。你能用真诚换来多少人的信任，你就拥有多少次成功的机会。

第四章

沉潜蓄势：精细商作，耐心为本

　　"精细商作，耐心为本"，这八个字是长江实业的口号，也是李嘉诚家族的"家规"，这几个字在李嘉诚的人生中有着重要的意义。进入地产行业时，整个行业正处于起伏很大的泡沫期，行业上升时的诱惑，下跌时的恐惧，先后考验着李嘉诚，正是靠着"精细"和"耐心"，他不仅没受泡沫期的影响，反而走得更加坚实。

稳健中求发展，发展中不忘稳健

"发展中不忘稳健，稳健中不忘发展"，这是我一生中最信奉的生意经，直到现在，所有的下属集团单位都采用的是一种保守的会计方式，非常重视集团总体的现金流向。自20世纪50年代来，几乎一直在沿用没有债务的"无债稳健经营"方式，这种方式已达半个世纪之久。

——李嘉诚

在创业的第八个年头，李嘉诚的长江工业公司在塑胶业取得了令人瞩目的业绩，李嘉诚由此获得"塑胶花大王"的美称，他积累的资金第一次突破了1000万港元。接下来，是要在塑胶行业继续做大做强呢？还是寻找新的利润空间呢？李嘉诚陷入了思考。

一直以来，在长江工业公司的经营中，李嘉诚最为头疼的就是厂房问题。第一，随着公司规模的扩大，生产车间里，设备、人员、制品，挤得水泄不通，厂房是个大问题。第二，寻找交通便利、租金适宜的厂房很难。第三，当时随着香港工业化进程的急速发展，厂房供不应求，许多物业商只肯签短期租约，来年再续租时，他们会大幅加租，搞得很多工厂苦不堪言。无数次，李嘉诚设想着：我要有自己的厂房该多好，就用不着受物业商的任意摆布了。现在，看着手里的1000万港元，他决定把心中所想的落到实处：我自己做地产商。

做地产商，应该怎么经营呢？第一次涉足地产行业，李嘉诚做了很多研究工作。当时，市场上通行的经营模式是：预售楼花。这种模式由香港商界领袖霍英东于1954年首创的，这种模式的运作方式很巧妙，地产商只需花钱拿下一块地，就可以拿地皮向银行抵押来贷款，然后在楼房还没兴建之前，地产商先进行预售，得到预付款后，再动工兴建。等楼房盖成后，地产商把房子出售或出租，再在未来若干年内按月向该银行付还贷款的本息。地产商只需支付得起楼价的10%或20%，就可以玩转几个亿的项目。

虽然预售楼花是当时地产业内通行的运营模式，可在认真研究后，李嘉诚认为，这种模式，地产商的利益与银行休戚相关，地产业的盛衰会直接波及银行，唇亡齿寒，一损俱损，过多地依赖银行，未必就是好事。最终，李嘉诚决定采取谨慎入市、稳健发展的方针，不走预售楼花这个捷径，而是实打实的，自己掏钱盖房子。

想到就去做，当年，李嘉诚在繁盛的工业区——北角购买了一块地兴建了一座12层的工业大厦。1960年，他又在新兴工业区——港岛东北角的柴湾兴建工业大厦。两座大厦的面积，共计12万平方英尺。在这个过程中，李嘉诚并没有草率舍弃塑胶业，在其后十余年的时间里，他仍旧在塑胶领域继续保持着领先地位，塑胶产业的收入为他地产事业的发展提供了数以千万元的资金。

房子有了，接下来，是卖出去，还是出租呢？转手卖出去，资金回笼速度快，高风险、高收益；出租的话，有稳定而长期的租金收入，低风险，短期收益有限，各有利弊。李嘉诚认为，随着香港经济的持续发展，未来势必需要更多的办公写字楼、商业铺位、工业厂房。另外，香港是弹丸之地，有限的土地，无限的需求，地价、楼价、租金持续飚升是总趋势，现在转手卖了，就丧失了未来的利润，反倒不如把房子握在手里，只租不卖，这样既能保证有稳定的租金收入，另外，随着物业的增值，时间愈长，房产的价值愈能显现出来。

1961 年 6 月，李嘉诚的同乡银行家廖宝珊因为把存户存款大笔投入兴建楼盘，引发了存户挤提，廖宝珊在巨大的压力下，突然脑溢血身亡。廖宝珊是潮商中的成功人士，深得李嘉诚的尊敬。从他身上，李嘉诚进一步意识到地产行业的风险，他坚守着稳健发展的策略：一方面，他继续在新老工业区寻购地皮，营建厂房，只不过他的整个运营尽可能少依赖银行贷款，有的工业大厦完全是靠自有资金建造；另一方面，他尽心维持公司原本的塑胶业务，让各下属公司保持着良好的经营状况，保证可观的盈利。

李嘉诚的这种稳健经营，现在看，是一种理所当然的状态。可在那个时代，李嘉诚承担了怎样的压力，只有他自己知道，因为诱惑实在太大了。1962 年，香港政府修改建筑条例并公布 1966 年实施。地产商们为了避免新条例实施后吃亏，都赶在 1966 年之前疯狂建房，再加上银行的积极资助，出现了地价楼价日涨夜升的畸形旺市，整个市场掀起一股炒作风潮，大客炒地，小客炒楼（花），还由此诞生了很多职业炒家。在这种浪潮中，李嘉诚的稳健做法，被很多人认为是"保守"，有机会不去抓，说好听了是"胆小"，说难听了是"犯傻"。

难得的是，对于诱惑和非议，李嘉诚都保持着冷静，他说："我不会因为今日楼市好，立刻买下很多地皮，从一购一卖之间牟取利润。我会看全局，例如供楼的情况，市民的收入和支出，乃至世界经济前景，因为这个香港经济受到世界各地的影响，也受到国内政治气候的影响。所以在决定一件大事之前，我很审慎，会跟一切有关人士商量，但到我决定一个方针之后，就不再变更。"

在地产热炒中，李嘉诚坚定执行着自己不依赖银行，靠自由资金建房，然后只租不卖的经营模式。很快，他的坚持有了回报。

1965 年 1 月，明德银号因为投机地产发生挤提宣告破产，这一事件触发了多米诺骨牌效应，全香港的银行都遭遇了储户挤提，有的银行倒闭，有的银行破产，整个银行业一片哀鸣。靠着银行输血运转的地产商资金崩盘，地价楼价暴跌，脱身迟缓的炒家，血本无归。无数地产商、建筑商纷纷破产。而在这次大危机中，因为不依赖银行，李嘉诚没有受到太大波及，损失微乎其微。李嘉诚的稳健策略让他成功避过了一次大危机。[1]

---

[1] 禾田：《华人首富李嘉诚生意经》，中国商业出版社，2009。

掌握了准确资料和最新资讯就能抓住时机

市场逆转情况，由太多因素引发，成功没有绝对方程式，但失败都有定律：减低一切失败的因素就是成功的基础。

——李嘉诚

1966 年年初的银行挤提风波，让香港房地产由火热陷入低迷。到了年底，银行的元气渐渐恢复，有能力重新资助地产业，低迷的房地产市场开始出现一线曙光，地产商跃跃欲试，准备大干一场。就在这个时候，中国内地爆发的"文化大革命"开始波及香港。

"中央即将武力收复香港"的谣言四起，香港人心惶惶，随后触发了自二战后第一次大移民潮。移民以有钱人居多，他们纷纷低价抛售手里的地产，新落成的楼宇自然也无人问津，许多先前将资金投入房地产业的人都因为信心不足，纷纷抽回资金，改投其他行业，整个房地产市场卖多买少，有价无市，地产商、建筑商们一个个焦头烂额，一筹莫展。

整个地产形势不景气，手里拥有好几个楼盘的李嘉诚自然也忧心忡忡。小时候，他曾经亲身体验了战争对人们生活是怎样摧枯拉朽的破坏，如果香港这块土地上真的发生了战争，什么商业，什么发展，一切都是泡影。李嘉诚不时听广播，看报纸，密切关注事态发展。

　　内地的动荡在几个月后渐渐平息了，李嘉诚的心也逐渐平定了，他综合通过各种渠道得到的信息，得出了一个这样的结论：香港是内地对外贸易唯一的通道，中央一定会维持香港局势的稳定，绝对不可能靠武力收复香港。经过深思熟虑后，李嘉诚毅然采取了惊人的举措：人弃我取，趁低吸纳。他把塑胶厂的盈利和手中几个楼盘的物业收入全部投入市场，买进地产，当时那些急着移居海外的人们争抢着把手中的住宅、商店、酒店、厂房变现，中心地段的好楼盘卖出了白菜价，李嘉诚以极其低廉的价格收购了一块块地皮，并且大兴土木，趁着地产业正处于低潮期，建筑费低廉的良机，建起了一栋栋高楼大厦，大厦落成后，继续只租不卖，通过出租慢慢回笼资金。

　　别人都在甩卖地产，李嘉诚却把所有的钱都砸进去，买进地产，还大搞建设，不少人看到李嘉诚又在"犯傻"，都等着看他的笑话。李嘉诚对于这些人也不加反驳，只是笑笑说："你们大拍卖，我来大收买！以后你们有追悔莫及的那一天！"直到1970年，香港百业复兴，地产行业回暖，那些等着看笑话的人，一个个被李嘉诚震撼了。这时候，香港的地皮和房价持续攀升，李嘉诚手下的地产，由最初的12万每平方英尺，发展到了35万每平方英尺，资产价值不断攀升，他每年的租金收入也迅速增长。李嘉诚"坐享其利"，因为拥有大批物业，储备了大量土地，他后来才有机会做到业内第一，李嘉诚成了这次地产危机中最大的赢家。

　　李嘉诚的"超人"能力在这次地产动乱中，第一次展现出来。外人忍不住怀疑，他是有非同常人的幸运吗？孤注一掷，下场豪赌，竟然撞大运似的取胜了。还有人进一步异想天开，李嘉诚是有天眼吗，能预知未来？不然，他怎么就能笃定市场未来一定会好转呢。

　　其实，只有李嘉诚自己很清楚，他的惊人之举，与幸运无关，他的确有预知未来的能力，只不过，这个能力跟怪力乱神无关，它的本质是对信息的高度敏感。

李嘉诚关于时机，说过这样两句话："能否抓住时机，和企业发展的步伐有重大关联。要抓住时机，先掌握准确资料和最新资讯。能否抓住时机，要看你平时的步伐是否可以在适当的时候发力，走在竞争对手之前，抓住时机的重要因素是知己知彼。""知识的最大作用是磨砺眼光，增强判断力，有人喜欢凭直觉行事，但直觉并不是可靠的方向仪。时代在不断进步，我们不但要紧贴转变，还要走前几步。"

少年时代边打工边求学的经历让李嘉诚难以忘记，创业之后，李嘉诚将这种求索精神更多的投入到对前沿信息的占有和对自身知识的升级上。取得一定成就后，李嘉诚并没有沉迷于声色犬马之中，每天早上起床，他要读报，每天晚上睡觉之前，他都要看书，这个习惯一直保留到了现在。开始创业后，李嘉诚还进一步养成了与数字打交道的习惯。他特别喜欢阅读各个大公司的年报，除了找到好的投资机会，还可以学习大公司的财务优势和资源分配。正是有这样的知识和信息的储备，李嘉诚在关键时刻，才准确地做出了判断和决策。

因为持续不断学习的精神，李嘉诚如同开了"天眼"，这让他在未来的经营中无数次把握住了获得财富的机会。

第一要有志，第二要有识，第三要有恒

放弃机遇的人并不知道自己放弃的是机遇，而求索机遇的人恰恰知道机遇或许就要降临，好的年景，我们绝不过分乐观；不好的年景，我们也不过度悲观。这一直是我们集团投资的原则。

——李嘉诚

1971 年 6 月，李嘉诚成立"长江地产有限公司"，他开始全力以赴进军房地产。在第一次公司高层会议上，李嘉诚踌躇满志地说："我们要以置地公司为奋斗目标，不仅要学习置地的成功经验，还要超过置地的规模。"

香港置地土地有限公司成为于 1889 年，经过半个多世纪的发展，它不仅仅经营地产，还涉及酒店餐饮、食品销售，市场覆盖了亚太 14 个国家和地区，在全球行业排名中，置地名列前三，在香港，置地是毋庸置疑的 No.1。而这时的长江地产仅仅拥有 35 万平方英尺的地盘物业，一个小蚂蚁胆敢撼动大象，这不是吹牛皮、说大话吗？当场，与会人员中有人提出了质疑。

对于这个质疑，李嘉诚早就思考了很多。早年，父亲曾经对他讲过久盛必衰的道理，在这么多年的历练中，李嘉诚对此深有体会。他之前对置地做过研究，近 10 年来，置地的发展业绩并非尽如人意，后起之秀有了取而代之的势头，那么，这个取而代之的为什么不能是长江呢？草创时，李嘉诚手里除了 5 万元外，可说是一无所有，现在短短几年就发展到了现在的规模，这让李嘉诚对自身越来越有信心，他认为，自己集中精力、人才、资金来潜心发展的话，超越置地是完全有可能的。

在会议上，李嘉诚首先表明了自己的态度："我们做任何事，都应有一番雄心大志，立下远大目标，才有压力和动力。"随后，他说出了具体的执行策略："置地的基地在中区，中区的物业已发展到极限，寸金难得寸土，而是寸土尺金。长江的资金储备，自然还不敢到中区去拓展，但我们可以去发展前景大、地价处于较低水平的市区边缘和新兴市镇去拓展。待资金雄厚了，再与置地正面交锋。"[1]

李嘉诚确定了避开置地锋芒，走农村包围城市的路线，可凭借着自有资金发展的话，速度太慢了，李嘉诚又不想依赖银行，怎么办呢？

李嘉诚很喜欢曾国藩的这句话："士人读书，第一要有志，第二要有识，第三要有恒。有志，则断不甘为下流。有识，则知学问无尽，不敢以一得自足；如河伯之观海，如井蛙之窥天，皆无见识也。有恒，则断无不成之事。此三者缺一不可。"李嘉诚确定了超越地产老大置地的志向，为了实现这个目标，他开动脑筋，积极向外寻求解决方法，他首先想到了利用股市大规模筹集社会游散资金的方法。

1969 年之前，香港所有股票买卖活动都透过香港证券交易所（俗称香港会）进行。当时香港会的会员大部分为外籍人士或者通晓英语的高级华人；而上市公司则主要为外资大银行。香港会上市的条件非常苛刻，不少华资大企业长期被拒之门外。虽然看似困难重重，不过，李嘉诚还是积极地寻找突破口，1972 年 7 月 31 日，李嘉诚将长江地产

---

[1]孙良珠：《李嘉诚全传》，湖北：华中科技大学出版社，2010。

改为长江实业（集团）有限公司（简称长实），随后，在专业财务顾问的帮助下，长实拟定了上市申请书，准备了公司章程、招股章程、公司实绩、各项账目等附件，开始向交易所申请上市。

1969年至1972年间，香港继之前的香港证券交易所后，又设立了远东交易所、金银证券交易所、九龙证券交易所，形成了四间交易所鼎足而立的局面。1972年，随着中国对外关系的改善，港股出现了火热的大牛市，当时坊间有传言"持有股票就不要钞票"，很多香港的投资者开始投身到股市中。在一片"欣欣向荣"中，长实骑牛上市，上市后24小时不到，股票就升值一倍多，这意味着公司市值增幅一倍多。消息传来，长实的职员欣喜若狂，买来香槟庆贺。

对于外界的喝彩声，李嘉诚却并不觉得特别的欣喜。他认为：股票升值，是由股市兴旺所导致的，这并不是长实自身的实力证明。要使投资者真正信任并宠爱长实股，最终得看长实的未来实绩，以及股东所得实惠。因此，李嘉诚用手里募集到的钱更加稳健、谨慎地发展地产业务。

随着时间的推移，李嘉诚这种对地产业务的坚守越来越不容易。当时的香港股市，炒风愈刮愈炽热，各行各业纷纷介入股市，借风炒股。不少房地产商，放下正业不顾，将物业抵押给银行，获得贷款，然后全额投放到股市中，大炒股票，以求牟取比房地产更优厚的利润。就连普通的工人都不惜变卖首饰、出卖祖业，然后辞掉工作，全职入市炒股。在这种疯狂中，李嘉诚不跟风、不动摇，坚定地走自己的实业。

1973年3月，港股大跌，在随后的一年九个月的时间里，跌幅高达91.5%，创下了世界熊市的最大跌幅记录。受股市影响，香港出现了经济大衰退，大批工厂停产倒闭。李嘉诚又一次发挥了"天眼"一般的"超能力"，他不仅躲过了股灾，还借用香港上市的人脉资源，使自己的公司于1973年年初在伦敦股市挂牌上市，后又于1974年6月在温哥华挂牌上市。

曾国藩的"有志、有识、有恒"被李嘉诚诠释成：定下远大目标、制定实施策略、不为诱惑所动、稳扎稳打、步步为营。在李嘉诚的稳步发展下，长实在本港和海外股市集到了足够的资金，这为长江的拓展提供了厚实的资金基础，为李嘉诚事业的腾飞插上了翅膀。

储足二百的力量再去进攻

作为一个庞大企业集团的领导人，你一定要在企业内部打下坚实的基础，未攻之前，一定要守，每一个策略实施之前，都必须做到这一点。当我着手进攻的时候，我要确定有超过百分之一百的能力。换句话说，即使我本来有一百的力量便足以成事，但我要储足二百的力量才去攻，而不是随便赌一赌。

——李嘉诚

置地公司作为香港地产界的老大哥，做大哥很多年了，小辈们的挑战也经历了很多。在很长时间里，置地都没把长实当回事，一方面，长实的开发区域主要是市区边缘和新兴市镇，这些地方都是老大哥瞧不上的，另一方面，长实以收租物业为主，这种模式是置地几十年前就玩熟的，长实一直是以追随者的姿态，置地并没有把它瞧在眼里。1977年，置地跟长实有了一次正面交锋的机会，这时，置地才警醒过来。

1977年，香港地铁公司宣布：位于香港中区地下的中环和金钟站举行兴建投标。这两个站点是地铁先期建设的线路中最重要也是客流量最大的停靠站，这里还是香港最繁华的核心商业地段，所以这个项目可说是当之无二的"地王"。如果能把这块地拿到手并成功地发展物业，不仅能带来丰厚的利润，而且夺标公司还可由此增强信誉且名声大振。

公开招标后，香港地铁公司很快就收到了 30 多个财团及地产公司的申请，其中，素有"地产皇帝"之称的置地公司夺标的呼声最高。置地多年的龙头老大的地位在这摆着，实力和知名度都是毋庸置疑的，另外，置地跟当地政府多年交往，相互之间盘根错节，不管是凭市场显规则，还是靠政府潜规则，置地都似乎胜利在握。

长实要不要参与竞标呢？参与的话，有几成取胜的把握呢？李嘉诚在外人面前自信满满，可他内心深处也没底。于是，在一个又一个无眠的夜晚，李嘉诚开始研究项目相关的所有资料。往常，为了表示对妻子的尊重，李嘉诚很少把工作带回家，为了这个项目，他打破了惯例，不分昼夜地研究起来。

李嘉诚先研究了竞争对手，当时参与竞标的置地、太古、金门等几个英资大地产商，实力都远远胜过自己，现在的长实充其量算是个"中型"地产公司，跟这些地产大佬拼实力，无疑是"以卵击石"，长实没有一点胜算。不过，这些大公司都有点财大气粗的做派，尤其是置地，在一次媒体采访中，当被问到对这次投标有没有信心时，置地的老总自信满满地说，"投标结果，就是最好的答案"。言下之意，这个项目舍我其谁？李嘉诚认为，置地认为自己势在必得，他们自然不会去研究合作方，更不会去迎合合作方，这将成为它的薄弱环节，让长实有机可乘。

研究完竞争对手，李嘉诚进一步研究起了这个项目的情况。在研究中，李嘉诚发现，之前，地铁公司从香港政府手中拿下这块地皮时，双方有过争执，政府对这块地皮的估价为 2.5 亿港元，要求地铁公司全部现金支付，地铁公司当时提出部分现金支付，部分以股份冲抵，遭到了政府的明确拒绝，地铁公司无奈之下只好借助银行贷款买下了这块地皮。这个信息，让李嘉诚眼前一亮，他大胆猜测：地铁公司目前严重缺乏现金，在寻找合作伙伴时，他会首先考虑解决资金周转问题，其次才指望获得更大的盈利。

在这种思路下，李嘉诚在长实提交的投标书上，抛出了几个吸引人的条件：第一，长实将为地铁公司垫补地价，并提供现金做建筑费，也就是说，与长实合作，地铁公司在建设方面不需要支付一分钱；第二，在两站上建设综合性商业大厦，建成后出售所得利润由地铁公司与长实分享，并打破对半开的常规，地铁公司占51%，长实占49%；第三，整个项目由长实负责规划，地铁公司审核批准，建成后，地铁公司负责招标管理，长实在地铁公司的同意下参与管理。

建设的钱我出，利润你占大头，管理权还归你，李嘉诚的这些条件对地铁公司太具诱惑力了，也让步太多了，这样会不会太亏了呢？身边人提出这样的疑问时，李嘉诚说："不能把眼光仅仅局限在自己的利益上，两者是相辅相成的，自己舍得让利，让合作方得利，最终还是会为自己带来较大利益。"

对李嘉诚来说，这样大尺度的让步，最主要的是能一击即中，一下就把置地彻底打倒，另外，自己还能获得利益，并能打响长实的招牌，绝对是值得的。

1977年4月5日，香港多家媒体以"长江击败置地，夺得邮政总局地段"为标题，争相报道了竞标结果。全香港人都在探讨：长实是何方神圣呢？地产业更是一片哗然，包括置地在内，大家都不得不全新审视长实了。这次投标成功，长实从边缘区域第一次跨入了市中心，它的存在开始引人关注，它的实力也步入了一个新的台阶。

对于长实这次以小博大的胜利，很多人又在猜测了，李嘉诚是撞了大运了，还是开了"天眼"了啊，莫非他是超人？真相其实很简单，面对强大的对手，通过周密的调查研究，做到知彼知己，然后确定出色的行动战略，一步步搏击，最终取得胜利。这里没有运气，也没有超能力，就像李嘉诚说的："如果选定方向，就放手全力一搏，无怨无悔。凡是聚焦于一点的人，无论干什么，无不成，这就是所谓的精诚所至，金石为开。"

准备足够的信心和耐心，去等待和创造生意机会

投资能力的关键就是找准市场投资的最佳切入点。像一只猎鹰耐心地等待着猎物的出现，当猎物真的出现时，他会以迅雷不及掩耳之势出击将其捕获，只有具备这种能力，你才能成为真正的投资高手。

——李嘉诚

"精细商作，耐心为本"，这八个字是长江实业的口号，也是李嘉诚家族的"家规"。李嘉诚经常跟他的儿子们强调：十年树木百载成林，做大品牌，就要关注细节，要有耐心，惟其如此，才能成就你所能想象的事业。

李嘉诚之所以能有这样的体悟，这跟他前期的发展经历息息相关的。

1981 年，李嘉诚看中了黄埔船坞旧址这块地皮，当时正好是地产狂热的阶段，按照协定的价格，李嘉诚需要支付 28 亿港元。这个代价有点大，李嘉诚决定按兵不动，先等一等。两年后，香港地产业出现低潮，李嘉诚立刻抓住机会，跟香港政府讨价还价，结果，他仅以 3.9 亿港元就拿下了这块地，大大降低了开发成本。也就是说，在前后不到 3 年的时间差里，李嘉诚耐心等一等，就少支付了 24 亿港元的地价。

在《李嘉诚传：峥嵘》一书中，作者李忠海这样评价李嘉诚："如

果你有幸与李嘉诚打牌，当李嘉诚打出一张牌之时，你一定要考虑清楚，随后他可能会出什么牌，这就是李嘉诚的风格，任何事情都不会是单一的直来直去，不是一个战役战术，而是战略策略。"李嘉诚这种一环套一环的战略的实施的根本就在于他有足够的耐心和信心。在嘉湖山庄项目上，李嘉诚就是以强大的耐心，精心布局了十年。

嘉湖山庄原名为天水围屋村，位置在新界元朗以北，与深圳西区隔一道窄窄的深圳海湾。1978 年，长实与会德丰洋行联合购买了天水围的土地。1979 年下半年，中资华润集团购得了这个项目的大部分股权，共组公司开发天水围。当时，这个项目，华润占 51%，长实只占 12.5%，华润雄心勃勃，计划在 15 年内，把这里建成一座可容纳 50 万人口的新市镇。

一开始，天水围项目由最大股东华润主持开发，可因为华润不熟悉香港的游戏规则，导致这个庞大的计划在搁浅。整个项目成了鸡肋，食之无味，弃之可惜，华润骑虎难下，一时不知如何是好。这个时候，李嘉诚不动声色，他不慌不忙，逐年从其他股东手中接下他们卖出的股票。到 1988 年，李嘉诚占有了除华润外的 49% 股权，成为与华润并列的仅有的两家股东。1988 年 12 月，长实与华润签订协议，李嘉诚最大化让利于华润，作为交换，由他来掌控项目的开发和销售。这样的安排华润自然求之不得，天水围项目顺利推进，直到 1991 年，项目全部完工，嘉湖山庄成为了香港最大的私人屋村，华润和长实都赚得盆满钵满。除了利润收入外，李嘉诚通过这个项目，结交了华润这个合作伙伴，打通了与中资企业的友好关系，这份价值更是无可估量的。

在这个项目中，李嘉诚是名副其实的"十年磨一剑"，他在这样的经营实践中，不断完善自己的赚钱理念：成大事者，不能急躁，而应该有足够的耐心和信心，等待和创造生意机会。

20 世纪 80 年代，李嘉诚先后完成或开发了好几个大型屋村，这

些项目很巧妙的都卡在了最好的时间点上：地产低潮的时候，李嘉诚
人去我取，以低价买地；地产转旺时，李嘉诚开始大兴土木，项目交
工后得以回转资金；地产高潮时，李嘉诚出租或出售楼宇，一方面流
转资金，另一方面赢得长期的收益。另外，李嘉诚手下项目的楼宇一
般都会分期逐年推出，每期的楼花还会根据市场波动不断调整推售的
数目、价格、层数等，灵活机动地保证利益最大化。这一系列的操作
一招比一招准，一招比一招鲜，一招比一招精，在外人看来，可说是
神乎其神。对此，李嘉诚认为自己只是比人多付出了一点而已。在一
次演讲中，李嘉诚说：

> "今天，在竞争激烈的世界中，你付出多一点，便可赢得多
> 一点，好像奥运会一样，如果跑短赛，虽然是跑第一的那个赢了，
> 但比第二、第三的只胜出少许。只要快一点，便是赢。"

香港地产研究者流传着一组数字：李嘉诚旗下拥有香港 1/7 的住
宅单位，李嘉诚由此赢得了"地产大王"的称号。到 1990 年 6 月底，
长实以 281.28 亿港元的市值超过了置地的 216.31 亿港元，成为了地产
老大，李嘉诚"超越了置地"，达成了之前设定的目标。他用实际行
动告诉世人，当年的自己没有吹牛皮，也没有说大话。

第五章

合作共赢：以和为贵，与人为善

　　随着在地产领域不断做大，李嘉诚不可避免地面临跟别人展开合作和竞争。受母亲影响，李嘉诚的性格中有着强烈的"和善"基因，他对自己和善，不较劲；对商界的朋友和善，结善缘；对竞争对手和善，不得罪人。他处处想着多付出一点，反而收获更多。

经商为的是利润，不是为了竞争

大丈夫，拿得起，放得下。拿得起或许很多人都可以做到，但真正到了要放下的时候，大部分人或许都不舍得了。没有永远的业务，只有赢利的业务，在该放弃的时候，就应该学会放弃。

——李嘉诚

在影视剧中，我们经常看到这样的情节：某人参与竞价拍卖，在不停的喊价声中，在一二三的倒计时声中，这人慢慢变得面红耳赤、不停擦汗、浑身颤抖，最后忍不住继续抬高价格，直到最后闹得不可收场。轻则倾家荡产，损失惨重，重则心脏病突发、一命呜呼。

在竞价拍卖场合，竞买人的心理素质将面临极大的挑战，他们将面对竞争心理、从众心理、显耀心理、追求刺激、猎奇心理、吓阻心理等多种心理状况的挑战。对于竞价过程的纠结和痛苦，李嘉诚也深有体会，但是他却总能更好的应对：要么出师必胜，要么潇洒退出，李嘉诚是如何做到的呢？

李嘉诚曾在多个场合表示这种观点："不可持买古董的心理。"古董是世界上独一无二的，错过就不会再有了；而做生意不同，不论购公司还是购土地错过了这个，下次还会有很多更好的选择，不必固执地不肯放手。

在这种思想指导下，李嘉诚在土地拍卖市场上竞标时，总会先全面分析，制定出夺标的最高价格，如果竞标价格超过了最高价，不管现场氛围多么热烈，不管对手怎么挑衅，不管身边有多少起哄的声音，李嘉诚都会毫不犹豫地果断退出。

有一次，有记者问李嘉诚你是怎么保证自己能中途退出的？李嘉诚幽默地说：

"这是因为我心中有数，经商为的是利润，不是为了竞争，如果有利可取就参与竞争，不然就要退出。你们没有看到我想举右手，就用左手用劲按住；想举左手，就用右手按住。"

原来李嘉诚也有负面情绪，只是他把这些负面情绪控制住了。除了拍卖场上一时意气，在经商的很多场合，李嘉诚都懂得克制自己，不跟别人置气，就像他说的，经商的目的是利润，不是为了跟别人争短长。

1977 年，香港地产界的一个大浪花引起了李嘉诚的注意。

九龙货仓有限公司是香港四大洋行之首的怡和旗下的一家上市公司，与置地公司并称为怡和的"两翼"，资产雄厚，旗下产业有九龙尖沙咀、新界及港岛上的大部分码头、仓库，旗下还有酒店、大厦、有轨电车等。这一年，九龙仓把货运业务迁到更偏远的地区，而腾出来的地皮则用于发展商业大厦。这一举措让李嘉诚赞叹连连，他每天绞尽脑汁寻找地段好、价格适中的地皮，可人家九龙仓随便搬个家，就拥有了如此让自己艳羡的土地资源。他预计，九龙仓如果能充分利用这些土地资源，未来 10 年可以出现年增长 20% 的良好势头。

可是，在 20% 的势头出现前，九龙仓却碰到了困难：转型商业地产，在经营上很不适应，并且固守用自有资产兴建楼宇，只租不售，造成资金回流滞缓，使集团陷入了财政危机。为解决危机，九龙仓大量出售债券套取现金，又使得集团债台高筑，信誉下降，股票大幅贬值。

李嘉诚曾经多少次设想，如果他来主持九龙仓商业地产的开发，九龙仓肯定是另一番天地。自从长江上市以来，李嘉诚在兴建楼宇"售"与"租"的问题上，奉行谨慎而灵活的原则。若手头资金较宽裕，或楼市不景气楼价偏低，就留做出租物业；若急需资金回流，就加快建房速度，趁楼市景气楼价炒高，马上售楼套现。生活中很多人想法千千万，就是不做，李嘉诚在这点上，比常人要好，他想到、看到、领悟到了，就会立刻采取行动。

1977 年末到 1978 年初，李嘉诚趁着九龙仓股价低，不动声色地从散户手里买下了 2000 万股，占其总股数的 18%，按照九龙仓的股票分布情况，怡和洋行这个大股东所占股票数额为 20%，也就是说，李嘉诚再努力一把就可以跟怡和洋行公开叫板了。正当李嘉诚打算继续进一步动作时，九龙仓的股票突然飞涨起来。这次飞涨有两方面的原因：其一，嗅觉敏锐的职业炒家跟风介入，随后大户小户纷纷出马；其二，怡和意识到危险，就开始高价增购九龙仓股票，股价从一开始的每股 13 元急速窜到了 46 元的历史最高水平。

这个时候，另一个大佬也瞄上了九龙仓，他就是世界船王包玉刚。1977 年，包玉刚创办的环球航运集团，以船运载重总额 1347 万吨，刚刚登上了世界船王的宝座，包玉刚预计，随着世界对中东石油依赖的减少和世界性造船热的流行，航运低潮将会来临，他迫切地希望减船登陆，套取现金以投资新产业。九龙仓的港务业务跟包玉刚的航运是相配套的，九龙仓的地产资源是包玉刚最感兴趣的新产业，因此，包玉刚以一副势在必得的架势加入了九龙仓的股权混战中。

一边是实力雄厚的怡和，一边是华资大鳄包玉刚，李嘉诚该如何应对呢？在决战的关键时刻，包玉刚背后的投资方汇丰银行的领导人沈弼找到了李嘉诚，沈弼游说李嘉诚退出这场混战，成全包玉刚。

李嘉诚知道，包玉刚自创业以来就跟汇丰有着密切的关系，汇丰一直对包玉刚的经营发展提供着资金支持，包玉刚跟汇丰的两任领导人的私人关系也非常密切，双方在多项业务上紧密捆绑，一损俱损、一荣俱荣。汇丰旗帜鲜明地加入了在这场征战中，让这池水更加混了。

很快，在汇丰的牵头下，李嘉诚和包玉刚见面了。两人见面，经过简短的寒暄，李嘉诚就开门见山地，表达了想把手中拥有的九龙仓1000万股股票转让给包玉刚的意思，包玉刚长出了一口气。从包玉刚这方面来说，他一下子从李嘉诚手中接受了九龙仓的1000万股股票，再加上他原来所拥有的部分股票，已经可以与怡和洋行进行公开竞购，如果收购成功，他就可以稳稳地控制资产雄厚的九龙仓，李嘉诚的提议，他自然是求之不得。

而对李嘉诚来说，抱着九龙仓的股票不撒手，他就得罪了汇丰、怡和、包玉刚，能不能打赢这场硬仗先不说，纵使打赢也是伤痕累累，伤人七分，自伤三分。现在及时退出，送了人情给汇丰和包玉刚，还很有可能在其他地方有更大的收获。

之前，李嘉诚以10～30元的市价买了九龙仓股票，现在，协商后，他以30多元脱手给包玉刚，一下子就获利数千万元。更为重要的是，他通过这次退出，赢得了包玉刚和沈弼的感激，为后期李嘉诚蛇吞象般吞并和记黄埔打下了基础。

很多人不怕逆水行舟，却很难做到急流勇退，尤其是有点成就的人。他们好胜心强，自我感觉良好，极其不容易接受后退，后退对他们来说是一种耻辱，是一种失败。在这点上，李嘉诚并不执着，他没有一点偶像包袱，当退则退，这让他能更好地处于不败之地。

多结善缘就能多得帮助

坏人固然要防备，但坏人毕竟是少数，人不能因噎废食，不能为了防备极少数坏人连朋友也拒之门外。更重要的是，为了防备坏人的猜疑，算计别人，必然会使自己成为孤家寡人，既没有了朋友，也失去了事业上的合作者，最终只能落个失败的下场。

——李嘉诚

说起收购兼并，最常见的形式是有实力的企业兼并弱小的企业，大鱼吃小鱼，李嘉诚收购和记黄埔，却是以仅有 6.93 亿港元资产的长实吞下了 62 亿港元资产的和记黄埔，这场收购战役的成功为李嘉诚问鼎华商首富宝座立下了汗马功劳，也直接为李嘉诚赢得了"超人"的名号，李嘉诚是如何做到的呢？

和记黄埔（简称和黄），是香港第二大英资洋行，二战之后，它开始鲸吞式地发展，旗下有黄埔船坞、屈臣氏、均益仓等大公司和许多还没有上市的小公司，最多的时候，一共控制了 360 家公司，光海外公司就有 84 家。1970 年，和黄的领导人看准地产业在不久的将来必定会成为最兴旺的产业之一，就将手下的码头船坞转移了出去，腾出土地来进行房地产开发。它拥有大量廉价地皮，可说是香港最大的地主，自然就引起了李嘉诚的关注和垂青。

1973 年，股市大灾[1]，接着是世界性石油危机，接着又是香港地产大滑坡。投资过速、战线过长、包袱过沉的和黄资金链断裂，接连两个财政年度亏损近 2 亿元。1975 年 8 月，汇丰银行注资 1.5 亿收购和记黄埔股权，成了它最大的股东。根据公司法、银行法规定，银行不能从事非金融性业务。债权银行，可接管丧失偿债能力的工商企业，一旦该企业经营走上正轨，必将其出售给原产权所有人或其他企业，而不是长期控有该企业。也就是说，汇丰控制和黄不会太久。

李嘉诚在退出九龙仓争夺战时，卖给了汇丰的沈弼一个面子，当时沈弼曾间接对李嘉诚许诺："若是以后有困难，他必定会帮忙的。"有了收购和黄的想法后，李嘉诚就联系沈弼，向他表明了自己想要收购汇丰银行手中的和黄股份的想法，沈弼当即表示："只要你开出的条件合适，汇丰银行在出售和记黄埔普通股权时，都会为长江实业提供最好的选择和机会。"

对于和黄，很多华商洋商虎视眈眈，后来，汇丰果真就选择了长实。汇丰为何会选择长实呢？汇丰对媒体的解释很悬乎："就凭着李嘉诚这三个字"。

"凭着李嘉诚这三个字"，听起来悬乎，却是最务实的答案。沈弼曾这样说服怀疑者："银行不是慈善团体，不是政治机构，也不是英人俱乐部，银行就是银行，银行的宗旨就是盈利。谁能为汇丰赚钱，谁就是汇丰的好朋友。"沈弼答应把汇丰交给李嘉诚，除了交情因素外，更多的是以汇丰的切身利益为前提的。沈弼认为李嘉诚三个字就是汇丰利益、和黄利益的保障，对他来说，李嘉诚这三个字代表了很多东西。

第一，李嘉诚是"经营实力"的代名词。

当时的长江实业在李嘉诚的带领下，发展得越来越好，业务范围和公司规模不断扩展。根据公司的发展需求，李嘉诚先后和会德丰、

---

[1] 孙良珠：《李嘉诚全传》，华中科技大学出版社，2010。

利丰、港灯等老牌公司合作，发展他们手中大量的地皮物业，从中获得了不少利润。之后，他又和中资公司侨光置业合作组建了地产公司，并成功夺得沙田火车站地块。沙田火车站是香港的黄金地盘，李嘉诚在此兴建的大型水泥厂凭借地理位置的优势，刚刚建成便收获订单无数。李嘉诚多家公司的合作经验证实了自己的经营管理能力，对于刚从巨额负债中喘了口气的和黄来说，它经不起"不靠谱"的折腾，李嘉诚的靠谱就显得十分重要。

实际上，在沈弼与李嘉诚第一次见面后，沈弼立刻向汇丰高层写了一份备忘录，特别强调了，李嘉诚非常能干，汇丰要格外注意。而这时候，两人还没有深入接触过。

第二，李嘉诚是"做事负责"的代名词。

1978 年，汇丰银行重建华人行大厦，当时，李嘉诚以不赚钱的底价在众多参与竞标的地产商中脱颖而出。李嘉诚知道，对于位于黄金地段的华人行来说，寸楼寸金，对于重建工作来说，时间就是金钱。鉴于此，李嘉诚兼顾质量和速度，在不到两年的时间就完成了重建工程，并保证了整个大厦采用了最前沿的科技、最时尚的设计，沈弼当时对李嘉诚非常满意。

第三，李嘉诚是"资源"的代名词。

在九龙仓事件中，李嘉诚卖给沈弼和包玉刚一个大大的面子，在情感上，两人更想促成这次收购。另外，沈弼认为，将和黄交到李嘉诚手中，能更好地嫁接多方的资源。

李嘉诚曾在很多场合表示：

> "对人诚恳，做事负责，多结善缘，自然多得人的帮助。淡泊明志，随遇而安，不作非分之想，心境安泰，必少许多失意之苦。"

一直以来，李嘉诚都保持着诚恳、诚信的商业精神，这让他在业内赢得了一个无可替代的好人缘，在香港如此，在内地也是如此，之前我们也讲过，李嘉诚和华润因为村屋项目结成了共患难的伙伴。也正是因为这种好人缘，李嘉诚成为了中国国际信托投资公司（中信集团前称）董事。中国国际信托投资公司由中国改革开放的总设计师邓小平亲自倡导和批准，成立的初衷是同世界各国的金融界、企业界建立了广泛的联系，李嘉诚被委任为董事，他的职责是搭建香港和内地交流的桥梁，和黄在李嘉诚手中，未来肯定能有更好的发展前景。

1979 年 9 月 25 日，长实以 7.1 元每股的价格获得汇丰手中 9000 万股的和黄的股票，而且汇丰还同意李嘉诚只要先付 20% 的定金就可以，也就是说，李嘉诚仅用 2400 万美金作定金购得了 10 多亿美金的资产。剩余的资金，李嘉诚可以延迟两年支付，换句话说，他可以拿和黄的盈利来支付这笔钱，这可说是世界上绝无仅有的便宜买卖了。

在一些英国人眼里，沈弼促成这件事，无异于典型的卖国贼，可很快，他们就无话可说了。1979 年，和记黄埔集团的年综合纯利从 1978 年的 2.31 亿港元，涨到了 3.32 亿港元，整整提高了 1 个多亿。1983 年，公司纯利润达到 11.67 亿港元。李嘉诚仅仅用了 5 年的时间，便让和记黄埔的年利润翻了 5 倍多。1989 年，和记黄埔经济性盈利 30.3 亿港元，非经济性盈利 30.5 亿港元，纯利润比 1978 年多出 10 多倍。[1] 因为汇丰卖出的只是普通股份，它仍旧持有和黄的优先股份，随着和黄集团的业绩不断改善，汇丰自然盈利不少，实打实的业绩告诉世人，这起收购是一次多赢的选择。

佛家讲究种善因得善果，对此，李嘉诚深有感触，他不会在乎一时一役的得失，而是格外注重营造个人品牌、树立个人信誉、展示个人品质，这让他能处处都是善缘，处处都会有人来帮助他、结交他、跟他合作。

---

[1]李阳：《李嘉诚传：逆境与抉择》，花山文艺出版社，2018。

竞争不可避免，但不能抛掉以和为贵的态度

即使竞争也要照顾对方的利益，这样人家才有可能愿意与你合作，并希望下一次合作。

——李嘉诚

对合作伙伴和善，这无可厚非，李嘉诚更进一步地，对竞争对手也很和善。

在九龙仓事件中，李嘉诚成全了包玉刚，让怡和洋行吃了个闷亏。当时，双方都没想到，很快，他们就又有机会坐在谈判桌上，这次的交易中心是香港电灯公司（以下简称港灯）。

港灯是香港第二大电力集团。用电就像人要吃饭一样，属于刚需，所以港灯一直是一块惹人垂涎的大肥肉，惹得怡和、佳宁等大型集团时刻觊觎。1982 年 4 月，在海外投资回报不佳的怡和系置地公司，以高出市价 31% 的协议条件，动用了近 28 亿港元收购了港灯。置地就此拿到了一把好牌，可惜的是，好牌拿到了不适合的人手中，却打烂了。当时，置地领导头脑发热，疯狂扩张，除了收购港灯之外，它还大手笔购入电话公司，并以历史上的天价——47.5 亿港元，抢到了中环地王，用以开发"交易广场"这个浩大工程。一连串的收购扩张，置地的现金资源迅速耗尽，并有了高达 160 亿港元的负债额。本来，对于

置地公司而言，负债不是多大的问题，只要地产业依然景气，凭借怡和洋行的雄厚资本，加上坐拥中区好地段，置地公司是不怕没钱赚的。只可惜，置地公司遇到了香港人前所未有的信心不足。

1982 年 9 月，英国首相撒切尔夫人就香港的政治前途，到北京谈判。强硬的邓小平表态，无论谈判进展如何，都不能影响中国 1997 年如期收归香港。消息放出去之后，一些在港外国人惶恐不安，纷纷选择移民。这些平时左右着香港经济的外国人移民时连资金一道卷走，导致汇率大跌，一些港人跟着纷纷抛港币套取外币。屋漏偏遇连夜雨，这期间欧美和日本等地的经济也在持续衰退中，这一切都给香港工商界蒙上一层凄云寒雾。地产业的一蹶不振，导致在握的楼宇由俏转滞，曾经的地产大亨置地公司第一次面临灭顶之灾，原本寄望兴建大批楼宇奇货可居，卷土重来，不成想，有价无市。1983 年，置地公司一个财年就亏损 13 亿港元，几乎到资不抵债的程度。置地公司作为怡和洋行的旗舰公司，其遭遇巨债危机，很快就波及母公司，怡和洋行因为置地长期陷入泥淖，最严重时年盈利额暴跌 80%。

当时情况下，置地的唯一出路就是卖掉怡和洋行在港的非核心业务，其中之一就包括港灯。港灯是一笔才二三十亿的交易，能拿出这点钱的人有很多，可谁能快速而利索地把这笔钱拿出来就不简单了。当时置地的诉求很简单粗暴：现金、现金、现金！它急需现金来救急，在这种情况下，对置地知之甚深，而又资金雄厚的李嘉诚就成了最理想的选择。

1985 年 1 月，置地领导人西门·凯瑟克主动派人前往长江实业兼和记黄埔公司主席李嘉诚的办公室，商计转让港灯股权问题。这次会谈持续了 16 小时之后，和黄当场决定斥资 29 亿元现金收购置地持有的 34.6% 港灯股权，并紧锣密鼓地议定了后期发展建设的相关事项。

虽然交易涉及 29 亿的现金，但李嘉诚知道置地的情况，他急人之所急，付款付得很利索。原本商定 2 月 23 日付款，李嘉诚主动提出把付款日提前到 2 月 1 日，以解置地的燃眉之急。置地自然求之不得，按照规矩，他们答应支付李嘉诚这提前 22 日的利息。这笔利息应该是 1200 万元，考虑到置地对现金需求的紧迫性，李嘉诚又进一步地主动让利，只收了三分之一也就是 400 万。事后，李嘉诚坦言，自己从来没有一次性开过如此大额的支票，可能够拉别人一把，自己也恰好看好港灯，这笔交易他觉得很值。

对于这笔交易，很多人都不解。老对手遇难，坐着看笑话，落井下石，踩死对方，至少不作为任其生死，是很多人的做法。但是李嘉诚却出手相救，而且处处为对方着想，这是为什么呢？对此，李嘉诚说：

> "买与不买，我都是从商业利益上考虑的，我并不把对方当不共戴天的敌人，非得置之死地而后快。我一直奉行互惠精神，当然，大家在一方天空下发展，竞争兼并，不可避免，即使这样，也不能抛掉以和为贵的态度。"

这笔交易李嘉诚收获颇丰，除了把握住了关乎香港民生的电力外，后来，李嘉诚想方设法把电厂迁移，他还由此获得了两处发展大型村屋的地盘。除此之外，这次李嘉诚豪气干云地拉置地上岸，有力地提升了他个人的信誉。对于李嘉诚来说，良好的信誉是比什么都重要的。

1986 年，李嘉诚决定把他所持有的 10% 的香港电灯集团公司股份以私人方式出售。正当与客户详谈出售细节的时候，香港电灯集团有消息透露出来，它们将在一个月内对外宣布公司利润翻番的利好消息。身边人向李嘉诚建议，等这个消息披露后再出售手里的股份，一定能卖出更好的价钱。可是，李嘉诚却很固执地坚持按照原定计划推进出售事宜，李嘉诚说：

"还是留些好处给购家吧！将来再有配售时将会较为顺利。而且，赚多一点钱并非难事，但要保持良好的信誉才是至关重要和不容易的。"

李嘉诚不是圣人，他不会做赔本的买卖，不会做费力不讨好的事，他内心也会想着快意恩仇，但他却能在老对手危急关头，伸出仗义之手，正是因为他认为：良好的信誉才是至关重要的。也正是因为如此，他在商战中，无论面对怎样的竞争，无论受了多么大的打击和围堵，他都不会丧失志气，无论何时，都能保持着以和为贵的态度。

多付出一点，便可多赢一点

如果一单生意只有自己赚，而对方一点不赚，这样的生意绝对不能干。

——李嘉诚

在香港地区，董事长每年会从利润中拿出一定比例来奖励董事会成员，这就是所谓的"袍金"。按照这个规矩，李嘉诚出任十余家公司的董事长或董事，他应该能拿到上千万港元的袍金，可实际上，李嘉诚把所有的袍金都归入了长江实业的账上，自己全年只象征性地拿5000 港元。要知道，这 5000 港元还不及一名清洁工在 20 世纪 80 年代初的年薪。李嘉诚在董事袍金上的做法，成为香港商界、舆论界的美谈。

李嘉诚的这种做法体现了互利互惠的经营观：主动与人分享利益。这种做法的效果也很明朗：李嘉诚主动让利，赢得了他人的信任，随之，赢得了更多的业务伙伴和未来的市场机会。

李嘉诚每年放弃数千万元袍金，主动把利益和股东一起分享，而不是独吞，获得了公司众股东的一致好感。爱屋及乌，大家自然也信任长实系的股票，甚至出现了这样的情况，李嘉诚购入其他公司股票，投资者主动跟进，这成为投资界的一道风景。

做生意，本身就是合作的过程，只有在合作中才能发展。纵观李嘉诚的发展史，他在与人合作时，并不是每次出手，都收获累累，有的时候，即使没有明显的回报，他也愿意在别人需要的时候给予帮助。对此，李嘉诚的看法是：

　　"一谈到和别人合作，大多数老板的思维却是：和他合作我有什么好处？一旦你形成了这种和别人合作就必须占别人便宜的思维，那么你就永远都做不大，因为没有人愿意和小心眼的人来往。而真正正确的思维方式是：和他合作我能带给他什么好处？一旦你形成这种格局，你就能快速地得到你想要的一切。"

　　1986年，中国国际信托投资公司（以下简称中信）董事长荣毅仁的儿子荣智健参加香港中信集团的工作，不久，荣升为香港中信的董事总经理。荣智健雄心勃勃，他想凭自己的实力，创立一家完全由自己掌控的公司。早在1979年，荣毅仁就邀请了李嘉诚出任中信董事，在担任中信董事这10来年，李嘉诚没做多少实质性的工作。现在，荣智健有心大展宏图，李嘉诚决定鼎力相助。

　　1989年年底，荣智健看好泰富发展有限公司，将它49%的股权收为己有，并改名为中信泰富。两年后，为了迅速扩大规模，中信泰富对李嘉诚这样的香港知名商人增发了3亿多港元新股，李嘉诚积极支持。要知道，李嘉诚可是当时香港的风向标，在他的带动下，中信泰富的股票一路飙升。

　　此后，荣智健又想收购恒昌行。当时，荣智健的实力不足以单独展开收购，李嘉诚等人积极响应支持。1991年7月，荣智健联合李嘉诚、郭鹤年等，成立大牌公司，用于收购恒昌。大牌公司最大股东为中信泰富，占比为36%，李嘉诚占比19%。有了众多财团的支持，荣智健开始和恒昌的元老们展开谈判。在谈判过程中，李嘉诚在香港商界的信誉起到了重要作用，恒昌元老们都做出了适当让步。经过一个多月的谈判，双方终于达成协议，完成收购。

大牌公司的各大股东按权益分配恒昌股份，其中中信泰富为最大股东，荣智健任恒昌主席[1]。然而，荣智健想要独家掌控经营。于是，他找到了李嘉诚，请他帮忙做其他财团的工作。李嘉诚也知道，如果斗起来，最终会是多败俱伤的局面。于是李嘉诚出面游说其他财团，出售手中股份，其他财团纷纷同意。随后，李嘉诚主动做出表率，将手中的股份售出，总共价值15亿港元。这一进一出，李嘉诚净赚不少，而其他财团也在这次交易中收获不小的利益。最终，中信泰富和荣智健手握恒昌97.12%的股份，成为绝对的大股东。

在这次收购中，李嘉诚始终秉持着共赢的理念，不管是收购还是出售，都尽量不让任何一方吃亏。虽然很多人觉得他亏了，李嘉诚却乐呵呵地不以为意。

其实，李嘉诚这样的"傻事"还干过不少。

1982年，环球航海业一片萧条，当时技术力量不强、资金实力有限的大连造船厂日子格外艰难。在这种情况下，李嘉诚下属的青州云泥有限公司向大连造船厂订购四艘万吨巨轮，这个总造价5600万元的订单，给濒临绝境的造船厂打了一剂强心剂。谁知订单刚下达，船价大跌，价钱几乎不及原来的一半，当时，向船厂提出减价，或者取消部分订单是很多企业的常规做法，可李嘉诚却坚持按照约定，仍然原价买船。对此，李嘉诚说：

"做生意是为了赚大钱，但只要有门道就可以赚到，而友谊却很难用金钱来购买啊！"

---

[1] 李阳：《李嘉诚传：逆境与抉择》，花山文艺出版社，2018。

　　李嘉诚的坚持让船厂起死回生，渡过难关，随后，这家船厂的实力不断升级，技术等级不断提升，很快就跻身到了世界造船业先进行列。后来，李嘉诚旗下的和黄和长实向内地扩张业务，因为之前的友谊在，他们和这家船厂很轻易就达成了更深入的合作。这时候，人们才不得不感叹李嘉诚卓越的经商智慧。

　　李嘉诚做过很多成就别人的事，这让很多人觉得他是在犯傻，但不得不承认的是，长江实业能发展到今天，跟李嘉诚的这份"傻"脱不了关系。李嘉诚正是靠着这种"有钱大家赚"的理念，赢得了极好的人缘，使很多人都愿意与他合作，从而成就了他在商界的地位。

竞争在一时，交情一辈子

爱因斯坦在普林斯顿大学的办公室门上挂着这句话："不是所有可以算的东西都是重要的，也不是所有重要的东西都可以被计算。"

——李嘉诚

在香港，除了李嘉诚之外，还有一位李姓富豪——李兆基，两人在财富上其实不分伯仲，只是李兆基为人比较低调。李兆基将自己的儿子取名为李家诚，和李嘉诚的名字是一字之差，此举一直让人费解，很多人认为李兆基特意"恶搞"李嘉诚。事实真相如何呢？

"二李"被人议论最多的结怨事件是收购美丽华之争。1985年，美丽华酒店创始人杨志云去世，把酒店留给了五个儿子共同管理。但是杨志云的儿子志向各不相同，于是都打算卖掉祖业，然后各自发展。1993年，杨氏兄弟矛盾到了不可调和的阶段。大哥杨秉正坚决不放弃祖业，而弟弟杨梁则主张走投美国发展，美丽华酒店求收购的消息开始在港传出。

李嘉诚得知消息后，和荣智健联手，想买过来。这样的组合，确实看上去无人能敌。很多人也都觉得没有悬念，李嘉诚如探囊取物。

1993年6月5日，长实与中泰各占一半股权的新财团，正式向美丽华提出收购建议。据李嘉诚透露，是美丽华的一名大股东主动提出洽商，该股东有意出售其所持股权，并且持股数不少。

正当大家纷纷猜测这位大股东是不是美丽华董事总经理杨秉正时，杨秉正主动站出来声明：美丽华全部董事均未与长实、中信达成共识。这无疑让李嘉诚很没面子。尽管杨秉正很快又出来道歉，但大家开始意识到，主动与李嘉诚接洽的股东，是美丽华董事局主席何添，而何添所持的股权不及杨家的零头。也就是说，李嘉诚并没有与关键人物杨秉正沟通好，收购美丽华留有悬念。

果然，杨秉正引入李兆基之后，局势很快就发生逆转。最终，杨秉正以极优惠的条件，让李兆基的恒基兆业以 17 元每股，从杨氏家族购得美丽华股权。

谁也想象不到，李兆基会公开与李嘉诚叫板。"二李"是众所周知的好交情，两个人非常有缘分，同一年出生，祖籍都是广东，之后来香港发展。不同的是，李兆基出生于富贵之家，父辈早已为他积累了丰厚的财富，加上从小跟父亲学习做生意，耳濡目染，很有经商天赋，不像李嘉诚需要在摸爬滚打中积累经验。李兆基创业起点很高，黄金买卖起家，很快完成原始积累，转行地产业，与李嘉诚于是有了交集。

"二李"的友谊建立在商业合作上。20 世纪 70 年代末，李兆基和李嘉诚联手郑裕彤、郭得胜一起开发了香港的沙田第一城，这个项目最后大赚 400 亿。这也是香港四大家族唯一一次联手。20 世纪 80 年代中期，李嘉诚和李兆基再次联手，这一次他们在加拿大开发了万博豪园的项目。这个项目是加拿大历史上最大的房地产项目，整个项目投资超过了 200 亿，最后也是大获全胜。在收购美丽华前不久，李嘉诚和李兆基还推出了一个"嘉兆台"高级地盘，把两人的名字合成物业名，成为两人友谊的永恒象征。私底下，李嘉诚和李兆基还是同一家高尔夫俱乐部的会员，经常相约一起打高尔夫球。

这次李兆基半路上杀入，"搅黄"李嘉诚的好事，引起港民各种议论。当时美丽华的估价是 150 亿，于是传出"李嘉诚损失了 150 亿""战无不胜的李超人开始走下坡路了""李兆基和李嘉诚是死对头，商场无父子，就更不会有友谊"等说法。

事实上真如此么？

首先，李嘉诚投资不抱买古董的心态，价码已出，不再随意更改，成则得，不成则弃，不存在损失了 150 亿的事情。

其次，李嘉诚先于李兆基的投资并没有撤回，李嘉诚其实收购了美丽华 14% 的股份，后来美丽华酒店上市，虽然不是大股东，但李嘉诚也是赚钱了。

另外，关于李兆基和李嘉诚是死对头、为了香港首富之位明争暗斗的说法更是无稽之谈。就算按照外界的说法，李兆基抢走了李嘉诚的生意，也属于正常，毕竟商场如战场，没有永远的敌人，也没有永远的朋友。

事实上也不存在"抢"的问题，与其说李兆基在"抢"，不如说李嘉诚在"让"。美丽华的酒店和物业都处于香港的黄金位置，确实是"一块肥肉"，但李嘉诚为什么最终没有抬高价格去拼个你死我活呢？一个很重要的原因在于李兆基的介入情有可原。

从情感上说，一开始，李兆基碍于李嘉诚的情面，主观上并没有加入的念头。杨家找到他之后，李兆基才决定介入。美丽华的创始人杨志云与李兆基有过硬的交情，两人当年在香港一起经营黄金生意，后来分开发展事业，各自成为香港的顶级富豪。杨志云夫人更希望美丽华被李兆基收购，而不是李嘉诚。李兆基的另外一个好友冯景禧，和杨志云同一年离世。冯景禧与李兆基也是一起打江山的交情，两人和郭得胜一起创办了新鸿基地产。两位好友相继去世，对李兆基的打击非常大。故友的家属上门求助，李兆基虽然为难，但出手相助也在情理之中。

从发展上来说，杨秉正不希望祖业被拆掉，也希望美丽华被李兆基收购。李嘉诚是一个地产商人，他想要的是酒店的前景，而不是美丽华的牌子。恰恰与此相反，杨志云的儿子不想看到父亲的心血被拆分，才找上了父亲的好友李兆基。李兆基买下了美丽华一半的股份，承诺不改变美丽华的招牌。至今美丽华酒店的牌子，都没有变更。

李嘉诚从业几十年来，在商场上一直都是顺风顺水，但他并不在乎所谓的战无不胜，并没有为了一个所谓的"不败神话"而陷入恶性竞争的泥淖。天下没有非做不可的生意，况且于情于理，好朋友李兆基的做法，都是可以理解的。比起一时的恶性竞争，李嘉诚更看重两个人之间的友情。在人们还在津津乐道两人的"塑胶友情"的时候，他们早就相逢一笑泯恩仇。随着好友们逐渐离世，两个人已经达成共识：友情更是难得。李兆基为杨志云所做的，换了李嘉诚，也会这么做。

事实上，美丽华一役后，李嘉诚和长江实业的发展并没有走下坡路，而是一如既往地蒸蒸日上。竞争很重要，但没有重要到因此无情无义。商业追求理性，但不泯灭感性。

第六章

有容乃大：长江不择细流，
故能浩荡万里

商业版图越来越大，李嘉诚越来越清晰地感觉到自己一个人的精力和能力不够用，他明白，一个成功的领导者不可能也不应该做无所不能的超人，而是应该成为能够容人、懂得用人，能够吸引人才、发展人才的人。

我们永远不是也永远不能成为
"无所不能的人"

永远不要单打独斗。如果你想快速成功，必须拥有自己的团队。

——李嘉诚

"发上等愿，结中等缘，享下等福；择高处立，寻平处住，向宽处行。"

在李嘉诚的办公室里，一直悬挂着左宗棠题于江苏无锡梅园的这首名诗，足见他对人际关系的重视。对于商人而言，人际关系就是无形资产，人际关系决定着财源，商人广结善缘，生意才能越做越大，财源才能滚滚不断。这个道理，李超人也是从血的教训中总结出来的。

李嘉诚在年轻气盛的时候，也是一个喜欢单打独斗的人，他很好强，遇事总想着超越别人。心态决定行为，因为做什么事都要比别人快，比别人讲究效率，所以在李嘉诚给人打工时，并不太愿意和他人一起行事。他与客户的关系很好，销售业绩也很惊人，依靠业绩做到了经理的职位，但说实话，当时他和同龄人相处一般。这和大多数年轻人并无二致：我只要做好自己的业绩，哪管乱七八糟的人际关系呢？

直到自己出来创业时，李嘉诚才开始认识到单打独斗是不行的，一个人即便再有能力，永远不是也永远不能成为"无所不能的人"。

人缘不好，是做生意做事业的大忌。创业伊始，李嘉诚招聘大量逃难来港的民工，一方面是这些民工的人工成本低廉，另一方面他打工时期没有积累下多少关系亲密的同事，创业没人捧场。建厂之初跟随李嘉诚的这批人，文化水平普遍都很低，大多数人只有小学文化程度，李嘉诚在培训他们的时候，深感人才的重要性，而且这批人也没少给李嘉诚带来麻烦，创业早期的"质量门"事件，背后隐藏的其实是人员素质低下的危机。

后来，李嘉诚把公司改名"长江"，对此，他的解释是：

> "长江取名基于长江不择细流的道理，因为只有拥有这样旷达的胸襟，才可以容纳细流——没有小的细流，又怎能成为长江？只有具有这样博大的胸襟，自己才不会那么骄傲，不会认为自己样样出众，承认其他人的长处，得到其他人的帮助，这便是古人说的'有容乃大'的道理。"

伴随着公司改名，李嘉诚开始极尽广纳人才之能事，博采天下之所长，为己所用。李嘉诚纳贤不在意背景，只要有能力，他都奉为上客。跟随他的人既有周千和和盛颂声这样的"雄才重臣"，也有洪小莲、鲍绮云、区小燕、温绮受、白美婷这样的"巾帼才女"；既有专业的管理专家，也有头脑清晰的财务大亨；既有霍建宁、周年茂这样朝气蓬勃的中国精英，也有李察信、马世民这样作风严谨的西方人。这些人因为李嘉诚的个人魅力，和谐地聚集在一起，每一个人的才华都在李嘉诚搭建的平台上发挥得淋漓尽致，共同成就了长江商业帝国。曾任和黄行政总裁的马世民把李嘉诚的这些人脉称为李氏商业帝国的"内阁"，并称这个内阁既结合了老、中、青的优点，又兼备中西方的色彩，是一个行之有效的合作模式。

李嘉诚显然对他的"内阁"相当骄傲，他曾对记者说：

> "你们不要老提我，我算什么超人，是大家齐心协力的结果。我身边有 300 名虎将，其中 100 人是外国人，200 人是年富力强的香港人。"

美国《财富》杂志这样评论过他："李嘉诚极为重视与借助专业经理人才帮助他完成宏图大业。"

有一个段子说，长江后浪推前浪，前浪死在沙滩上。很多商人在事业做大后，最喜欢干的事情就是"卸磨杀驴"，把曾经追随他的创业元老淘汰掉。我们再来看看李嘉诚是怎么做的。

早期的追随者虽然文化水平普遍都很低，知识结构和专业水平已达不到企业的发展要求，但他们有一个李嘉诚最看重的品质：忠诚。在为公司不断注入新鲜血液的同时，对于这些元老，李嘉诚也没有放弃，在进行新老交替的基础上，他制定了若干用人措施，诸如：开办夜校培训在职业文化水平低的员工，送有培养前途的年轻人出国深造。这些措施深得新老员工的欢迎，也使得他们更加喜欢长江实业。

永远不要单打独斗，也永远不要把自己变成孤家寡人。后来儿子李泽钜执掌长实之后，李嘉诚把这一经验慎重传授与他：

> "公司不是靠一个人，而是靠整个组织。你要建立没有傲心但有傲骨的团队，在肩负经济组织其特定及有限责任的同时，也要努力不懈，携手服务贡献于社会。这不能只是我对你的一个希望，而是你对我的一个承诺。"

成就事业的关键是要有人帮助你

良好的品德是成大事的根基，成大事的机遇是靠遇到贵人。

——李嘉诚

对于一个商人来说，人脉的最佳组合是：内有团队相助，外有贵人提携。"贵人相扶如天助"，贵人的重要性，无须赘言。对此，李嘉诚曾经坦言：

"良好的品德是成大事的根基，成大事的机遇是靠遇到贵人。"

贵人可以带来机遇，避免走很多弯路，贵人还会带来更多的贵人。说起李嘉诚的贵人，在收购和黄中，起了关键作用的沈弼是一个很重要的关键人物，他被媒体戏称为"李嘉诚成功背后的男人"。

沈弼何许人也？有人称之为汇丰历史上最浮夸、最具争议的主席。曾经常驻香港的乔·史塔威尔在他的著作《亚洲教父——香港、东南亚的金钱和权力》中如此形容沈弼：[1] "按照汇丰银行的标准，他是

---

[1] 乔·史塔威尔：《亚洲教父——香港、东南亚的金钱和权力》，复旦大学出版社，2011。

一个华而不实的人，而且许多人说，他是一个贪婪无比的家伙……他是苏格兰人，小气、贪财、固执、寡言，朋友不多，与他交往很难，话说重了容易得罪他，说轻了他又觉得你在拍马屁没诚意，只能实事求是，再加一点小幽默，他才会认可你。"

很多人坦言，与沈弼交朋友其实很困难。李嘉诚是在经营塑胶厂的时候结识了沈弼。当时李嘉诚的英语不好，发妻庄月明给他和沈弼做翻译，庄月明大家闺秀的气质和温文尔雅的交往方式，为李嘉诚在沈弼面前赢得了好印象。在一来一往中，李嘉诚与沈弼建立起紧密的私人关系。

后来，在商场中，两人多次合作，互帮互助，传为一时佳话。1986 年沈弼获封爵士，宣布退休，回到英国过起贵族生活，李嘉诚用一份精心准备的礼物表达了自己对他的感激——他赠送给沈弼一座汇丰总部大楼的仿制品，一米多高，纯金打造。

"多年来，他有一帮忠心耿耿的商业伙伴，在尔虞我诈的商场上，建立一段长期而稳固的友谊，太难，但他做到了。"有业内人士认为李嘉诚的成功关键就在于他的人际交往能力。

从沈弼身上，李嘉诚领教到了贵人的万般可贵，自此之后，李嘉诚更加注重结交贵人。贵人的意义在于牵线，其背后的圈子才是重点。结识一个贵人，意味着打入一个圈子，而每一个圈子，就是一个平台。打入不同圈子的重点，就在于结识那些跨圈子的人。李业广就是这样的贵人。

很多人都知道李业广是李嘉诚的"御用律师"。其实，李业广对于李嘉诚来说，可不只是一个律师而已。

"胡关李罗"律师行合伙人李业广身兼香港 20 多家上市公司董事，这些公司上市总额相当于全港上市总额的四分之一。李业广还有一个身份——香港证券联合交易所董事局主席，这决定了李业广是许多富豪的高参。他的人脉圈非常广泛，并且他的圈子里都是香港的知名人士，如金银会创始人胡汗辉，股坛的大人物李福照，恒生银行的主席利国伟。李嘉诚非常重视李业广，李业广也帮助李嘉诚认识了很多不同圈子的大佬，还对李嘉诚的帝国扩展有着直接的推动作用，长实的不少扩张计划，都是"双李合谋"的杰作。

英籍证券专家杜辉廉也是帮助李嘉诚打入不同圈子的重要牵线人物。他参与过长江多次股市收购战，并经办长实及李嘉诚家族的股票买卖，因而被称为"李嘉诚的股票经纪人"。但杜辉廉并不是李嘉诚属下公司的董事，他多次谢绝李嘉诚邀请他担任长实董事的好意，虽然不拿工资，但他却积极参与长实系结构、股市集资、股票投资的决策。

1988 年底，杜辉廉与他的好友梁伯韬合伙创办了百富勤融资公司，资金问题是所有初创公司的最大问题，对此，李嘉诚第一时间主动提出帮助百富勤公司，以报杜辉廉相助之恩。杜梁二人各占百富勤公司35% 的股份，其余股份，由李嘉诚邀请包括他在内的 18 位商界巨头参股，这些商界巨头也得到过杜辉廉的帮助，所以接到李嘉诚的邀请后，便欣然应允。他们都和李嘉诚一样不入局、不参政，目的仅在于为他们摇旗呐喊助威。在 18 路商界巨头的大力协助下，百富勤发展势头迅猛，先后收购了广生行和泰盛，同时百富勤还分拆出另一家公司——百富勤证券。杜辉廉任这两家公司主席，到 1992 年，该集团年盈利已达到了 6.68 亿港元。

当百富勤集团成为商界小巨人后，李嘉诚等就想尽办法主动减少自己所持的股份，他们的目的很明显，那就是让杜梁两人的持股量达到绝对的"安全"线。李嘉诚对百富勤的投资，完全出于非盈利目的，他因此获得了比账面收益更值钱的东西，那就是杜辉廉在证券圈的影响力。

20 世纪 90 年代，李嘉诚与中资公司的多次合作（借壳上市、售股集资），基本上都是请百富勤当财务顾问。身兼两家上市公司主席的杜辉廉，一如既往地充当着李嘉诚的智囊。因为有证券专家杜辉廉的鼎力相助，李嘉诚的生意如虎添翼，挥洒自如，甚至对股市形成了强大的左右力。李嘉诚最辉煌的战线在股市，最能显示其超人智慧的场所也是股市。而被称为"李嘉诚的股票经纪人"的杜辉廉，在其中起了不容低估的作用，功不可没。

李嘉诚小的时候，父亲就经常给他讲孟尝君的故事，孟尝君门客三千，其能成大事，正是得到了"幕僚"的大力帮助。在自己创业之后，李嘉诚就不遗余力地寻找自己的"客卿"。从来都没有单纯的生意，经济的魅力就在于它的盘根错节。善于拉拢贵人，打入不同圈子，并最终为我所用，是李嘉诚成功的关键因素之一。

做领袖而不是老板

我们中国人有一句话叫做"智人善治",其实管理好员工讲起来可以说是非常简单。如果对方是一个品德好的人,只要是他能力内可以做的事,就尽量让他有一个机会去发挥。

——李嘉诚

李嘉诚曾经在接受媒体采访时骄傲地说:

"现在有很多人,无论是外国人还是中国人,在我们这个企业的工作时间已经超过 30 年了,他们都是身负重任,90% 以上在退休前的最后一天还在我们企业里。"

不是李嘉诚吹嘘,确实进了长江实业的人,都很少离开过。而那些凡是和李嘉诚合作过的人,也经常是一合作就是十几年起。那么问题来了:李嘉诚是如何让这些人不离不弃的呢?

李嘉诚在其"管理的艺术"演讲中泄露了"秘密":

"我常常问我自己,你是想当团队的老板还是一个团队的领袖?一般而言,做老板简单得多,你的权力主要来自你地位之便,这可来自上天的缘分或凭仗你的努力和专业的知识。做领袖较为复杂，你的力量源自人性的魅力和号召力。要做一个成功的管理者，态度与能力一样重要。领袖领导众人，促动别人自觉甘心卖力；老板只懂支配众人，让别人感到渺小。"

李嘉诚的"吸引力法则"在于做领袖而不是老板，用人性的魅力和号召力来吸引人，而非利用权力和地位的不对等去支配人。领袖与老板的区别在于，领袖能让别人感到舒服、颇受尊敬；老板总是让人感到渺小、压抑和反感。

1984 年 7 月的一个晚上，加拿大人盛永能接到了一通从香港打来的电话，一个很亲切的声音自我介绍道："我是李嘉诚。"当时李嘉诚大名鼎鼎，盛永能早有所闻，只是没有想到他会主动给自己打电话，并且还是这么和蔼可亲。

李嘉诚在电话里真诚地向盛永能发出了邀请，并对他的工作和能力表示重视和认可，这让盛永能很动心，但并没有下定最后的决心。然而，在电话的最后，李嘉诚说了这样一句话："星期一是你的生日，我在此预祝你生日快乐！"就是这一句祝福，让盛永能下定决心，两个星期后飞到和黄集团上班，一干就是十四年，直到退休。

从 20 世纪 80 年代初期进军海外市场，到 80 年代中期，李嘉诚就是用这种"春风化雨"的方式，吸引了很多有能力、有人脉的外国人加盟到自己的旗下。

长实董事局副主席麦里思是英国人，毕业于著名的剑桥大学经济系。他是一位优秀的经济管理专家，曾任新加坡虎豹公司总裁，后来因为业务的原因，也结识李嘉诚，并最终接受李嘉诚的邀请，加盟长实，负责长实与香港洋行及境外财团的业务往来。

另外一位英国人马世明，更是值得一提。马世明原本在李嘉诚的对手公司效力,后来辞职创业,开办了一家工程公司,与李嘉诚有着直接的业务冲突,但是李嘉诚并没有计较这些,相反,因为欣赏马世明的学识与才干,李嘉诚一直没有放弃把他网罗到自己的旗下。为了达到目的,李嘉诚于1984年收购了马世明的公司,随后将其提升为和记黄埔的总经理,负责和记黄埔属下的货柜码头、电讯及零售贸易等业务。不久,李嘉诚又任命马世明为佳宏国际和港灯董事局主席。"老对头"马世明最终折服于李嘉诚的知遇之恩和信任中,后来,他为和记黄埔创下许多丰功伟绩。

很多老板虽然能干,能力很强,但他们不能做到心胸开阔,不能包容人才,就算是招聘到比自己能力强的人才,也会在事成之后卸磨杀驴。李嘉诚则相反,他一旦惦记上能力超群的人,就会想方设法把他拉到自己的阵营,并且予以重任。

有一次,李嘉诚到汕头大学出席一个活动,在路上他接到分公司经理打来的电话,说有一笔生意需要他签字。经理说完后,李嘉诚直接说:"这样的事情你自己看着办,可以签也可以不签,以后不要再来问我。"[1]挂断电话后,这位经理好半天都没有缓过神来,因为这是一笔10亿元的生意,李嘉诚竟然让他自己做决定。但等他想明白之后,又对李嘉诚这种充分授权、信任员工的胸襟感到钦佩,因为在以前的公司,没有一个管理者会如此大胆地授权。

随着长江实业的壮大,李嘉诚一度控股了数家英资企业,旗下的外国人骤然增多,该如何管理他们呢?李嘉诚采取的方法是"以夷制夷",也就是任命外国人担任主管,来管理企业中其他的外国人,由于身份相似,不仅有利于管理者熟悉业务,也有利于他们和被管理者进行有效的沟通。大胆授权,充分信任和尊重自己的部署,看似无为,

[1] 李永宁:《李嘉诚:我一生的理念》,北京联合出版公司,2014。

实则彰显出作为领袖的博大胸怀。

正如李嘉诚在"管理的艺术"演讲中所揭示的：成功的管理者都应是伯乐，用自己的眼力和个人魅力甄选、延揽"比自己更聪明的人才"，然后用非凡的魄力大胆授权，让"比自己更聪明的人才"充分发挥能力，为自己的事业效命。

你对人好，人家对你好是自然的

我不是一个聪明的人，我对我的员工只有一个简单的办法：一是给他们相当满意的薪金分红；二是想到他们将来要有能力养育他们的儿女，我们的员工要退休的前一天还在为公司工作，他们会设身处地地为公司着想，因为公司真心为他们着想。

——李嘉诚

在商业实战类节目《赢在中国》中，有一期嘉宾对于"分享财富"这一问题的回答，让人印象深刻。这位老板以过来人身份对创业者说，只和员工分享梦想，永远不会分享财富。理由是，员工都是忘恩负义的人，他们翅膀硬了就会飞走，所以只要对他们"画大饼"就可以了，实在没有必要投入真金白银。

这个话题之所以在当时引起了轰动，就是因为他说出了很多小老板的心思，现实中持这种想法的小老板不计其数。也许这也是他们注定只能当个小老板的原因所在。真正成功的企业家们却往往持相反的观点，即便在艰苦时期，他们也选择厚待自己的员工。在他们看来，员工才是最大的财富。比如，可口可乐总裁史蒂夫就说过："员工始终是可口可乐的心脏与灵魂。"美国钢铁大王也说过："带走我的员工，把我的工厂留下，不久后工厂就会长满杂草；拿走我的工厂，把我的员工留下，不久后我们还会有个更好的工厂。"李嘉诚也是真正把员工当做"最宝贵的资产"的企业家。

从李嘉诚创业之初，周千和就一直跟随在他的身边，可谓是兢兢业业、劳苦功高，算得上是公司的元老。回忆起当初的艰辛，周千和说道："那时，大家的薪酬都不高，才百来港纸（港元）上下，条件之艰苦，不是现在的青年仔所能想的。李先生跟我们一样埋头搏命做，大家都没什么话说的，有人会讲，李先生是老板，他是为自己苦做，打工的就不是，话不可这么讲，李先生宁可自己少得利，也要照顾大家的利益，把我们当自家人。"

如前所述，在创业初期，公司因为"质量门"遭遇经营危机，当时李嘉诚不得不辞退员工。对于裁员这件事儿，李嘉诚其实很痛心，因为同是天涯沦落人，他心里很清楚，没有了工作就等于砍掉了他们的生活来源。他为自己经营失误导致大家失业而愧疚不已。后来，随着经营形势的好转，李嘉诚又第一时间请回了愿意回来的员工，并且委以重任，这些人也以比以前更加努力的姿态从事本职工作。

再后来，李嘉诚逐渐把投资方向转为地产和股票市场。有一次，一个香港记者到长江大厦发现当时早已过时的塑胶花，精明的李嘉诚竟然还在生产。当时长江地产已形成气候，盈利丰厚，而已过时的塑胶花虽然小有薄利，但相对于长江地产的利润完全可以忽略不计，为什么还要维持它的生产呢？保留这个厂子完全是一宗赔本买卖啊。

面对着这样的疑问，李嘉诚给出的答案是：

> "一个企业就像一个家庭，老员工是企业的功臣，理应得到这样的待遇。现在他们老了，作为晚辈，就该负起照顾他们的义务。"

原来这是李嘉诚给老员工留的生计。李嘉诚称老员工是企业的功臣，他们为企业做出了重大的贡献，自己理当让企业的功臣有所生计。李嘉诚此举深得人心。

等到长江大厦出租后，塑胶花厂停工了。李嘉诚又安排老员工在大厦里干管理事宜，他对老员工的做法正应了那句话"不抛弃、不放弃"。

对于老员工始终如一，对于随后加入自己团队的员工，李嘉诚同样仁爱宽厚，关注他们的利益。为了培养员工的业务能力，李嘉诚经常会从公司选拔一批业务骨干，把他们送到国外进行学习，公司不仅负责他们的全部开销，而且在学习期间，他们的薪水照发不误。每一个被李嘉诚送到海外学习的员工都心怀感激，他们都说："李先生对待我们就像一家人，他是我们的衣食父母，我们能不加倍努力报答他吗？"

对于患病和离职的员工，李嘉诚同样十分关心，当他们遇到困难时，李嘉诚总是第一时间伸出援手。有一个跟随了李嘉诚10多年的会计因为患上了青光眼，不得不选择病退，此时公司规定限度的医疗费用已经被他全部用光，这让他感到压力倍增。李嘉诚知道这件事后，对他说："首先，我支持你再去看病。另外，不知道你太太的工作是否稳定，如果她不稳定的话，可以来这里工作，我可以担保她有一份稳定的工作。你太太有一份稳定的工作，你就不用担心收入和生活了。"

后来这位会计接受医生的建议，到新西兰进行治疗，李嘉诚仍然十分关心他，每当看到报纸上有治疗青光眼的文章，他就会让秘书剪裁下来给那位会计邮寄过去，以便对他有所帮助，这让那个会计的一家人都非常感激李嘉诚。

每当公司有员工离职时，李嘉诚总是十分愧疚地说："公司有员工辞职，是因为我们做得不够好，没能给员工充分的施展空间，希望他们都能找到一份好工作。"只要有时间，他一定会亲自为离职的员工举行饯别酒会，并对他们说："公司的大门永远为你们开着，只要在外面做得不开心，随时都可以回来。"

李嘉诚叱咤商场几十年，经久不衰，这跟他对人才常怀仁爱之心不无关系。李嘉诚用普普通通的话道出了自己的体悟：

> "你对人好，人家对你好是很自然的，世界上任何人也都可以成为你的核心人物。做人最要紧的，是让人由衷地喜欢你，敬佩你本人，而不是你的财力，也不是表面上的服从。"

你对人好，人家便会对你好，这个道理多么浅显，偏偏对于"精明人"又似乎最难。那些奉行"强权即公理"的管理方式、"铁公鸡一毛不拔"的小老板，时间久了，必然会受到了市场的惩罚。丧失民心的管理者，最终留不住人才。

著名经济学家张维迎教授指出：市场的基本逻辑是"如果一个人想得到幸福，必须首先使别人幸福"，商业之间的竞争，本质上是为他人创造价值的竞争。不能为员工创造价值的老板，必然会被员工和市场被淘汰。

责己以严，待人以宽

作为一个领袖，第一最重要的是责己以严，待人以宽；第二要令他人肯为自己办事，并有归属感。

——李嘉诚

每家公司都有自己的开会文化，长江实业也不例外。李嘉诚给高层管理人员做了一个规定：给下属开会的时间不要超过 45 分钟，一旦超过时间，就要立刻终止会议，有什么事情没有交代明白，私下里去找员工去说明白。

有一次，李嘉诚和几名高层管理人员一起商讨一件事情，由于事情比较棘手，过了一个小时仍然没有讨论出结果，这时李嘉诚发现自己已经违反了规定，就马上宣布散会，并向大家道歉。会议商量的议题其实比较紧急，几名高管都等着他拍板决策呢，所以一起劝李嘉诚破例一次。李嘉诚拒绝了他们的集体请求，他说：

"各位都是公司的高层人员，公司上下数千双眼睛盯着我们看，我们要给员工做一个好的榜样。"

现实中，很多小老板都是"嘴上一套，心里一套"，说过的话很快就抛之脑后，再也不记得，更不会去兑现。员工见多了老板啪啪打脸的行为，心里自然对老板的评价大打折扣。他们应该学学李嘉诚，无论何时何地，李嘉诚都力求做到言行一致，以身作则给员工起到示范作用。他深知，一旦做出承诺，就要言行合一，说到做到，否则将会失信于人，得不偿失。

在我国古代就有"其身正，不令而行，其身不正，虽令不从""上梁不正下梁歪"的说法，如今，以身作则，用自己的带头示范效应去对员工的执行意识和执行能力产生正面而积极的影响，已经成为企业人的共识。日本经营之神松下幸之助特别重视"个人信用"，他曾说过："想要使部下相信自己，并非一朝一夕所能做到的。必须经过一段漫长的时间，兑现所承诺的每一件事，诚心诚意地做事，让人无可挑剔，才能慢慢地培养出信用。"李嘉诚无疑就是这样一位"让人无可挑剔"的老板。他像圣贤一样对自己严苛要求，拒绝犯错。

李嘉诚以严格的标准要求自己，对于下属，他却是另外一个"尺度"。在长实公司，越是被李嘉诚重要的员工，所挨的批评也就越多、越严厉，但是批评后，这些员工并不会被扫地出门，也不会受到严厉的责罚，李嘉诚会给他们改正的机会。经过这样的锤炼，这些员工大多会有所作为。

一次，李嘉诚公司里一个年轻的经理与外商谈判，外商态度蛮横，不仅对这位经理颐指气使，还对合同指手画脚，提出了很多无理要求。这位经理一忍再忍，最终因为忍受不了外商的咄咄逼人，和他大吵了一架，两人不欢而散，合同自然也没有谈成。

李嘉诚知道这件事情后，叫人把这位经理叫到自己的办公室。这位经理心想："损失掉这么大一笔生意，肯定会被老板骂一顿，开除自己也是理所当然的。"当他战战兢兢地站在李嘉诚面前时，李嘉诚却一反常态地没有责骂他，而是和他讲了很多在谈判时应该注意的细节技巧，并说自己已经和那位外商沟通过了，对方承认是自己有错在先，愿意就合同的条款重新谈判。因为这位年轻的经理已经和那位外商打过交道，对具体事务比较了解了，所以还是由他去谈判。这次年轻的经理万万没想到，自己不仅没有丢掉工作，还没有丢掉这个项目，这回他吸取上次的教训，跟对方好好协商，很顺利地把合同签了回来。

犯错了就承担后果，这是很多人自以为正确的逻辑，也正是因为这种逻辑，很多企业家在下属犯错之后，不是降职使用，就是开除了事；而李嘉诚对于员工犯错，始终持有包容的态度，他认为一个人会犯错误，就意味着他不是一个循规蹈矩、安于现状的人，而是一个具备开拓创新、积极进取精神的人，作为领导者，就应该给予更多的支持，鼓励他们从失败的阴影走出来。时间长了，前者多成为孤家寡人，而李嘉诚的追随者却越来越多。

你的魅力表现在你的自律、克己和谦逊中

注重自己的名声，努力工作、与人为善、遵守诺言，这样对事业非常有帮助。

——李嘉诚

李嘉诚多年来稳居首富宝座，富甲一方，与一直保持着谦虚的态度是分不开的。

对于企业与广告公司，业内会习惯性地把企业称为甲方，把广告公司称为乙方，甲方是上帝，乙方是服务员。广告市场属于买方市场，由于是广告商求客户来刊登广告，因此就造成了一些客户盛气凌人的态度。他们对广告商横加指斥、蛮横无理，因为他们根本不愁找不到好的广告公司，而广告公司的工作人员面对客户的无理取闹，也只能陪着笑脸附和，把委屈装在心中。

香港著名作家林燕妮曾投身广告行业，当初与李嘉诚的公司有着密切的业务往来，在跟李嘉诚交往后，她意外发现，甲方也可以让人如此地如沐春风。

有一次，林燕妮到李嘉诚的公司谈业务，刚到公司大厅，就发现李嘉诚已经派专人等候在电梯口，随后把她引领到李嘉诚的办公室。那天恰好是阴雨天，看到林燕妮的衣服被雨水淋湿了，李嘉诚亲自帮

她脱下外衣，并把它挂在办公桌的衣架上，李嘉诚的种种做法，让长期以来备受他人责难的林燕妮十分感动。

冯仑曾参加过一次李嘉诚组织的晚宴，当他和30多位企业家访问团的代表进入电梯口时，惊奇地发现，李嘉诚已经在电梯门口等候，并且按顺序给他们发了名片。

宴会厅内一共有4张桌子，晚宴开始后，李嘉诚并没有在主桌上一直坐下去，而是每一张桌子坐15分钟，确保自己和每一桌的人都能聊天。晚宴结束时，李嘉诚一定要与每个人握手告别，包括距离较远的服务人员，然后又送每个人到电梯口，直到电梯关上才离开。这些做法让冯仑忍不住感叹：大哥就是大哥。

很多创业者一开始善于"装孙子"，当事业稍微有点起色的时候，就立马"变脸"，把自己端得无限高，最终也摔得非常疼。一个人能够做到始终如一的谦逊，实在太难，这就是李嘉诚受人尊敬的地方。

李嘉诚不是超人，他的谦逊来自有节制的训练和自我管理。在2008年汕头大学毕业典礼致辞时，他曾经总结过自己成功的秘籍，把秘诀归为四个字"自负指数"。

> 要活出有意义的非凡生命[1]，需要有能超乎"匹夫"的英雄特质，一个英雄所具备的品德不单要有勇气、有胜不骄的度量和败不馁的懿行，更要知道生命并不仅仅是连连胜利的短暂欢欣或失败的挫折。希腊哲学家对"卓越"与"自负"有一个非常发人深省的观念，他们相信每一个人都有责任把自己的潜能发挥得淋漓尽致，但同时人的内心应有一戒条，不能自欺地认为自己具有超越实际的能力。

---

[1] 引自李嘉诚2008年汕头大学毕业典礼致辞。

在"卓越"与"自负"之间取得最佳平衡并不容易，我们要谨记传统智慧，老子的八字箴言："知人者智，自知者明。"

我想和大家分享的诀窍是什么？我称它为"自负指数"，那是一套衡量自我意识、态度和行为的简单心法。我常常问自己，我有否过分骄傲和自大？我有否拒绝接纳逆耳的忠言？我有否缺乏预见问题、结果和解决问题的周详计划？

我深信"谦虚的心是知识之源"，是通往成长、责任和快乐之路。在卓越与自负之间，智者会亲前者而远后者。在现今无限可能的电脑时代，大家对"重新启动"按钮相当熟悉。然而，在生命这场永无休止的竞争过程中，我们未必有很多"重新启动"的机会，也没有人期望过着一个不断要"重新启动"的人生。

"自我管理"对于一个创业者和企业家来说，永远是一门重要的必修课。一个不自律的老板，会让员工和合作伙伴产生不信任的感觉，影响企业的发展。企业能够发展到多大规模，财富帝国能够盖到几层，在很大程度上取决于老板是否能够自律。在自律、克己这一点上，李嘉诚做得非常好。他坦言："我做生意的时候，经常提醒自己，如果继续有骄傲的心，迟早一定碰壁。"

刻意打压自己的"傲娇"，目的就是容得下别人、听得进去意见。一个自负的人，心里是很难容得下别人的。管理方式再多，最终不过两种：独裁式管理和民主式管理。独裁式管理源自管理者的自负，民主式管理源自管理者的谦逊。

李嘉诚从来不把自己的想法凌驾于别人之上，即使是面对自己的员工，但彼此之间发生不同观点和分歧时，他也是用讲理的方式来解决问题，而不是独断专行。他做事是以他的人格魅力来折服别人，别人尊重他，感激他而为他做事，而不是以一个老板的威严，让别人觉得这是发我薪水的人，我不得不为他工作。深入骨髓的谦逊品质，让李嘉诚赢得了上至合作方的崇拜者、下到员工的拥戴。

第七章

抓住机遇：世事洞明，人情练达

"世事洞明皆学问，人情练达即文章。"一个人要做好任何事情，都离不开"世事洞明"和"人情练达"这八个字，对于有志于经商的人来说尤其是这样。在李嘉诚以香港为翘板，开始全球扩张的时候，这八个字让他抓住了很多机遇。

识时务者为俊杰

一个真正做大事、有远见的人，是看世界的潮流，估计自己未来发展的方向。

——李嘉诚

1992年邓小平南方视察，中国内地掀起了改革开放的浪潮。李嘉诚离开故土多年，他一直关注着内地的发展，在内地做慈善，却没有投资，他一直在观望，一直在等待。这个时机终于等到了，他觉得内地的投资环境真正成熟了，未来的中国内地将成为最具潜力的投资市场，因此，他决定，把港外投资的轴心，放到内地市场。

对于他的这一想法，当时李嘉诚手下的第一干将，和黄行政总裁马世民持否定意见，他固执地请求李嘉诚三思。马世民是李嘉诚的海外投资大使，这时在投资方向上却与李嘉诚发生了严重分歧，面对这种分歧，李嘉诚的决定是——换人。很快，马世民辞职，加籍华人霍建宁接替了他的位子。当时，李嘉诚还特意表示，和黄以后要多用本地人，并且通晓普通话是必要条件。

李嘉诚下决心进军内地市场还有不得已的苦衷。长实集团一直走的是"赚钱在香港，投资在海外"路线。香港房地产的盈利，是李嘉诚大举进军海外的坚实后盾。步入20世纪90年代，这条路走不通了。

当时的香港过半的资产为地产商和兼做地产的富商控有，出现了十大地产巨头，垄断了整个香港地产业。在这种背景下，公众舆论要求港府立法打击楼市投机的呼声愈发高涨。为了平复民心，港府开始"打老虎"。1991 年 11 月 6 日，新上任的财政司麦高乐，宣布增加楼宇转让印花税和限制内部认购比例，以杀楼市炒风。当天，李嘉诚天水围嘉湖山庄第一期楼盘正好开盘，卖得异常火爆。香港政府指责李嘉诚不避风头"对着干"，随后长江实业的房地产就处处受到港府的刁难。此时内地政治氛围回暖，对李嘉诚来说无疑是"雪中送炭"。

1992 年 5 月 1 日，深圳长和实业有限公司成立。这是李嘉诚的第一家内地注册联营公司，投资方是由李嘉诚代表的长实集团与深圳市政府下属的深圳投资管理公司、国家计委属下的中国机电轻纺投资公司，李方与中资方各占股权 50%，注册资本共 2 亿港元。李嘉诚做好了准备工作，等待着切入内地市场的最好时机。

1992 年，董建华下属的东方海外公司进军内地房地产市场，投资选址位于北京王府井边缘、北京饭店后面的一块地产，规划将它建成亚洲最大的综合性民用建筑，这就是东方广场。东方广场所在位置绝对是北京之最，寸土寸金，再加上亚洲之最的规划，其建设成本可想而知，于是董建华亲自出面，邀请其他地产商一起合作。李嘉诚敏锐地捕捉到了这个时机，他紧紧抓住这个机会，并成功成为了东方广场项目的最大股东。

李嘉诚在东方广场项目的投资高达 20 个亿，他一心想把它建成一个地标性建筑，也把它作为自己财富版图的一个标杆，没承想，自项目立案后，就遭遇了各种问题。

首先，北京的一批专家对这个项目提出了异议，他们认为东方广场跟当时北京制定的城市整体规划完全不符，它会破坏北京的地貌，尤其是破坏长安街的整体风格。

紧接着，东方广场的地皮涉及 1000 多户人家，几百个四合院，几十个职能部门的搬迁，在执行过程中，自然困难重重。

后来，东方广场还遇到了限高的问题。许多人认为，如果在故宫里面望出去是一片高楼大厦的话，那将是巨大的破坏，因此，北京旧城里面的建筑高度一直是 6 层左右，最高不允许超过 45 米。限定在 45 米的话，东方广场得亏本，在它的规划里，最起码要建到 68 米。

为此，李嘉诚顶住各种压力，足足花了 10 年的时间，这才将东方广场建成。

正如李嘉诚一直许诺的，建成的东方广场果然是一个在世界上都可以占有一席之地的建筑，它巧妙结合了古代中国的构筑思想和现代的建筑构思，在现代社会呈现出美轮美奂的东方色彩。门中有门、楼中见楼的设计给人的感觉是在东方古国流露出的各种商机，当年这个项目就荣获了 2002 年鲁班奖。

东方广场项目让人震惊的背后是李嘉诚的良苦用心，在这个项目建设过程中，他在确保自身商业利益的同时，也在努力适应内地的法制与文化，尽可能地适应内地的风土人情、制度、习惯等。为了管控建造质量，李嘉诚对这个项目给予了格外的关注，甚至对每一块大理石都亲自过问。

东方广场项目是李嘉诚布局内地商业地产最为浓墨重彩的一笔。这个项目整体耗时 10 年时间，这段时间里，李嘉诚对内地的政治环境、人文文化、人际关系等进行了全面的摸索，实现了全面的突破。这个过程中，李嘉诚的扩张步伐没有停止，他见缝插针似的完成了对上海、广州、重庆、深圳等众多城市的布局。

除了房产项目外，李嘉诚还积极涉足其他中长期的投资项目。1992 年 9 月，李嘉诚对上海码头设施进行了考察，之后，他开始积极推进合作事宜。11 月 23 日，和黄集团及上海港务局就上海集装箱码头有限公司合作经营项目达成原则协议，建设项目包括建成金山标准集装箱码头、国际深水港码头等，和黄出资总额达 60 亿人民币。这次合作达成后，李嘉诚凭借着内地的几大货柜码头项目和香港一半以上的货柜码头，坐上了亚洲私营货柜码头的头把交椅。

1992 年 11 月，李嘉诚投资 96 亿港元，拿下了广深珠高速公路第二期广州至珠海段的工程项目。这是一项长线基础设施投资，投资大、风险大、见效慢，可李嘉诚认为这段公路的回报虽然缓慢，但却具有长期性和稳定性，随着中国经济的发展，其投资回报额会同步增长。另外，修路利国利民，这是一件很有意义的事。日后的事实说明李嘉诚的观点是绝对正确的。

当说到自己的成功时，李嘉诚说：

"不敢说一定没有命运，但假如一件在天时地利物理等方面皆相背，那肯定不会成功的事，而我们贸然去做，至失败时便埋怨命运，这是不对的。历史人物拿破仑是不少人所钦佩的，但我觉得他有些说话亦很过分，例如他说在其字典里没有'难'字，结果他终于失败，并于半囚禁中在荒岛凄凉终老。"

李嘉诚承认困难，然后努力去适应时势，他认为是时势造英雄，英雄与时势的问题，也就是人与环境的问题。达尔文的物竞天择适者生存理论告诉我们，人要想变革环境，必须先适应环境。只有适应了环境，才能在不利的环境中生存下来，才谈得上改变环境。

在自然界，适应能力是一项十分重要的能力，强大的恐龙不能适应环境，所以它们灭绝了，而看似弱小的蜥蜴，因为强大的适应能力，存活了下来，并进化出了适应环境的各种能力。在企业全球化的过程中，适应能力也显得格外重要，企业进入一个全新的商业环境中，势必要面临各种不同的风俗、文化、潜规则，硬碰硬者会被撞得鲜血淋漓，以水的形态适应环境，才能在成功中屹立不倒。

现金流是公司重要的健康指针

现金流、公司负债的百分比是我一贯注重的环节，是任何公司的重要健康指针。任何发展中的业务，一定要让业绩达致正数的现金流。

——李嘉诚

李嘉诚建成东方广场用了 10 年时间，并且在北京市的规划要求下，最后不得不将整个建筑高度降低了 30%，建筑形式也做了很多调整。和记黄埔 2004 年年报特别将内地经济、政策方面的不明朗因素归为投资的风险因素。

内地投资有一定风险因素，这会不会阻碍李嘉诚前进的步伐呢？

2005 年 8 月 3 日，李嘉诚旗下和记黄埔地产有限公司在北京举行朝阳路逸翠园项目展览开幕式。会上，和黄宣布，这一几乎完全拷贝纽约著名华盛顿广场生态的大型 CBD 高档小区将在 9 月正式开盘。

转眼到了 9 月底，逸翠园项目迟迟不见开盘，有媒体询问和黄公关部人士，得到的答复是：逸翠园具体开盘日期不方便透露。媒体一片哗然，大家纷纷感叹，"超人食言了"。要知道，这个项目大家可是足足关注 4 年了，早在 2001 年时，和黄以 7 亿元人民币拿下了这块 37 万平方米的地块，并宣布投资 30 亿元将它建成高档住宅项目，当时就引起北京地产界的一片惊呼，但和黄随后却陷入了沉寂。现在，和黄又一再推迟看盘日期，结合和黄在东方广场项目上的接连受挫，很多人忍不住猜测：超人在内地玩不转了。

在这个节骨眼，和黄地产的半年报公布。它上半年地产及酒店业务只有 34 亿港元，全年营业成绩不容乐观，和黄的地产及酒店业务营业额在 2002 年达到 117 亿港元后，2003 年、2004 年持续下滑，2004 年营业额只有 91 亿港元。2005 年又将创下新低了。一时间，外界唱衰的声音更甚。

对于外界的各种议论，李嘉诚呵呵一笑，并不解释，也不争论，因为他一直就很清楚，自己拥有什么，自己想要什么。

这个阶段的和记黄埔，在李嘉诚的指导下，一边在以龟速开发，一边在以火箭的速度拿地。截止到 2003 年年底，和黄在内地的土地储备约有 238.78 万平方米。经过一年半的圈地运动，到 2005 年 6 月这个数字翻了一番[1]，超过 600 万平方米。单单 2005 年上半年，和黄北上南下，东突西进，在全国各地拿地总面积近 200 万平方米，2 月上海，3 月成都，4 月长沙、长春，5 月武汉、天津、北京，6 月重庆，9 月广州，覆盖范围非常广泛。

很快，逸翠园开盘，一期住宅很快销售完毕，李嘉诚成功回笼 11 多亿元，第二期住宅的售价还将较第一期高出约 15%。业内人士这时才反应过来，李嘉诚看似"慢"的做法反而因为内地土地飞涨而自动获得了土地溢价，他以时间换得了利润，哪里是玩不转，而是太精明了。

这个时候，地产界通用的做法是拿下土地之后，快速开发，资金快速回笼，然后继续拿地扩张。在这个过程中，一个楼盘滞销，资金不能及时回笼，资金链就可能出现大问题，速度成了发展的关键。可李嘉诚偏偏不注重速度，在他手下，地产项目是一项长期投资，他不在乎短期内的业绩变现，他关注的是长期的稳定的较高回报。李嘉诚

---

[1] 李嘉诚内地地产战略：以时间换利润，http://www.feedtrade.com.cn/manage。

能做到这点，没人能模仿，更没人能超越，这一切成立的基础是李嘉诚雄厚的资金保障。要知道，2005 全年，和黄地产在内地仅拿地所需资金就超过 80 亿元人民币，如果全部项目落实，所需资金超过 300 亿元人民币。李嘉诚的地产项目只拿地，不开发，资金从哪里来呢？

与内地房地产开发商一味仰仗银行贷款相比，李嘉诚拥有上市公司、海外基金、信托等多条资金管道。

在 2003 年，由"长和系"（指李嘉诚旗下的长江实业与和记黄埔两家上市公司）持有主要权益的置富产业信托在新加坡证券交易所上市。2005 年底，同样由"长和系"持有主要权益的泓富产业信托（0808.HK）也在香港联合交易所主板上市。两家上市信托公司为长和系提供了源源不断的资金源。

除此之外，和黄地产作为和记黄埔有限公司旗下的地产发展及投资部门，自然也能享受到集团多元化带来的诸多益处。2015 年，和黄港口及相关服务部门进账 299.17 亿港元[1]，能源业务方面为和黄收入贡献约 641 亿港元，零售收入贡献 887.8 亿港元。集团内部短期回报的业务可以为集团带来大量、稳定的现金流，而长期回报的业务可以提供稳定的收入，长短互补，确保了每段时间都有足够的资金回流，并且有助于"兄弟单位"的业务发展。

在一次长江商学院学员的座谈会中，李嘉诚这样说：

> 领袖管理团队要知道什么是正确的"杠杆"心态。"杠杆定律"始祖阿基米德是古希腊学者，他曾说"给我一个支点，我可以翘起地球"。支点是效率和节省资源策略智慧的出发点，不知从什么时候开始，人们把这个概念简单扭曲为教人迷思四两拨千

---

[1] 李嘉诚：内地地产的凌厉扩张，http://www.huaxia.com/tslj/rdrw/2006/05/67346.html。

斤、以小博大。聪明的管理者专注研究，精算出的是支点位置，支点正确无误才是结果的核心。这门功夫依仗你的专业知识和综合力，看你能否洞察出那些看不见的联系的层次和次序。今天我们看到很多公司只能看见千斤和四两的直接可能而忽视了支点的可能性，因过度扩张而陷入困境。

我没有你们幸运，能在商学聆听教授指导。告诉你们，我年轻的时候，最喜欢翻阅的是上市公司的年度报告书，表面上挺沉闷，但别的会计处理方法的优点和漏弊、方向的选择和公司资源的分布对我有很大的启示。

我觉得管理人员对会计知识的把持和尊重，对现金流的控制，对公司预算的掌握是最基本的元素。

李嘉诚将"现金流"看做是企业扩展的支点，抓住了这个支点，他看到了企业多元化经营中，那些看不见的联系的层次和次序，这让他能最大化地平衡各种利益。

2005年4月17日，著名学者郎咸平在西安提醒陕西企业家时讲道："李嘉诚的成功，在于多元化的同时，找到能够互补的业务来分担风险，保持稳定的现金流，同时在成本方面进行了卓有成效的控制。否则，如果简单地多元化发展，那么资金链迟早会断裂。"正是因为有充沛的现金流，李嘉诚才能疯狂买地，却不用急着开发，而坐等地价升值。

无数商业经验告诉我们，进行多元化投资、经营，资金是流转的关键。就像李嘉诚说的，如果手头资金捉襟见肘，经常陷入财务危机，就根本谈不上多元化。

在具体执行中，李嘉诚要求，实施多元化投资必须具备五个标准：资产负债率较低；剩余资源比较多，并且得不到最有效的利用；资产的流动比率高；现有产业和产品组合的现金流比较多；有较稳定的资金筹措来源。

至少有一条腿是稳健的

多元化投资，可以保证各个业务板块处于不同的产业周期，这样，无论什么时候，长江集团都不至于全面瘫痪，因为我们旗下至少会有一项业务是处于上升阶段的，至少有一条腿是稳健的。

——李嘉诚

多元化的一个最大好处就是可以通过不同行业之间的优势互补，保证现金流的稳定，这一点是视现金流为经营命根的李嘉诚最看中的。正是在这样的思路下，李嘉诚开始了在澳大利亚的扩张。

2002 年 7 月 1 日，李嘉诚旗下的长江基建与香港电灯宣布，以约 67 亿港元的价格，联手买下澳大利亚维多利亚省的电力公司 Citi Power。随后，长江基建还以约 82 亿港元从 Sottish Power 公司手中买下澳大利亚维多利亚省最大电力输送及零售公司 Powercor Australia。李嘉诚已于之前以 35 亿美元代价取得了南澳大利亚电力供应公司 ETSAUtilities 的电缆营运权，这意味着李嘉诚全面掌控了澳大利亚维多利亚省及南澳大利亚省的电力资产，合共为 170 万名客户供电。根据南澳电网公司（SAPower Networks）发布的年度财务报告，每年它在每个用户身上赚取的税后利润达 420 澳元，也就是说，李嘉诚的这项投资可以赢得每年 7.14 亿澳元的现金流。

2004 年，长江基建斥资澳币 2.39 亿元 (13 亿港元) 收购澳大利亚 Lane Cove Tunel Company Ply Ltd(LCTC)40% 权益，成为该公司最大股东。LCTC 早于 2003 年 12 月成功投得澳大利亚悉尼市 Lane Cove 隧道及 Falcon 道路项目的兴建及营运权，项目总投资额约澳币 17 亿元，并已完成融资。Lane Cove 隧道是连接悉尼市中心与该市西北部的通道的重要部分，位置优越，这个项目经营期 (不包括建筑期) 为 30 年，预期可达到双位数字的回报率。这个项目可以提供长远而可观的稳定回报，正好符合长实集团一贯低风险、高回报的投资策略。

除了在公共事业上的投资外，长江集团还在澳大利亚开起了葡萄园。据悉，李嘉诚旗下的葡萄园超过 6000 公顷，包括在南澳的 Qualco West、Qualco East、Miamba、Bussorah 及 Schuberts、Vineyard 等。2010 年，李嘉诚斥资 4580 万元收购酒品信托基金 Challenger Wine Trust，从而一跃成为全澳第二大葡萄园的主人。此外，李嘉诚在阿德莱德北部 Dry Creek 区购买了当地的齐盛盐业（Cheetham Salt），从而又夺得全澳最大盐业生产商的桂冠。

在中国内地的投资，让李嘉诚深切地感受到了一定的政策风险，在澳大利亚，李嘉诚则抓住了最好的政策环境。

第一，澳大利亚政府并没有圈定特殊的领域，来限制外国企业在澳大利亚的投资。换句话说，非禁即可投。举例来看，当地私营化部分关键资产后，包括一些港口和电力公司等，也是对外国企业投资持开放态度的。[1]

第二，澳大利亚实行非歧视性的投资政策。有澳大利亚政府官员就曾直接表示："我们欢迎外国投资，这符合我们的国家利益。我们把投资视为推动澳大利亚全面发挥其经济潜力的关键因素。"在这种

---

[1] 中企澳洲掘金路，http://www.eeo.com.cn/2018/0706/331812.shtml。

政策下，不论你来自美国、中国、加拿大、新西兰还是欧洲，投资政策都一视同仁。在投资上，澳大利亚政府对所有人实行的都是完全相同的政策要求。

澳大利亚经济相对独立，市场比较稳定，政策非常开放，投资风险比其他地区相对较低。长江基建、香港电灯在这里借助澳大利亚市场的稳定性和低风险与发展潜力，自然能迎来更好的发展。实际上，长和系在澳大利亚的投资除了收益颇丰，这些投资还有更多的、更长远的好处。

随着 2008 年香港利润管制协定的取消及香港电力需求逐步进入低增长期，香港电灯在香港的盈利前景，尤其是盈利增长前景受到一些负面影响。因此，长和系提前开发的澳大利亚这些蕴含着发展潜力的海外市场，使集团始终拥有一些盈利高增长的投资项目在手，从而弥补香港盈利的下滑，并确保其总体盈利一直保持稳定的增长。很明显，澳大利亚电力业务的强劲增长在后来的几年里都对"香港电灯"的整体盈利带来了正面的影响。

除了澳大利亚外，长江基建的扩张步伐还进入了英国、加拿大、新西兰等国家，涵盖的大多是资本密集且能提供稳定经常性收入及现金流的业务，其中配电业务和输气业务是长江基建的喜好，长江基建也因此成为长和系拓展海外基建和能源的绝对主力。

对于长和系的经营方面，李嘉诚说：

"做生意不应该自己设限，在能力所及的范围内，只要赚钱就可以进入。抓住每个行业盈利的最佳时机，大胆投资，生意才能像滚雪球一样越做越大。"

李嘉诚从不给自己设限，他一直奉行"商者无域"这一理念，抓住每个行业盈利的最佳时机，大胆投资。全球化有三个层次：从一个国家一个行业多个经济周期的产业，到一个国家多个行业多个经济周期的产业，再到多个国家多个行业多个经济周期的产业，李嘉诚现在已经做到了最高的层次：多个国家多个行业多个经济周期的产业组合。

梳理李嘉诚投资的区域和行业，从地理分布上包括：中国内地、中国香港、英国、德国、奥地利、加拿大、澳大利亚、东南亚诸国，在行业上横跨了地产、基建、港口、零售、石油、天然气、水务、电信、保健品、互联网等。这种多元组合让李嘉诚的商业帝国获得了滚滚财源，而盈利状况良好的基础业务，足以支持集团面对外围环境的变化及冲击。

好谋而成，分段治事

在全球化、知识经济的时代，各人智商、能力和努力程度不一样——机会失衡成为"新常态"。

——李嘉诚

世界著名的管理咨询公司波士顿咨询集团提出了一个波士顿矩阵的概念，它将一个公司的业务分成四种类型：问题、明星、现金牛和瘦狗。公共事业的投资毫无疑问是李嘉诚手下的现金牛，他的手下还有一些明星业务。所谓明星业务是指高市场成长率、高相对市场份额的业务，因为市场还在高速成长，企业必须继续投资，以保持与市场同步增长。和黄中国医药就是这样的业务。

和黄中国医药科技是一家创新生物制药公司，主要研究开发及商业化抗癌药物，核心研发理念为利用靶向治疗、免疫疗法及其他途径在内的多种模式及机制，针对治疗癌症及免疫疾病采取综合治疗方案。公司主要为两大块业务，一块在做研发创新平台，主要用于研发新型抗癌药物，另一块则是商业平台，也就是销售成药获取收入。

我们都知道，新药的研发是一个历时漫长、耗资巨大的过程，对应的，和黄中国医药作为创新型生物医药企业，自然也难以避免资金问题。

2016 年，和黄中国医药净利润为 1169.8 万美元，到了 2017 年，

净利润成了 -2673.7 万美元，开始进入亏损经营，面对这种现状，李嘉诚作为最大股东，他给出的指示是继续加大研发投入，2018 年，和黄医药研发投入为 1.42 亿美元，同比增长 63%，随着研发投入的加大，这一年的年终净利润到了 -7480.5 万美元，亏损继续扩大。

为了解决资金问题，2019 年 6 月 6 日，和黄中国医药科技有限公司通过港交所上市聆讯，这是它第三次向资本市场出击，早在 2006 年，它就在伦敦证券交易所上市，后来 2016 年，它又于纳斯达克上市。

通过这次公开招股，长和表示，它持有的和黄中国医药科技的股份将由 60.2% 下降到 50% 以下，未来和黄中国医药将不再是长和的附属公司，业绩也不再与长和合并。面对这一安排，霍建宁表示："为了实现患者利益和股东价值的最大化，我们相信应该给予公司更多财务管理自主权，不受长和收益目标的限制，让公司能灵活地发展，按其战略目标加快投资速度，发挥全球药物研发潜力。""我们仍然坚信和黄中国医药科技优厚的发展潜力，并有意以投资的形式长期保留我们于和黄中国医药科技持有的重要股权。"[1]

言下之意，和黄中国医药的盈利之路还很遥远，不过，李嘉诚仍旧看好它的潜力，并愿意给它营造更宽松的发展环境，让它在没有收益目标限制的前提下灵活地发展。

据弗若斯特沙利文报告数据显示，预计到 2030 年全球肿瘤治疗市场将增至 3904 亿美元，中国肿瘤药物市场的增长速度预期将会超过全球市场，到 2030 年有望达 1016 亿美元。李嘉诚很清楚，中国癌症药物的市场空间很大，他乐意为了未来的癌症药物市场忍受眼前的亏损。这是跟李嘉诚一贯的投资理念相通的。

---

[1] 长和系和黄中国医药科技第三次向资本市场出击，上市后长和 (00001) 持股将降至五成以下，http://mguba.eastmoney.com/mguba/article/0/838949805。

"好谋而成、分段治事、不疾而速、无为而治"，这是李嘉诚的一段著名的论断，他曾解释说：

> "对于我来说，一场最漂亮的仗，其实是一场事前清楚计算得失的仗。好谋而成、分段治事、不疾而速、无为而治这四句话是环环相扣、互为因果的。'好谋而成'是凡事深思熟虑，谋定而后动。'分段治事'是洞悉事物的条理，按部就班地进行。'不疾而速'是由于已有充足的准备，故能胸有成竹，当机会来临时自能迅速把握，一击即中。'无为而治'是要有好的制度、好的管治系统来管理。我们现在大概有25万个员工，分布在55个国家，而我们员工大部分在西方国家，如果你没有良好制度，你没有足够时间去管理。兼具以上四种因素，成功的蓝图自然展现。"

一直以来，李嘉诚一旦决定投资某个行业，就会想尽办法，全球范围寻找机会，做出各种大胆的尝试。玩具城项目就是另一个很好的例子。

刚开始，李嘉诚认为这是一个契机。一方面，他出资9亿元在广州打造专业玩具城，建立起专业的大型玩具营销平台，解决玩具行业品牌知名度弱、产品附加值低的问题。另一方面，和黄也参与进来，利用自己在全球的零售网络，把市场信息传递给玩具城的玩家，甚至直接为厂家带来了订单。和黄的加入，解决中国玩具的营销瓶颈：国际订单问题、运输问题、出口问题、国际信息反馈问题等。

业内人士认为，李嘉诚的玩具城项目是一个"1+1+1大于3"的项目。除了零售和物流，第三个"1"就是地产。玩具城被列为长和系华南地产项目的序列之中。按照规划，玩具城将分三期完成，其中最后一期是建设一个商务性主体公园。在广州市政府的规划里，将来这里会成为一个重要的旅游景点。

2004 年长江实业、和记黄埔联合广州国际玩具中心有限公司，合资成立了广州国际玩具城有限公司，总投资 15 亿元人民币，长江实业、和记黄埔各注资 4.5 亿元，各占有 30% 的股份，合共占 6 成股份，以控股形式共同投资运营建设。李嘉诚之所以将手伸向玩具业，一方面，他创业之初做过塑胶玩具业，对这一行业有着特殊的感情，另一方面，他认为广东的玩具生产占全国的 70% 以上，占世界玩具礼品的一半市场，市场容量庞大，可广东的整个玩具市场在研发、营销、树立品牌方面明显滞后，这一领域大有可为。

李嘉诚对这个项目非常重视，他派出了长江实业（集团）有限公司中国物业发展部经理陈伯荣出任广州国际玩具城有限公司总经理，而拥有欧洲第二大零售网络的和记黄埔，将通过国际化管理和零售网络吸引国际玩具巨头和国内玩具厂商进驻。李嘉诚每周都会询问这个项目的进度，他还特别指示玩具城要尽力提高档次，他的目标是将这个国际玩具城打造成商贸、展示、物流、科研等厂商之间多个环节的产销研交易平台，而不是简单的玩具批发市场。

李嘉诚的设想很完美，可事情的发展却有点出乎意料。开业之初，这个项目凭借着面积大而且新的优势吸引了很多商家进驻，可生意却迟迟不见起色，很快租客纷纷退租。到最后，整座大楼做玩具批发的生意不到 50 家，处于半生死状态，部分大楼已经改为办公或公寓出租，玩具批发无法继续下去。2017 年，李嘉诚低调地将这个项目转手变卖了。与当年高调亮相相比，这个项目低调转卖，显得格外凄凉。

著名经济学家斯蒂格利茨说："某种制度在经济发展的某个阶段可能运行得非常有效，但在另一阶段则可能变得有问题了。"这对商业多元化投资的时机把握做出了精辟的总结，此时的时机是彼时的陷阱，此时的瘦狗很可能会成为明日的金牛，没有人能准确把握住每一个转变的节点，李嘉诚不是超人，他没有超能力，他拥有的只是不畏惧、勇尝试的态度。也正是凭借着这种态度，他建起了长和系全球的财富帝国。

先入为主，抢占时间差

抓住机遇，强强联合，优势互补，就能进入双赢的良好局面。

——李嘉诚

20 世纪 80 年代初，外资刚刚开始尝试进入中国时，面临诸多政策限制，只能建立合资公司，有些外资公司进入后撤资。以可口可乐公司为例，1978 年底，可口可乐公司和中粮总公司达成重返中国的协议，其第一个合资项目从签备忘录到最后签合同，谈判过程竟然历时 3 年。据可口可乐中国有限公司有关人士回忆，当时单单是设立工厂的文件就要层层审批，甚至至少要两位高层领导签批，可见外资进入初期有多难。

1986 年，国务院颁布《关于鼓励外商投资的规定》，主要通过税收优惠政策，鼓励出口型和先进技术型的外企来华投资。当时国有企业普遍缴纳 33% 的所得税，而外商投资企业可以享受 10% ~15% 的所得税。这一政策的出台对于带动外商投资中国热潮的兴起起到了直接的作用。

1986 年之后，外商投资的生产性项目及产品以出口为主的企业大幅增加。"三资"公司如雨后春笋般涌现。据统计，1986 — 1991 年，全国累计实际使用外资 190 亿美元，是前 6 年的 3 倍多。

1992 年 1 月 18 日—2 月 21 日，邓小平视察南方并发表讲话后，对外开放进一步扩大，中央陆续出台了一系列更优惠政策吸引外资，并且将利用外资的批准权从中央下放到地方，地方政府拥有了更多的自主权。

就在这年 10 月 5 日，李嘉诚亲赴北京，与深圳东鹏实业有限公司签订了投资 60 亿港元协定，建设深圳盐田集装箱码头。签字仪式在钓鱼台国宾馆隆重举行，国务院总理李鹏和副总理邹家华等高层出席签约仪式，共同见证了《深圳盐田国际集装箱码头合资合同》的诞生。

在签约前，国务院总理李鹏就在钓鱼台国宾馆接见了李嘉诚。总理对李嘉诚的投资给予高度肯定。李嘉诚之所以受到这么高的礼遇，是由当时的国情决定的。

1989 年"六四风波"后，以美国为首的西方国家，趁机以保护所谓"人权"为借口，企图干预中国内政，并联合对中国进行制裁，多方施加压力。中国在世界市场上获得中长期贷款的渠道被关闭，来华外国投资纷纷撤退。资金的不足，导致相关建设项目进展受阻。同时，由于海外订单的大幅取消，中国国内面向国际市场生产的产品大量积压。在这样的背景下，李嘉诚积极投资内地，势必很受欢迎。当时，西方世界全力围困抵制大陆经济，李嘉诚的巨额投资，也表现出作为华商的爱国之心。

后来，他也获得了回报，和黄获得了盐田港 50.5% 的控股权。此后，在外商撤退、港资还没有大举进来的时机，李嘉诚刚好可以在内地港口迅速发展壮大。

根据盐田港长远发展规划，该港最终将建成 40 个深水泊位，年处理量达 8000 万吨，与大连大窑湾、宁波港、福建湄洲湾同为中央指定的国际中转港。和黄通过过旗下的国际集装箱集团与深圳东鹏实业有限公司合组盐田国际集装箱码头有限公司，国际集装箱持有该公司控股权，并与中远、三井及熊谷组持有该公司 70% 股权，深圳东鹏实业则拥有其余 30% 股权。

基于盐田港的重要性，期间李嘉诚的"宿敌"包玉刚又出来争夺了。这一次，李嘉诚没有再让步，盐田港由和黄夺得。

1993 年 11 月 16 日，和记黄埔和深圳东鹏实业有限公司合资的盐田国际集装箱码头有限公司正式工商登记，和记黄埔占股 73%。1994 年 7 月，盐田港首期工程竣工正式投入营运。1996 年 12 月，二期工程开启，李嘉诚要求采用英国标准和规范，严格实行国际工程管理，以满足"50 年不维修"的质量要求。

李嘉诚不仅给盐田国际带来了充裕的资金与良好的管理模式，更给它带来了诸多的国际客户，带来了国际信誉。这是确保盐田港超高速发展的绝对必要的条件。资料显示，从 1996 到 2000 年，盐田国际集装箱吞吐量年均增长 56.76%，而凭借对其 27% 的股权，盐田港 2001 年获得投资收益 3.21 亿元人民币，占公司税前利润的 70.86%。2002 年盐田港年报显示，盐田国际报告期内完成集装箱吞吐量 418 万标柜，占据了深圳港集装箱的吞吐总量的半壁江山，并实现净利润 17.64 亿元人民币。和黄的金字招牌，使得盐田港成为外国船运公司的首选。内地其他港口无一能及盐田港的快速发展，而且它们也缺乏和黄所带来的现代化国际运作模式与管理。

其中，也发生了一些插曲。2004 年 6 月，国家工商总局披露调研报告《在华跨国公司限制竞争行为表现及对策》，指责跨国公司在中国的垄断行为愈演愈烈，借专利悄悄包抄中国的对手们，从而垄断市场。和黄被指是其中之一。李嘉诚只好停止了已斥资 66 亿港币合作开发建设盐田港三期工程。

不过这个插曲很快就过去了。2005 年 11 月 8 日下午，和记黄埔和深圳盐田港集团有限公司再次牵手合作，共同投资 14.8 亿元人民币，兴建盐田港区集装箱码头扩建工程。深圳市主要领导均给予李嘉诚较高礼遇。

深圳市委书记现场肯定了李嘉诚的贡献，表示盐田港建设是深圳的一件大好事。深圳四大支柱产业之一是物流业，海港运输是物流业的支柱。没有李嘉诚的加入，盐田港就不可能发展得这么快，盐田港就不可能有今天。深圳人应该感谢李嘉诚。

对于这期间的插曲，李嘉诚当时在接受采访时说过这样一句话：

> "以诚感人者，人亦以诚应之。商人最重要的素质是'信'。不只是商人，一个国家亦是无信不立。"

盐田港是李嘉诚布局内地港口的第一颗棋子和最具威力的航空母舰。而盐田港已经成为深圳繁荣昌盛的一个标志和窗口。搭乘中国经济步入现代化发展的快车，盐田国际集装箱码头以非凡的速度、辉煌的成就令世人瞩目，成为一颗名副其实的东方明珠。相应的，它也成为李嘉诚布局内地港口的名片，和黄因为盐田港效应，很快拿下了上海港、宁波港、厦门港等。

在经商过程中，遇到敏感的形势，比拼的就是眼光。谁能抓住先机，谁就能赢得未来。在别人都在观望的时候，李嘉诚斥巨资撬开了机遇的大门，抢占了先机，成就了和黄在内地港口的大发展。

第八章

深谋远略：眼界不同，结果不同

　　投入大、回报周期长，这是李嘉诚一般的生意思路，他主导的很多项目前期都处于亏损状态，经过十几年、二十几年、甚至三十几年后，才看到回报，往往最后的这个回报能达到几十倍甚至几百倍。

别人如果放弃，你就要出手

知识最大的作用是可以磨砺眼光，增强判断力，有人喜欢凭直觉行事，但直觉并不是可靠的方向仪。时代不断进步，我们不但要紧贴转变，最好还要往前几步。要有掌握和判断最快、最准的信息。

——李嘉诚

2000 年 8 月，加拿大赫斯基能源上市，之后，赫斯基一路飙升，很快，市值达到了 350 亿元。这时候，再看 10 年前李嘉诚以 32 亿元购入赫斯基 43% 股权的举动，外界才反应过来，李嘉诚用 10 多年布局，创下了怎样无可比拟的高回报率。

李嘉诚称收购赫斯基是他"一生最伟大的投资之一"，这次投资凸显了李嘉诚的投资眼界。

1986 年时，由于苏美争霸，直接影响了中东的局势，国际油价暴跌到每桶 11 美元的历史冰点。11 美元是什么概念？现在国际原油每桶的价格已经涨到了 55 美元，相差了 5 倍，油价最高的时候甚至突破过 100 美元。当时许多石油公司经营不下去，破产了，赫斯基虽然是当年加拿大最大的能源公司之一，也没有逃脱大环境的影响，陷入了经营的困境。加拿大皇家银行找到了李嘉诚，希望他能注资赫斯基能源，拯救这家公司。

加拿大皇家银行是李嘉诚的控股公司，他曾经一度控股 9%，是这家银行的大股东之一。既然皇家银行提出来了，李嘉诚肯定要认真考虑。另一方面，李嘉诚当时在香港开发了几个大型屋村，赚到了不少钱，手里正有大量的现金。地产业的钱虽然好赚，但李嘉诚认为地产未来不能永远这么赚钱，必须提前未雨绸缪，他正有心寻找新的投资领域。

李嘉诚派人去赫斯基能源调查，最后发现这家公司业务上并没有大问题。主要是因为受市场影响，油价太低，所以公司一直在亏损。只要撑过这个寒冬，以后市场复苏，就可以赚大钱。很快，在加拿大皇家银行的撮合下，李嘉诚注资 32 亿港元给赫斯基，获得了赫斯基 52% 的股份。考虑到和黄购入赫斯基后，会增加和黄的负债率，让和黄的损益表不好看，这笔收购，绝大部分是李嘉诚个人出资，和黄只占了很少一部分。这笔投资成为李嘉诚当时最大的一笔跨国投资。一时间，李嘉诚成为了加拿大的投资英雄。

当时不仅大环境不好，而且赫斯基能源也处于亏损中，而且它自身还有非常高的负债。当时李嘉诚的这笔投资被许多人嘲笑，几乎没有人看好李嘉诚的这次投资。有的人幸灾乐祸，坐等着看李嘉诚的笑话，有的人劝李嘉诚趁早撒手，以免这个项目烂到手里。

购入赫斯基后，它以每天 500 万港元的状态持续亏损，可李嘉诚却大胆预言：

> "世界石油价格短期内不会有太大升幅，但是长期来看，世界工业跟汽车行业的发展，一定会拉动石油需求的增长。加拿大政治环境相当稳定，趁赫斯基亏蚀的时候把它买过来，未来一定会看好的。"

因为对未来看好，李嘉诚面对着赫斯基不断的亏损，不仅没有趁早撒手，反而进一步加大了投资。

1988 年 6 月，李嘉诚全面收购加拿大另一家石油公司，使赫斯基能源的资产价值扩大了一倍。1991 年 10 月，赫斯基能源的另一名大股东以低价抛售手里所持的 43% 股权出售，李嘉诚家族斥资 17.2 亿港元将他抛售的股权买了过来，自此，他掌控了赫斯基 95% 的股权，取得了赫斯基能源的绝对控制权。

拥有了绝对控制权后，李嘉诚开始着手对赫斯基成本的全面控制。他先通知赫斯基所有贷款银行："如果你们想继续与赫斯基往来，就必须降低贷款手续费和到期后的利息。如果你们不同意，我将用私人资金付给赫斯基，必要时，赫斯基可以在 48 小时内将债务全部还清。"李嘉诚不出招则已，出手都是重击，结果，赫斯基的债权银行全部在 48 小时内同意降低贷款手续费和到期后的利息。

随后，李嘉诚将赫斯基海外勘探占勘探费用的比率，从五成以上降至一成以内，他认为赫斯基目前不应耗费巨资在海外勘探。进一步地，他更换管理团队，力行节省成本，重新评估蕴藏量，并将节省下来的资金投注在更新炼油设备上，降低炼油成本。

在一开始的前六年，赫斯基没有挖出一滴石油，公司一直处于严重的亏损状态，李嘉诚一手节流，一手进行技术改造，慢慢地挨过了最艰难的时光。

2000 年 8 月，赫斯基上市，开始受到社会各界的关注。这时，随着全球局势的稳定，各国经济的发展，市场对于石油的需求量越来越大，赫斯基能源开始扭亏为盈。2003 年，赫斯基全年纯利突破 13 亿加元（约 90 亿港币），李嘉诚苦尽甘来，终于领略到了财富暴涨的滋味。2007 年，赫斯基能源的业绩达到了顶峰，全年利润为 32 亿美元，约合 200 多亿港币。仅仅这一年的分红，就超过了李嘉诚当年投入进去的 32 亿港币了。

目前，赫斯基在阿萨巴斯卡、科尔德湖与皮斯河区内的油田总面积逾 42.5 万亩，并估计蕴藏超过 330 亿桶沥青。赫斯基在中国南海与东海持有 6 个勘探地区的全部营运权益，覆盖面积逾 2.5 万平方公里……这里列举的只是赫斯基旗下能看到的油田资源的很小一部分，而能看到的这些油田资产只是冰山的上面一部分，赫斯基还拥有很多隐藏的资源没有开发，所以不为外界所知。也就是说，李嘉诚在赫斯基这个项目上不仅现在赢得了累累的收益，未来还有更宽广的发展空间。

鲁迅先生说："世上本没有路，走的人多了，也就有了路。"李嘉诚用他的经历诠释了，世界上也许本身没有路，有了格局、视野、魄力、时机的多种作用，就能带着一帮人走出一条宽阔大路来。

杀鸡取卵的方式不可取

重要的是要有远见，杀鸡取卵的方式是短视的作风。

——李嘉诚

《基业长青》的作者在对大量成功企业的研究分析中得出结论：成功首先来自明确的目标，来自对未来的科学预见和高瞻远瞩。战略是对企业长远发展的全局性谋划。战略目标的最终实现，依赖于有效的战略管理，更依赖于决策者英明的远见和科学的预测。

美国《时代周刊》称李嘉诚为"天之骄子"，赞其总是能预估到经济发展趋势和未来状态，并快速作出反应，为谋长利做好铺垫。

李嘉诚是在 20 世纪 80 年代中期大举进军海外的。当时，在普通人的心目中，事业发展一般还是以本土较为稳妥，但是李嘉诚不这样想，这除了他生活在香港这个全面开放的港口城市之外，还由于他充分看到了世界经济一体化的大趋势。

李嘉诚投资英国和投资加拿大几乎同步。很多人都说李嘉诚在海外和香港一样，最偏好投资房地产行业。实际上，在早期进军英美市场的时候，李嘉诚并没有一开始就投资房地产业，而是有什么投资机会，就紧紧抓住，非常务实。

收购赫斯基的同一年，李嘉诚斥资 6 亿港元购入英国皮尔逊公司近 5% 股权。皮尔逊公司拥有闻名世界的《金融时报》等产业，在伦敦、巴黎、纽约的拉扎德投资银行拥有权益。皮尔逊公司的股东担心李嘉诚会控制皮尔逊，不甘让华人做主，组织反收购。李嘉诚倒也没有坚持，半年后抛出股票，盈利 1.2 亿港元。但对进军英国市场并没有浅尝辄止。

1987 年，李嘉诚与老搭档马世民协商后，以闪电般的速度投资 3.72 亿美元，买进英国另一家公司——电报无线电公司 5% 股权。这一次，李嘉诚终于成为了大股东，但同样没有进入董事局，同样的原因，董事局提防他掌握生杀大权。于是，李嘉诚在第二年趁高抛股，净赚一把。

1989 年，李嘉诚成功收购了英国象限集团的蜂窝式流动电话业务，终于让和黄有了拓展据点。

紧接着，李嘉诚开始了进军美国的浩大行动。1990 年，李嘉诚试图购买"哥伦比亚储蓄与贷款银行"的 30 亿美元有价证券的 50%，涉及资金近 100 亿港元。因为这家银行是加州遇到麻烦的问题银行，卷入了一系列复杂的法律程序中，结果，李嘉诚的投资计划搁浅。同样，李嘉诚没有因此而放弃美国市场。很快，他与他与北美地产大王李察明建立了友谊。当时，李察明陷入财务危机，急需解危者。李察明来到香港，找到李嘉诚。为了答谢李嘉诚的出手相助，李察明将纽约曼哈顿一座大厦的 49% 股权，以超低价，卖给了李嘉诚。在李察明的帮助下，李嘉诚打入了美国地产行业。

除了投资欧美市场之外，在亚洲周边国家，李嘉诚也不放过任何投资机会。在新加坡，李嘉诚与邵逸夫、李兆基、周文轩等联合成立新达城市公司，李嘉诚占 10% 股权，进军新加坡地产行业。在日本，李嘉诚和郭鹤年通过香港八佰伴集团主席和田一夫，以 60 亿港元进军日本札幌地产行业。李嘉诚的大手笔举动，曾引起日本商界的小小震动。投资日本札幌，也让李嘉诚大赚一笔。

关于为什么这么早进军海外市场，很多人都说是李嘉诚性格使然，他喜欢挑战，富贵险中求，其实不然。李嘉诚当年回答记者提问时说：

> "正像日本商人觉得本国太小，需要为资金寻找新出路一样，香港的商人也有这种感觉。一句大家都明白的道理，根据投资的法则，不要把所有的鸡蛋放在一只篮子里。"

李嘉诚的老搭档、和黄前行政总裁马世民也说过："香港对我们来讲，说狂妄一点，舞台确实太小。"

也就是说，超人之所以迎难而上攻克海外市场，是危机感使然。在香港弹丸之地，涸泽而渔的投资，显然不利于长实的发展。事实上，自从李嘉诚登上香港首富的宝座之后，日子慢慢难过起来。来自大亨之间的竞争和香港政府的压力，让李嘉诚不得不考虑缩减在港的发展计划，积极谋划未来出路。

李嘉诚还有过更直白的表达：

> "我们一直有阴影，就是怕人家说我们发展得太大。虽然（香港）政府当时没有明言说你做得太大，但你感觉得到，那么，你就要为股东争取最好的回报和出路，你就只好向外面发展。"

与其说超人在忧虑，不如说他看得更远。强龙难斗地头蛇，李嘉诚在进军海外之前，做好了被本土打压的心理准备。而且，在李嘉诚之前，怡和、和黄、会德丰在70年代，均在海外扩张上触礁。明知道海外的投资回报率不及香港，李嘉诚甘愿步其后尘，就是着眼于长实的长远发展。他必须赌一把。

其实，李嘉诚这一赌，正赶上华人资本崛起的时代。二战以后，最具扩张性资本是美国本土美元，其后依次是欧共体美元、中东石油美元、日本美元。从 20 世纪 80 年代中期起，华人资本崛起，呈现压倒日本资本之势。

据《福布斯》杂志 1994 年报道：

> "华人现时是世界上最具流动性的投资集团，已取代日本成为主要投资者。迄今，海外华人约 5500 万，每年总产值超过 5000 亿美元，拥有总资产 2 万亿美元，接近日本（人口 1.23 亿）总资产的 2/3，是世界最富的群体。华人中富豪的人数，超过发达资本主义国家英国、法国和加拿大（三国总人口 1.41 亿）富豪的总和。论外汇储备，总额最高的是台湾（1991 年为 831 亿美元，第二位美国 798 亿美元），人均占有量最高的是以华人为主体的新加坡（1991 年为 11376 美元，第二位香港 4962 美元）。"

正是实施全球性经营战略，在世界范围内扩大市场，推进企业国际化经营，成就了"亚洲四小龙"。缩减在本土的发展计划，走跨国投资路线，中国香港、中国台湾、新加坡和韩国，在短时间内实现了经济的腾飞，一跃成为全亚洲发达富裕的地区。听起来充满奇迹，但实际上都是饱受发展压力之下的挣扎。一如韩国三星集团李健熙所言："国际化是我们赖以生存的关键。不实行国际化，就无法生存。世界将走向自由市场，韩国也不例外。韩国将不可避免地在几乎所有的领域开放市场，同时，它的工业基础将在很大程度上依赖于出口。当我说到国际化时，我的意思是国内市场的国际化和进军国外，其中包括那些工业国家和发展中国家。"李健熙的这番话颇具代表性。

参与世界经济竞争，在国际市场淬炼以求发展空间，是小市场大品牌企业的必经之路。李嘉诚很清楚，长江实业也不例外。很难想象，如果没有当年积极的海外扩张，固守香港弹丸之地，还有没有今日的亚洲首富李嘉诚呢？

谋利当谋远

思路清晰远比卖力苦干重要，心态正确远比现实表现重要，选对方向远比努力做事重要，做对的事情远比把事情做对重要。

——李嘉诚

2000年2月，李嘉诚向外界宣布，和黄出售所持44%橙电讯公司权益给德国电讯巨人曼内斯曼公司，交易金额达1130亿港元。"1130亿元"这样庞大的交易金额在香港是绝无仅有的。一时间，李嘉诚"千亿卖橙"震惊了商界。"千亿卖橙"是和黄最成功的投资典范之一。

可"1130亿元"并不是这次交易的最终收益，这次交易中，除了资金外，和黄还获得了曼内斯曼的一部分股票，三个月后，曼内斯曼公司被另一个电讯巨头沃达丰吞并了，收购完成后，曼内斯曼的股票有了很大幅度的溢价，因此，和黄账面上又多赚了500亿港元。事情到了这里，还没结束，因为和黄在这次并购交易中的突出表现，和黄股价在2000年劲升87%，创出历史新高。李嘉诚成了最后的赢家，人们又一次感叹李嘉诚不愧是超人。

其实，世界上不存在不劳而获，任何成绩的背后都不可能是轻松，而是有着艰辛的付出和别人想象不到的努力。"千亿卖橙"也没逃脱这个规律，它的背后是李嘉诚10年的精心布局。

橙电讯公司的前身是英国的兔子电讯公司。当时，刚完成赫斯基收购的李嘉诚认为，电讯业务跟能源一样，都是收入稳定、有长远投资价值的资产。这个时候欧洲等国家的电讯事业恰好跌入了低潮期，李嘉诚当机立断以84亿港元收购了这家英国电讯服务公司。

一开始，因为大环境不景气，这项投资长期处于亏损状态，仅1993年就导致和黄损失了14亿港元，外界包括和黄内部对这项业务都特别地不看好，李嘉诚却坚定地认为，凭着自己对未来趋势的正确分析和把握，这项业务会给自己带来巨大的收益，他公开表示说："将继续支持和黄在英国的电讯事业。"为了表示自己支持橙电讯的决心，李嘉诚特意把自己手下的大将霍建宁派到欧洲去坐镇。当时，李嘉诚手下有三个大将，他们分别是马世民、袁天凡、霍建宁，霍建宁是跟随李嘉诚时间最长的一个，也是最得李嘉诚信任的一个。

霍建宁在橙电讯的表现没有辜负李嘉诚的期待。他先是在1994年，将电讯业务重新包装，并冠名"橙"（Orange），推出了GSM流动电话服务业务。之后又将"橙"分拆上市。经过霍建宁的努力，再加上市场形势转好，用户不断上涨，四年后达到了3800万，橙公司成为了英国的第三大电讯商。

这时，欧洲的两大电讯公司曼内斯曼跟沃达丰正打得不可开交。两家公司都在争夺欧洲第一的宝座。橙公司市场排名第三，论实力，它肯定是斗不过两家公司的，这时，李嘉诚做出了趁机把橙公司卖掉的决定。

当时，全球都在鼓吹互联网的泡沫，整个行业都处于上升期，因此，李嘉诚说是要卖掉，但他并不急切。他先让人向曼内斯曼和英国的沃达丰放出消息：谁可以收购橙公司，谁就可以成功压倒对手。当时德国的曼内斯曼跟沃达丰市场份额非常接近，这句话可谓说进了两家的心坎里。放出消息后，李嘉诚就让霍建宁耐心等待着。果然，很快，曼内斯曼跟沃达丰都先后派出了代表来橙公司洽谈，收购价格不停抬高。再加上当时互联网的不停发展，全球一片火热，最终，曼内斯曼提出了1130亿港币现金加上部分曼内斯曼股票的收购条件，双方达成了并购协议。

据说，在双方谈判的最后关头，李嘉诚虽然没有亲赴欧洲，可他晚上特意没有关掉手机，他等着霍建宁随时向他报告谈判结果。凌晨一二点种，霍建宁从欧洲打来了电话，李嘉诚听他讲完所有情况后，淡定地说了句：知道了，然后就挂了电话，继续睡觉去了。这个结果在他的意料之中，只是10年布局才有了这个累累硕果，他终于可以长吁一口气了。

后来，谈到千亿卖橙这件事，霍建宁披露了李嘉诚更深远的考虑："我们历来只做长线投资[1]，如果出售一部分业务可以改善战略地位，我们会考虑这一步骤。除了考虑获取合理的利润以外，更重要的是在取得利润之后，能否在相同的经营领域中让我们的投资更上一层楼。例如，我们以317亿美元的价格售出Orange公司的2G业务。我们预计全球3G业务的总成本不会超过144亿美元，其中包括执照费、设备费、利息以及创建消费者群体的费用，假设这两项业务拥有相同数量的客户群，如果要让我在二者间作出选择，我会选择3G，因为它的发展潜力更大。"

原来，李嘉诚卖橙的真正考虑不是千亿的收益，而是未来和黄能以更好的状态搏击3G市场。原来通过卖橙，李嘉诚收割了前十年的布局，他在收割的同时，又在布局下一个十年。

"卖橙"的成功，是和黄历史上最重要的一项交易，引起海内外市场的轰动，也引来无数人的羡慕，大家都想知道和黄集团主席李嘉

---

[1] 张尚国：《李嘉诚管理日志》，中信出版社，2010。

诚经商的"秘诀"。在卖"橙"的记者会上，说起自己的成功经验，李嘉诚说：

> "我的成功之道是：肯用心思去思考未来，当然成功几率较失败的多，且能抓到重大趋势，赚得巨利，便成大赢家。"

李嘉诚做人做事都很有耐心，这份耐心体现在投资上，就表现为他会看得长远，想得深入，他不看眼前一时的得失，而是会追求更长远的投资，也正因为如此，长实和和黄的很多项目都是 5 年、7 年，或者更久才有收成，不过，但凡有收成，他的收益比例都会高的超乎想象。可以说，着眼于未来、普于把握趋势是和黄成功的主要原因之一。

不过，耐心地等待收割季节的到来，说起来简单，却很少有人能做到，亏损的恐惧、利润的诱惑，都有可能让一切项目半路夭折。从中我们可以看出，商业的成功除了机遇、知识、谋略、名誉、环境等多种因素外，还在于企业家个人的意志品格，意志是长远投资成功的基础保障。

义利兼顾才能把事业做大

凭借你的本事你会赢得别人的尊重，凭借你的贡献你会赢得别人的感动，永远不要丢弃反馈社会和民族的信念。

——李嘉诚

有些人发展事业，只顾眼前，这点我们之前讲过，李嘉诚的观点是"谋利当谋远"，也正是因为看得远，李嘉诚在业务拓展时，可以低买高卖，让自己立于不败之地。有些人发展事业，眼前只看"利"，认为商人就应该"无利不起早"，事事应该以利益为驱动。对此，李嘉诚说：

"义利兼顾才能把事业做大。义，即仗义，义气。是做人做事的一种境界和水准，是人的优秀品质之一。成大事者都应该具备这种境界和水准。利，即得益，是人努力奋斗后应得的报酬，是人们把事业做大的驱动器。成大事者善于义利结合，义、利是成大事的两个支点，义支撑着做人的公平，利是为人把事业做大提供驱动。谋利与取义失去了哪一点也成不了大事。"

在事业发展过程中，李嘉诚努力做到义利兼顾，也正是在这种思维驱使下，和黄才进入了中药领域。

1998 年年底，香港特区行政长官董建华紧急约见了李嘉诚，他提出了借助李嘉诚的资本力量，为香港打造一个新名片——"中药港"的想法，没有多加考虑，李嘉诚欣然接受了这个挑战。

李嘉诚的这一决定，有两方面的考量：第一，中国是中药材的重要产地，也是世界药材最重要的发源地[1]，可是，在当时的时代背景下，中国的中草药出口，只占全世界 300 亿美元的 5‰左右。更多的中成药则由日本和韩国把持和控制着，除此之外，日本和韩国还拿着中国出产的中药材在欧美市场上大量倾销，他们甚至还把中成药产品以高价卖回到中国来。因为有少年时自己治愈疾病的经历，李嘉诚很想为自己，也为全体中国人，圆一个"中药国际梦"，让中国的中药材在世界上绽放光芒。第二，李嘉诚认为，中草药是中国国宝一般的存在，把它列为长江集团经营和销售的主体，未来一定大有可赚。这件事情既利国利民又能给自己的事业版图带来财富，李嘉诚自然是当仁不让。

虽然决定了要在香港做"中药港"，可真的实行起来，这并不是一个简单的事儿。与内地和台湾相比，香港在中医药方面的基础薄弱，起步也比较晚，在产品方面，香港并无现有资源可用，于是，李嘉诚将合作的目光投往内地。内地的中医药发展虽然十分成熟，却主要局限于国内市场，没有走向海外，发扬光大。而香港背靠内地，同时又是国际交易中心，如果能与内地中药企业合作，双方就可以实现优势互补，内地提供丰富的人才、科研、经验、原材料、产品等资源，香港作为中医药走向世界舞台的跳板，这样的合作可说是天作之合。

有了前进的方向，事情就很容易解决了。2000 年 10 月 7 日，和记中药与同仁堂联手，在香港成立了同仁堂和记 (香港) 药业发展有限

---

[1] 王晶：《赚钱是一种修行》，华中科技大学出版社，2016。

公司。到 2003 年底，和黄进一步地直接与同仁堂集团总部合作，共同成立了一家合资企业，这家公司由同仁堂与和黄各占 49% 股权。

2001 年 8 月，和黄又与上海市药材公司旗下上海中药一厂合资成立上海和黄药业，上海市药材公司归属于国内最大医药上市公司上药集团麾下，在华东医药界颇有实力，两者的合作为和黄在华东地区拓展市场奠定了良好基础。

2004 年，和记黄埔与广州白云山股份有限公司正式合作，成立合资公司——白云山和记中药有限公司，两者的合作填补了和黄医药在华南市场的空白。

至此，李嘉诚基本完成了在内地的战略部署：华北由"同仁堂和记"主打，华东由"上海和黄"冲锋，而华南由白云山压阵。凭借内地三家老字号的鼎力相助，李嘉诚的"中药港"计划终于有了底气。也就是在这一年，李嘉诚明确定调：中药将是和记黄埔的第六大支柱产业。

产品有了保障，接下来，如何将中药推向国际市场呢？李嘉诚确定的营销策略是：以香港长实集团及其合作厂家的货真价实，不断赢得那些对中国药材尚未信任的国家和地区的青睐，不断提高国际市场中中药材的销售量。

2004 年，欧盟在官方网站公布了《欧洲传统植物药注册程序指令》，并宣布自公布之日起生效。据业内人士分析，该《指令》与两年前的《指令（草案）》的内容相比，大大降低了植物药的市场准入条件。李嘉诚当然不会错过这个绝佳机会，他第一时间派出了大批推销人员登陆英国。

之所以选择英国作为首当其冲的落地点，李嘉诚是有考量的。香港曾是英国的殖民地，不少英国人都到过香港，曾接触过中药，对中药文化有一定的认知，他们对中药的接受度会比其他国家高一点。对这批推销人员，李嘉诚亲自上台培训，讲他对这些质地优良的中成药的信心，分析如何让那些不肯买账的人们了解中成药的价值和效能。

以英国为桥头堡，李嘉诚的推销员队伍很快覆盖了英美法德等国家。他们一边介绍和推介中国的中成药，一边又不失时机地选择有利地区开设中药零售商店。很快，凭借着雄厚的资本和在零售行业多年的经验及管理能力，"和黄药业大药房"收购和开设了1000多家连锁店，其中在英国就有700家，兼营中西药。药店的中药主要是国内生产的中成药，比如同仁堂的六味地黄丸、白云山的板蓝根、穿心莲等等。有趣的是，当地有人将板蓝根冲剂比作"中国咖啡"，一遇上感冒发烧就冲上一杯。完善的分销渠道为中药走向世界提供了条件。

2006年5月，和记黄埔将旗下和黄中国医药科技有限公司分拆后，在伦敦证交所独立上市，成为首家进入英国资本市场的中药企业。这个时候，李嘉诚不再满足于只做销售，内心的中医药梦呼唤他向更高的方向挑战。他选定了癌症这个最难的挑战方向。为了抗癌药的研发，李嘉诚先后投入了43亿，和黄医药旗下因此集聚了400多名顶级医药科学家。虽然投入很大，但很长一段时间里，李嘉诚眼前看不到一点回报，更糟糕的是，因为在研发上的持续投入，和黄医药的利润报表越来越不好看，后来，开始出现亏损。2017年，亏损额达到了1.8亿，2018年亏损额达到了5个亿。但因为有梦想支撑着，李嘉诚一直坚持着。

近几年，陆陆续续有和黄医药新品问世的消息，不过，真正有力度的市场化新品还一直没能普及开来。投入大、回报周期长，这是李嘉诚一般的生意思路，并很少有失手的时候，中药领域的这笔投资会否有守得云开见月明的一天呢？和黄医药的未来值得我们期待，和黄的抗癌药更值得我们期待。

盯住会下金蛋的鸡

我是一个纯粹的商人，不要用那些空洞的道德来衡量我。如果不能做一个成功的商人，那我的职业是失败的，人生也是残缺的。

——李嘉诚

投资巴拿马运河，是李嘉诚在海外投资中最受争议的投资，堪称李嘉诚史上最惊心动魄的一次投资，但也再次验证了李嘉诚目光如炬和高瞻远瞩。

1999 年 12 月 31 日，美国将巴拿马运河归还给巴拿马，结束在这个中美洲国家的 96 年驻军。巴拿马运河是通过巴拿马地峡沟通大西洋与太平洋的通航运河，西连太平洋，东接大西洋，它的开通大大缩短了两大洋之间的航程，与苏伊士运河、马六甲海峡齐名，都具有世界战略意义，因此素有"世界桥梁"之称。

在美国前总统西奥多·罗斯福极力推动下，巴拿马运河于 1914 年正式建成。修建巴拿马运河在当时是一个极具挑战性的、费时费力的工程，雇用了数十万名来自世界各国的劳工挖凿运河，其中包括 400多名中国劳工。工程前后耗时 30 年，当时的条件十分艰苦，在没有现代化设备的帮助下，工人们用汽铲和挖泥机在丛林、沼泽和坚硬的岩石中挖掘。美国投入这么大的精力，之后巴拿马运河自然也在美国的掌控之中。

在美国归还巴拿马运河之前，也就是1997年，李嘉诚通过国际竞标，获得了对巴拿马运河太平洋一端的巴尔博亚和大西洋一端的克里斯托瓦尔两个港口长达25年的管理权。此举让美国人惊慌了。

巴拿马运河对美国的战略意义和经济价值都很大。运河开通后，美国不必再绕道美洲南端，从东海岸到西海岸的航运距离缩短了8000海里。如果从经济角度来看，每年至少省800亿美元。巴拿马运河对美国的军事价值同样重要，朝鲜战争及越战期间，美国就是利用巴拿马运河输运武器装备的。

李嘉诚"染指"巴拿马运河，这个"小动作"让美国人感到不安。美国有关人士担心，李嘉诚的和黄公司可能紧紧控制这条兵家必争的水道，倘若开战，美国的庞大舰队会被李嘉诚堵在狭窄的运河里面，进出不得。美国参议院多数党领袖曾经耸人听闻地指责美国政府将套在脖子上的绳索交给潜在的战略敌人的盟友。

一时间泰山压顶，美国国会及各界为此争论不休。其实，和黄公司仅仅是管理巴拿马运河装卸货物的集装箱码头，并不管运河航运或控制船只进出运河，更加没有机会操控船闸升降，也不参与巴拿马运河的总体运作。也就是说，和黄只负责港口装卸货物，不负责开闸关闸，也无权过问闸开闸闭，货物上落与船闸关闭毫无关系，也就不存在控制巴拿马运河一说。

李嘉诚在多个场合表示，和黄集团在巴拿马运河只是进行一项集装箱业务的投资，与控制权并不相干。他强调，和黄集团只是在巴拿马经营集装箱业务的商业公司之一，同一些美国公司和中国台湾公司相比，和黄甚至不是最大的集装箱经营公司。

1999年10月21日，在记者会上畅谈和黄"千亿卖橙"壮举时，突然有好事的外国传媒记者问到和黄取得巴拿马运河两端港口控制权所造成的小风波，李嘉诚打了一个绝妙的比喻：

> "好比你在香港的海底隧道附近、港岛及九龙区均各拥有物业，可以说你这就是控制了红磡海底隧道吗？"

李嘉诚表示，和黄于巴拿马的港口并不是最大的，自己无意也根本就不可能控制巴拿马运河，他本人从未有除赚钱之外的特别意图。

巴拿马港口局前局长乌戈·托里霍斯曾出来力挺李嘉诚，公开称和记黄埔是一家纯粹的商业公司，不仅在巴拿马，而且在英国和世界其他地方也经营港口，这家公司经营巴拿马运河的港口决不会威胁运河的安全。

2001 年 1 月 17 日，美国国务卿鲍威尔亲口否认李嘉诚"控制"巴拿马运河存在威胁。这场威胁论才平息下来。

事实上，美国之所以这么危言耸听，拿李嘉诚说事，是因为他们不愿为运河改造埋单，又怕别人在自己的卧榻之侧动手脚。巴拿马运河狭窄的航道早已无法满足需求。过去，通过巴拿马运河的船舶必须要满足长约 320 米、宽约 33 米、吃水约 13 米以内的条件，即"巴拿马极限"，这在航运业造就了专门的巴拿马型船。拓宽运河的议题也早已提出，美国自己不愿意出资，巴拿马政府只好自己四处筹资，李嘉诚就是其中的对象之一。美国在建造运河时享受到了红利，等到自己拱手让出时心有不甘，才制造出了那么多阴谋论。

2005 年 10 月，和记黄埔集团巴拿马港口公司与巴拿马政府签署一项协议，追加投资 10 亿美元，用于巴拿马运河港口扩建工程。巴拿马运河改造工程正式启动，历时 9 年才大功告成。项目总耗资 55 亿美元，而李嘉诚则投资超过 10 亿美元。

有趣的是，2006 年 3 月，取消敌视态度之后，美国政府决定雇用李嘉诚旗下的和记黄埔有限公司，协助检查运进美国的外国集装箱是否装有放射性核物质，这是美国第一次允许外国公司来操纵美国给安全检测部门装备的放射性扫描探测器。根据美国政府与和记黄埔签订的合约，美国将雇用和记黄埔公司在离美国 65 英里的巴哈马港检测运往美国的集装箱，在巴哈马海关官员的监督下，和记黄埔的雇员将会操纵类似于卡车的放射性扫描探测器，从集装箱货轮周围缓慢行驶，从而检测出集装箱内部是否装有放射性物质和武器，整个设备自动运转。如果发现可疑物质，报警器就会将信息直接反馈到美国的反恐中心。合约金额为 600 万美元，合同期满后双方愿意可以再延长 3 年。根据美国政府官员透露，这也是美国第一次在没有美国海关人员在现场的情况下在一个外国港口使用美国的放射性扫描探测器。

回过头来，让我们看看李嘉诚顶着政治压力投资巴拿马运河看中的是什么：

其一，巴拿马收复运河以后，对运河的管理，由原来的半商业半军事化改为纯粹商业营利性运作。且收费标准一涨再涨。尽管这样，仍然挡不住熙熙攘攘的船来船往。据说，平均一天收入高达 200 万美元。

其二，巴拿马是全球著名的避税港，吸引着全球离岸资金涌入。巴拿马对境内离岸企业的海外运营收入实行免税，运河带来的大量离岸交易使得巴拿马成为全球第二大海外公司注册地，超过 100 家国际银行都在巴拿马城设有办公室。

也就是说，巴拿马运河相当于一只产金蛋的鸡，和黄在巴拿马港口的投资是可以长期坐享其成的。富不与官斗，此番李嘉诚之所以冒着政治风险投资巴拿马运河，看重的就是这长远且稳赚的收益。不然，按照他的一贯作风，早就放弃了。

第九章

冷静自持：过犹不及，知止不败

　　许多人总是觉得李嘉诚赚钱非常轻松，不过普通人却学不会李嘉诚的赚钱法则。其实李嘉诚的赚钱方式很简单，所有的投资都是低买高卖。其实这也是做生意的基本法则。李嘉诚跟常人唯一的不同是，他更有意志，面对失败、面对成功、面对诱惑、面对威胁，以及面对不理解和批评指责时，尤其如此。

失败的项目当断则断

做生意，我一定会想，有没有足够气力由 A 到 B？还会想，到了 B 之后，我还有气力划回来吗？

——李嘉诚

开车的人都知道，踩刹车是开车最重要的操作环节之一，技术高超的老司机的一个重要评判标准就是他能在恰当的时间点及时踩刹车。李嘉诚在投资环节就是一个很懂得踩刹车的老司机。

1992 年，和黄通过收购一家英国的电讯公司，开始涉足英国的电讯市场。它首先推出了 CT2 电讯服务，因为这个项目只能打出却不能打入，跟同时期的电讯服务技术比起来显得逊色些，因此，CT2 电讯服务无法吸引客户的兴趣，市场反应冷落，前期积累客户不到一万，不及预期的五分之一。而这一项目建设总投资额近百亿，包括搭建电讯网络和其他辅助投资。这一项目何去何从呢？李嘉诚看到前期试水的败绩，决定果断止血，取消了这个项目，为此留下了 1462 亿港元的负债。

不仅如此，李嘉诚认为 CT2 项目发展空间有限，主张卖盘、全线撤退。进而，从 1992 年年中起，和黄关闭在中国台湾、孟加拉的 CT2 业务，退出澳洲等 3 个流动电话网络的竞投。当时负责 CT2 项目的马世民不肯认输，他认为现在匆忙下结论为时过早，CT2 项目或许会出现转机。当时的马世民担任和记黄埔董事总经理，在很多重要项目上参与决策，李嘉诚对他很信任，不过，在这个问题上，李嘉诚却寸步不让，他觉得失败的事业就应该当断则断，生意多得是，与其花费大精力去挽救一桩亏损的生意，还不如选取一项前景看好的事业重新开始，因为扭亏花费的精力往往不能与收益成正比。两人为了这事甚至吵了起来，不过，最终李嘉诚也没动摇。

在自然界，被猎人的捕狼夹夹住了后腿的狼，首先会奋力挣扎，往往它越挣扎，夹子夹得越紧，无奈之下，狼会嚎叫求救，求救无果的时候，狼会在猎人出现前，果断咬断自己的后腿，这样，它就可以用三条腿支撑着身体离开，不至于被猎人捕获。虽然失去了一条腿，却保住了生命，这里体现的就是李嘉诚当断则断的智慧。

对于失败，李嘉诚说过这样一段话。

"从前我们中国人有句做生意的老话：'未买先想卖。'在你还没有买进来之前就要先想怎么卖出去。你应该先想失败会怎么样。我在做任何项目时，都会要用 99% 的时间去考虑失败，用 1% 的时间去考虑收益。做生意一定要同打球一样，若第一杆打得不好的话，在打第二杆时，心更要保持镇定及有计划，这并不是表示这个会输。就好比是做生意一样，有高有低，身处逆境时，你先要镇定考虑如何应付。"

正是因为心理早就有了失败的准备，李嘉诚往往能从容地接受失败，并很快从失败中抽身出来，迎接新的挑战。

2003 年，和黄在环球电讯收购战中又一次表现出了当断则断的潇洒。环球电讯收购战的整个过程可说是一波三折。20 世纪 90 年代末，全球电信业进入繁荣期，美国环球电讯异军突起，成了美国企业界的一颗明星，市值一度高达 800 亿美元。环球电讯雄心勃勃地要称霸全球光纤通信市场，很快，业务就覆盖全球 27 个国家和地区，光纤网络长达 10 万英里。可惜的是，光纤网络容量严重过剩令整个市场趋于崩溃，时间不长，环球电讯就陷入财务困境，仅在 2001 年第三季度就损失了 34 亿美元。无奈之下，环球电讯在 2002 年 1 月提出破产申请。

和记黄埔和新加坡科技原来就是环球电讯的合作伙伴，曾合资开发过一些电讯项目。两者联手提出收购计划，打算以 7.5 亿美元收购环球电讯 79% 的股权。不料，环球电讯债权人认为他们的出价太低，双方无法达成协议，和黄与新加坡科技只好宣布退出收购。谁知，电信市场继续低迷，形势不断恶化。环球电讯在多次延长接受竞投股权的限期后，最终还是否决了其他新的方案，并于 2002 年 8 月与和黄和新加坡科技达成新的收购协议，按照约定，它们这次仅以 2.5 亿美元收购环球电讯 61.5% 的股权。

这项收购协议先是获得了美国破产法院的批准[1]，后来，又获得欧盟委员会的许可，并取得了美国反垄断监管部门的批准。出乎所有人的意料，在最后环节，美国国防部却提出了异议，他们认为和黄集团与中国政府关系密切，可能会听命于中国政府，而环球电讯为美国司法部、中央情报局和美国联邦调查局传输数据，这项收购可能威胁国家安全。

为了争取美国国防部的同意，和黄做出退步，准备修改收购计划，放弃环球电讯的管理和决策权，改任"沉默的股东"，对此，美国国防部做出的回复是将对这次收购展开新一轮为期 45 天的调查。

---

[1] 被指威胁美国国家安全，和黄不能收购环球电讯，http://news.sohu.com/10/06/news206680610.shtml。

在这种局势下，和黄做出了退出决定。一方面，和黄大度地表示，体谅美国"9·11"事件后的谨慎态度，美国视电讯基建为一个重要的防御堡垒，这是无可厚非的。另一方面，和黄欣然接受退出收购战的损失，因为在收购协议中没有任何有关"分手费"的建议，所以和黄主动退出不会得到赔偿，为此要损失4亿美元的准备金。

不过，也正是因为放弃收购环球电讯，和黄可以更加专注于3G业务的发展，而3G业务的发展空间是不可限量的。对李嘉诚来说，得失相连、祸福相依，一时失手换得一个更好的发展机会，这种失败能算失败吗？或许叫它战略性的退步更加合适。

做 80% 的人看不懂、坚持不了的事

一件衣服被我穿上了，80% 的人都说好看，那我一定会买！一个生意机会被我遇上了，80% 的人都说可以做，那我绝对不会去做！我深信世界上的 2/8 定律，为什么世界上 80% 是穷人，20% 是富人？因为 20% 的人做了别人看不懂的事，坚持了 80% 的人不会坚持的正确选择。

——李嘉诚

翻看 2006 年左右和黄关于 3G 的信息，我们很容易就能听到媒体集体唱衰的声音。

有的说，"一再亏损的 3G 业务让李嘉诚苦不堪言"；有的说，"一向对人守信的李嘉诚，在 3G 转亏为盈这件事上失信于人了"；有的说，"3G 失利让超人跌下神坛"。3G 业务之于李嘉诚到底意味着什么呢？

李嘉诚"低买高卖"的投资手法一直被人津津乐道，在进入地产界之初，他采取了人弃我取的投资策略，一跃成为了地产大王。在后来迅速扩张的日子里，他一般选择在市场低迷时投资购买，过了低迷期就高价抛售，这一高一低之间的差价就让他赚得盆满钵满。对于 3G，李嘉诚同样先人一步，在别人还没意识到这是一个商机的时候，就果断介入。

李嘉诚比其他运营商更早看到了 3G 存在的商机，他说：

"我个人对全球电信业务很有兴趣，而且时刻都在寻找新的发展机遇。我同样坚信，无线数据传输将成为推动未来经济发展的重要驱动力量之一。"

2000 年，和黄采用全球扩张战略和市场先行战略开始全面进军 3G 业务，不巧的是，早期开始投入 3G 的和黄，经历了欧洲 3G 牌照的高价拍卖，使和黄 3G 业务运营的成本从开始就很高。这使得"先行者"和黄并没有有效节约成本，反而付出了高昂的代价。

自全球 3G 牌照发放以来，和黄出售了欧洲所有的 2G 业务转投 3G，总共花费 102 亿美元，获得了 10 个国家和地区的 3G 牌照，业务范围发展到英国、爱尔兰、奥地利、意大利、瑞典、挪威和丹麦等国。

2003 年新加坡《联合早报》这样评价李嘉诚的大手笔 3G 投资："李先生在 80、90 年代事事顺利，快人一步，但在 3G 上他真是'赌'得很大，而且几乎同全世界'赌'，如果胜出，可能连微软比尔·盖茨及巴菲特都得退避三舍。"外界对于李嘉诚 3G 上的大手笔投资有颇多怀疑，覆盖范围如此广、投入资金如此巨大，这一次李嘉诚能 hold 住吗？

对于这个问题，从当时的市场形势看，人们很难给出正面的答案。2002 年至 2003 年，欧洲一些老牌运营商已经债台高筑，有些运营商则干脆停止了在 3G 网络建设领域的投资。所有人都觉得，欧洲 3G 进入了一个泡沫时代，看着繁花似锦，抓在手里的却是一场空。

对此，李嘉诚却明确表示，3G 的卖点是它集人类两大消费技术于一身，拥有移动电话加上网服务的优点，它将是未来社会的主要潮流，他对投资 3G 很有信心。然而，踌躇满志的和黄却并未如愿获得丰厚的利润。

虽然备受关注，可当时 3G 并没有一下子就普及开来，和黄作为"先行者"，自然得承担起培育消费者的责任来，而这个过程是漫长而艰苦的，这让和黄陷入了艰苦卓绝的盈利持久战中。

有关数据显示，2002 年，和黄的 3G 业务亏损 20.7 亿港元；2003 年，亏损 183 亿港元；2004 年，亏损已扩大到 370 亿港元……到了 2006 年，和黄在全球的 3G 网络投资已经超过 270 亿美元，随着亏损持续增加，和黄的全球 3G 用户也在稳步增长，这时用户总额达到了近 1200 万，和黄一直寄希望于随着 3G 用户规模的不断扩大，不断增长的销售额将逐渐抵消其运营成本及通过特殊促销手段吸引新客户的成本[1]，可以使自身的 3G 业务接近盈利的临界点。原本和黄预计 2006 年能达到利润和成本持平，可 2006 年的数据显示，和黄 3G 业务仍旧处于连年亏损中，和黄只好又往后推迟到 2008 年上半年。

正是因为转亏为赢的时间点一再推移，媒体这才出现了一片唱衰的声音。之前，李嘉诚面对失败的项目当断则断，这一次，有很多人劝他不如及时止损，不料，李嘉诚这次却很坚定：3G 的春天肯定会到来，无论如何都要坚持下去。

坚持下去，说起来简单，可真正要做到却是难如登天，持续多年的巨额亏损，一般人或者害怕承担，或者从根本上就承担不起。对此，李嘉诚可说是竭尽了全力，做了各种尝试：

2004 年 1 月 28 日，和黄宣布将香港的固定电话业务注入中联系统控股有限公司（下称"中联系统"），借壳上市。为解决 3G 后续资金问题，李嘉诚的第一步是分拆旗下主要的电信资产上市，一方面融资，另一方面尽量将 3G 业务的影响孤立化。进一步的，李嘉诚开始分拆 2G 业务上市。分拆之前，市场普遍预期和黄会将 2G 业务注入和记环球，但是，李嘉诚却选择了将 2G 业务独立上市。2004 年 10 月

---

[1] 和黄发展 3G 六年痛苦而光荣的开拓史，http://it.sohu.com/20061102/n246148790.shtml。

15 日，新分拆出来的和记电讯国际上市，和黄持有 70.16% 股权。通过这次分拆，和黄获得特殊盈利 41 亿港元。

2007 年 2 月，和黄以 111 亿美元的现金，外加 20 亿美元的债务将印度 2G 业务卖给了英国沃达丰，以贴补 3G 业务的亏空。当时，2G 业务正处于盈利期，印度市场的前景也正处于上升期，李嘉诚的取舍让很多人又一次感叹他不按常理出牌。其实，他的初衷很简单：眼光放在未来，把资金投入到盈利能力更强的项目上，这一直是李嘉诚在资本市场叱咤风云多年的秘诀所在。

在一而再再而三的推迟盈利时点后，李嘉诚终于等到了柳暗花明的一天。2010 年，3G 的春天终于到来，和黄 3G 业务息税前盈余约 29 亿港元，首度出现盈利，和黄 3G 终于熬过了培育期，开始反哺集团，成为和黄新的利润来源。

李嘉诚是以怎样的意志一直支撑到 2010 年的呢？在一次采访中，李嘉诚说：

> "在逆境的时候，你要问自己是否有足够的条件。当我自己逆境的时候，我坚定地认为我有足够的资本！"

"先行者"不慎成"先烈"，这是许多积极投身潜力新领域的企业经常出现的情况。李嘉诚凭借着强大的资本优势和坚定的信心，最终成功跳出了这个怪圈。

永远让脑袋和市场接轨

全世界很多企业之所以失败，最少一半都是因为贪婪。最重要的是，心不能满。有人做了比喻，即使你是最成功的，你也只是98摄氏度、99摄氏度热水，离沸腾的100摄氏度永远有距离。

——李嘉诚

李嘉诚也是人，他的经营中，有卖橙这种业绩神话，也有铩羽而归的时候，百佳就是其一。

2000年年初，百佳宣布正式退出上海市场，这个时候，它在内地的所有门店仅剩下10多家散兵游勇，在与沃尔玛、万客隆等中外零售商的多线碰撞中，输了个彻底。要知道，几年前，百佳也曾有过辉煌时刻，1994年，百佳进入上海，它曾经一口气在上海开了21家店，但由于水土不服，经营模式不当，加之政策限制等种种因素，1996年，百佳出现经营问题，旗下门店陆续关门，到了2000年年初，已经呈现出全面的颓势。

百佳的未来应该如何呢？它的面前有两个选择：一是关掉所有门店，彻底撤出国内市场；二是重整旗鼓，从头来过。李嘉诚始终认为：内地广袤的市场腹地及日益壮大的中产阶层，将成为保鲜干净舒适的现代超市最基本的消费群。而且这一群体不是在萎缩，而是在不断壮大之中。考虑到这些后，李嘉诚做了一个决定，他把百佳的负责人英国人艾一帆找过来，严肃地叮嘱他："我给百佳最后一次机会，你一定要把它救活。"

艾一帆临危受命、披挂上阵，面对百废待举的百佳，该如何入手呢？

艾一帆接手百佳后，做的第一件事是耐心分析市场情况。经过分析，艾一帆发现，当时百佳失败的主要原因是不了解内地消费者的消费习惯，它进入内地后，照搬了香港的模式，以"小超市＋限量新鲜食品为主"的模式运营，它的食品多是价格高昂的进口商品，这对于刚刚解决温饱的内地市场来说，显然是不适合的。另外，当时内地消费者更倾向于到体量庞大的综合商超里购物，小超市很难进他们的眼。

"我们不能改变消费者，我们要为消费者而改变"，艾一帆找到了失败的原因，开始围绕"顾客"改变百佳。

在李嘉诚的全力支援下，2000年百佳全面调整模式，新模式从"认为消费者需要的东西"转变成"满足消费者真正需要的"，百佳开始主打"新鲜市场"（即生鲜熟食为经营主体的购物超市）的新形象，并且，百佳更加讲究购物体验的舒适、食品的新鲜，并十分注重创新。另外，百佳针对不同市场和消费者的需求，形成了购物广场、超级广场和超级市场三种业态。

调整模式后的百佳很快发展成为最有竞争力的零售企业之一，2003年，艾一帆因为在百佳的业绩，升任为百佳所属屈臣氏集团的行政总裁。2004年，百佳在内地店铺总数达到三十二家，全年销售额为28亿元，比1999年翻了2.5倍，年平均增长近33%。

李嘉诚将百佳的成功转型归功于公司上下吸取了失败的教训，他从中看到，经营模式一时的成功不等于一劳永逸，而某一区域的经营在某一特定时段的失败也不代表整个行业的失败。

和黄的零售系统有三个级别：和黄—屈臣氏—百佳和其他。对于百佳来说，和黄集团对它最大的帮助是什么呢？在一次采访中，艾一帆这样回答："在10多年前，集团对百佳有过资金上的资助，但现阶段百佳已实现盈利，根本无须跟集团申请资金。除了资金，集团对（百佳）管理人员的帮助和培养更多，作为一个大的集团，和黄可以引进更好的理念。"[1] 以李嘉诚为首的和黄管理层对百佳管理人员理念上的带动被他视作是最大的资助。

李嘉诚曾再三告诫艾一帆：

> "当我们在建立自我成功的同时，永远不要忘记追求无我，常常抱着为民族和人类做出贡献的良愿，当有能力及有意愿对社会竭尽一己之责，我们必能创出希望和有效的变革，打造一个公平、公正、充满自由动力和快乐和谐的社会。"

"为社会竭尽一己之责"，这是李嘉诚为旗下零售企业确定的基本理念。

随着店铺越开越密，价格战在所难免。百佳也开始以低价谋求市场份额，但是，李嘉诚要求百佳，打价格战可以，但一定要打得有原则：不做假宣传，不标假价格，承诺保障食品安全，给顾客最好的质量，最好的服务，还包括最好的售后服务，而不仅仅是停留在口头上的最好的承诺，也就是说，价格战是有理、有利、有力的。

现实中，许多零售企业常说要以消费者为上帝，但做出来效果却各自不同，这就是因为他们没能在所有环节的执行过程中都坚持"顾客至上"的原则，李嘉诚叮嘱手下的管理人员，为一时之利愚弄顾客

---

[1] 艾一帆：力争第一是百佳永远的目标，https://www.docin.com/p-1416911108.html。

最终愚弄的只有自己。

到了 2006 年，百佳又暴露出了各种经营问题，在强劲对手的包围下，因为没有出奇制胜的绝招，百佳又开始走下坡路。不过，从百佳总结出的超市经营理念在一定程度上成就了屈臣氏。

在稳健基础下力求进展

身在瞬息万变的社会中，应该求知，求创新，加强能力，在稳健基础下力求进展，居安思危。无论你发展得多好，你时刻都要做好准备。

——李嘉诚

随着和记黄埔并入李嘉诚旗下时，屈臣氏的名气还不大，在综合性零售商领域和药妆或化妆品等细分市场上竞争优势都不是很明显。为了改变屈臣氏的现状，李嘉诚虽然没有零售的经验，但是他结合自己驰骋商场的多年经验，为屈臣氏开辟了一条新的发展道路。基于屈臣氏销售药妆和美容产品的特点，李嘉诚从细分市场入手，将屈臣氏定位为个人护理店，并将它做成行业第一。

李嘉诚认为不论是在品牌定位上还是市场定位上，都要争做第一，如果不能，则要在细分行业中做到第一，如果连细分行业都不能做到第一，那就自己重新定义一个新行业，在这个行业里做第一。在他的治理下，屈臣氏慢慢地稳步发展。到了 2004 年，屈臣氏开始了快速扩张之路。

2003 年，屈臣氏第 50 家分店在广东佛山开业；2005 年，第 100 家分店在广州开业；同年，屈臣氏提出了快速发展"5 年千店计划"；2006 年，第 200 家分店在广东花都开业；2007 年，第 300 家分店在江苏南京开业；2008 年，屈臣氏店铺数量突破 400 家。

屈臣氏快速扩张的背后是不断变化、不断创新的支撑。商场如战场，无论是企业内部环境，还是外部市场，每时每刻都在发生着变化。作为一个商人，必须在实践中根据实际的市场环境灵活变通。经营者想要自己在多变的市场中立于不败之地，必须审时度势，不断变换招数，也就是我们常说的"以不变应万变"。李嘉诚在经营屈臣氏时处处体现着"变"的到位。

第一，定位创新。李嘉诚对屈臣氏的消费群体进行重新定位，将 18~35 岁的都市白领女性作为消费主力军，针对白领女性时尚、爱美、工作忙、消费潜力大等的特点，公司拟定了"个人护理专家"的宣传宗旨，在这里，女性可以在舒适的环境中选择多样性的品种。

第二，营销创新。李嘉诚为了扩大品牌号召力，在营销方式上做了多种尝试。2003 年年底，屈臣氏成功支援中国儿童少年基金会实施"春蕾计划"，通过开展爱心购物行动，增强品牌美誉度。2004 年，屈臣氏蒸馏水第五次赞助世界网球冠军挑战赛。此外，屈臣氏还赞助了澳门格兰披治国际汽车大奖赛、世界网球冠军挑战赛等大型比赛活动，不但孕育了不少体育精英，也展示出了屈臣氏的专业精神，并将自己的产品与体育赛事结合起来，尽显品牌的时尚与活力。

第三，产品创新。屈臣氏个人护理店经营的产品可谓包罗万象，来自 20 多个国家和地区，有化妆品、药物、个人护理用品、时尚饰物、糖果、心意卡及礼品等 25000 多种，这些产品兼具新颖和贴近消费者的特征。例如，广东地区因其独特的潮湿闷热候特征，消费者对清热温补十分关注，素有喝凉茶的习惯。在这种市场需求的背景下，屈臣氏潜心研制，在市场上推出了自有的新品牌 MJ（果汁先生"Mr. Juicy"的缩写）甘蔗汁，并于 2004 年再度上市新产品 MJ 酸梅汁，全面打造具有岭南特色的清润饮料市场。

第四，管理创新。屈臣氏积极引进现代化管理方式，先行业之先，采用了先进的零售业管理操作系统，保证销售信息能迅速反馈到总店，并能根据这些讯息总结分析产品的情况，从而适时调整价格及产品品类。

第四，合作创新。屈臣氏采用收购或者合作的方式大规模拓展业务，2000 年收购英国保健及美容产品连锁店 Savers，2002 年收购欧洲的 Kruidvat 集团，2004 年收购波罗的海国家著名的保健及美容产品连锁店 Drogas，2004 年收购在德国拥有 786 间保健及美容产品连锁店 Drik Rossmann GmbH 四成股权，屈臣氏集团还与 LG Mart 合资公司，于 2005 年初在韩国开设屈臣氏个人护理商店。

现实中，很多企业畏惧变化，在创新面前却步，是因为他们认为，创新不仅需要大量的投资，而且失败的概率比较高。对此，李嘉诚认为：

> "其实很多时候创新的投资是比较小的。传统的商业模式和技术在设备更新或规模扩张的时候，如果没有创新，往往在不知不觉中失去竞争力，而今投资回报率较低，甚至为负数。那么这个损失是要远远超过创新所需要的投资的。
>
> 70 年代，我在地产销售模式上做了很多创新，其中只有一部分成功，但成功的那部分就赚了大钱。但是当时没有创新的地产公司，由于不能掌握先机，很多都被收购或破产了。"

2009 年 2 月 17 日，美国的知名杂志《福布斯》最新公布的全球权力富豪榜中，香港富豪李嘉诚名列第 11 位。李嘉诚上榜的主要理由有两个：第一是他旗下的和记黄埔控制着世界最大的货柜码头营运；第二是经营着世界最大的保健和美容产品零售连锁店——屈臣氏，这足以体现屈臣氏在国际上的地位以及影响力。李嘉诚说："公司有了

profit，但没有 cashflow，业务大都会撞板，每一个主导的人，一定要知道他的 cashflow 的情况。"对和黄系来说，屈臣氏就扮演着"cashflow"的角色，它是体系的现金牛，对其他各系统有着强力的支撑，并一直默默地发挥着自己的作用。

到了 2016 年，电子商务的兴起，对实体零售造成了极大的冲击，即使网点数量扩张，屈臣氏中国全年营收仍然下降了 3.82%，进入中国内地以来，屈臣氏首次出现负增长。屈臣氏危机、神话崩塌、实体零售寒冬……这是行业内外当时对屈臣氏负增长的普遍反应。这时的屈臣氏又一次重新起航，开始了一系列措施进行战略调整，包括装修升级老店铺、增加彩妆和日韩药妆品牌、试点共享导购项目和拓展电商渠道等。时至今日，相关调整还在进行之中。

在进行战略调整时，屈臣氏旗下门店数量多成了它最大的难题，尾大难掉的问题制约着它的变革进程。不过，屈臣氏一直没放弃努力，就像李嘉诚 2018 年在汕头大学做告别演讲时说的：

> "现代环境的新挑战，因循难立新，在平庸圈套的死胡同徘徊，徒然浪费资源事倍功半；要探求不一样的方法，才可寻找到有价值的量变。"

因循守旧只会事倍功半，求新、求异，才能永远屹立不倒。

绝不赚最后一个铜板

长江集团在全球任何地方，无论香港、内地还是外国，变卖业务的唯一原则就是遇到价钱合理的卖家。说我撤资，简直是一个天大的笑话！

——李嘉诚

在地产投资领域，李嘉诚有两句话很出名，第一句是"地段、地段、还是地段"；第二句是"绝不赚最后一个铜板"。地段很好理解，他说绝不赚最后一个铜板是在强调什么呢？

2013 年 9 月，一向被视作内地地产风向标的王石就在新浪微博发表了自己的看法："精明的李嘉诚先生在卖北京、上海的物业，这是一个信号，小心了！"一石惊起千层浪，人们开始关注李嘉诚在地产项目的动作，这一关注不要紧，人们开始心里发毛了，李嘉诚这是在闹哪样呢？

2013 年下半年，李嘉诚接连抛售他在上海、广州等地的多处地产，套现 410 亿港元。

2014 年，小超人李泽楷以 57.5 亿人民币卖了北京三里屯的地标建筑盈科中心。

2015 年，李嘉诚出售了上海普陀区的名叫"高尚领域"的综合体项目，项目估值近 30 亿美元，换算成人民币大概是 200 亿元。[1]

……

这些只是李嘉诚出售地产项目的一小部分，到了 2016 年，有人做了一个统计，李嘉诚已经从中国房地产领域撤出资金近千亿元。

李嘉诚的这一举动被外界解读为"李嘉诚在看空中国"，要知道，李嘉诚对市场形势的把握一直敏锐。2007 年中国经济持续高速发展，这也导致股票和房地产市场的双重利好，人们纷纷投身股市，希望能从中赚到第一桶金，然而李嘉诚却在这时对中国远洋、南方航空及中海集运等八家企业的股票进行了明显的减持。2007 年年末，李嘉诚更是公开表示，近期港股仍会波动，建议投资者谨慎小心。在李嘉诚密集减仓后，恒生指数果然持续下跌，2008 年年初，更是从 2007 年末的 31638 点跌到 25000 点，这让许多投资者血本无归，但是李嘉诚却在这场投资中毫发无损，并且大赚了一笔。

此时，内地的地产市场正处于快速疯长中，李嘉诚偏偏逆势出手地产项目，会不会地产市场很快就会暴跌呢？对此，李嘉诚在一次采访中说：

> "我做生意的原则，一方面是对于债务和贷款问题要非常小心，如履薄冰。另一方面，我在地产经营上步步为营。如果地产价格太高，到老百姓买不起的时候经营就有风险了。我不会冒险去赚最后一个铜板。"

李嘉诚将内地和香港房地产高价认为是接近泡沫破灭前的"最后

---

[1] 到底嗅到了什么，李嘉诚从大陆撤走 800 亿，http://www.zhuzhouwang.com/2016/1102/338515.shtml。

一个铜板”，对他来说，稳健退出比在刀尖上抢钱更加重要。

李嘉诚的思维很简单，从公司发展角度做出最有利于自己的取舍，这本是无可厚非的。他也没想到，撤资这事，外界会跟"爱国"联系起来，对他颇多指摘。

2015年9月，一贯低调的李嘉诚破天荒地开始公开回应"撤资""不爱国"等质疑，他不仅直接面对媒体，还把媒体邀请到自己的办公室里，开诚布公地给公众一个交代。李嘉诚直截了当地说：

"说我从内地撤资，这些人连基本的经济知识都没有。我们在中国南海还有一个高达400亿的项目，出产天然气，这个项目还会继续加大，这个规模是很大的。去北京看看东方广场，我们是最大的股东。"

其实，李嘉诚撤资除了风险上的考虑外，还有更多的不得已。不论是内地还是香港，李嘉诚的事业发展都跟大环境息息相关。

20世纪80年代，在内地改革开放的引进外资政策下，李嘉诚借着改革开放的春风，进军内地市场，那个时候，他可以说是顺风得意，顺风顺水，曾经一度成为各级政府争相邀约的投资商，得到了在批地和税收等各方面给予特殊照顾。可是，随着内地的崛起，港资的助力作用日渐式微，"李嘉诚"们在内地所受的待遇渐不如前。更进一步的，内地提倡全面激活中国中小企业发展活力，房地产行业受到的指责颇多。

另外，在香港，李嘉诚也感觉情况有了变化。不知从什么时候起，香港媒体开始炮轰"资本主义"，因为香港人住的房子、用的电、上班的写字楼、干活的码头、购物的零售店，打电话、看电视……不论直接还是间接，香港人每赚一分钱、每花一分钱都撇不开与李嘉诚的关系，社会上出现了各种要逃离"李家城"的说法。在这些舆论攻势下，李嘉诚从早先的香港商界领袖、草根教父级人物，变为"地产霸权""行业垄断""盘剥压榨"的可恶资本家。2013年3月，李嘉诚旗下的货柜码头就发生了大罢工，工人将矛头指向了李嘉诚，视他为奸商、吸血鬼、万恶的资本家，这给李嘉诚造成了很大的心理打击。

李嘉诚说不赚最后一个铜板，一方面，他不想冒险赚市场波动下的最后一个铜板，另一方面，他也不想赚经济大趋势下的最后一个铜板。因为他要对股东负责，要对员工负责，他承担不起任何不可控制的风险，因此，在市场形势还一片大好、经济趋势还没有出现下滑势头的时候，他急流勇退，果断撤出。

随后几年，内地房产价格持续走高，很多人感叹，李嘉诚晚卖几年会多赚多少多少，说超人也有与资本擦肩而过的时候，其实，超人也是人，他无法把握未来，他能做的只是把握自己而已。

在一次汕头大学的见面会上，有学生问李嘉诚对中国传统文化中的儒家之道、道家之道的认识，李嘉诚回答说：

> "其实儒家中最简单的就是孔子说的'过犹不及'，还有老子讲的'知止不败'，这两个治学都是非常有用的。'过犹不及'是说如果你过度的扩张，容易出问题。你过度的保守就不容易和人家竞争。任何企业和行业，过度扩张是不好的，所以什么时候应该停止，什么时候应该扩张，把握准了，就做到了'四两拨千斤'。怎么样从小型企业过渡到中型企业，怎么样从中型企业再扩大一点，扩大 50% 而不影响资金，这都是一个学问。"

过犹不及，也就是说不贪心，无数事实早就证明了这个道理：贪婪最终都不会有好结果。杜绝贪婪，也就是要做到"知止不败"，做任何事都给自己设定一个底线，到了底线，不论有怎样的诱惑，该停止就停止。这就是李嘉诚的成功奥秘，道理简单而直白，只是很少有人能真正做到。

找到一个始终赚钱的业务

我每天 90% 以上的时间不是用来想今天的事情，而是想明年、五年、十年后的事情。

——李嘉诚

李嘉诚抛售了中国内地地产后，到手的钱流到哪里去了？

2010 年，在李嘉诚的统筹下，长江基建、电能实业和李嘉诚基金会三者联手出击，打败了由澳大利亚麦格理、阿布扎比投资局和加拿大养老金抱团组成的强大对手，以近 60 亿英镑的价格抢购下了英国电网业务。通过这一运作，李嘉诚一举掌控了英国十分之一的天然气市场和四分之一的电力市场。随后，不到一年时间，李嘉诚又以 52 亿英镑收购了英国自来水供水公司，紧接着又以 6.45 亿英镑收购威尔士能源公司公司，之后，又买进了英国电力网络和多个英国优质港口。

一系列运作下来，李嘉诚在英国拥有零售、港口、铁路、天然气、电气公司、水处理公司、电信公司等，他的投资触角几乎伸到英国每一个领域里，让外界忍不住惊呼："李嘉诚买下了半个英国！"

除了在英国的重拳出击，李嘉诚在其他欧美地区也砸下重金，大举抄底。比如，在加拿大老战场，2011 年他再掷 7.18 亿港元收购了加拿大国家热电厂；2012 年以 9.69 亿港元收购了以色列电讯商 Scailex

公司，同年又再砸 2.681 亿港元建设澳大利亚电力输送网络；2013 年投资 200 多亿港元收购了新西兰和荷兰的能源公司。

这一系列大动作清楚地表现了他的投资策略——"撤东向西"，把投资重点转移到西方，重点之中的重点，他选在了英国。李嘉诚曾经向英国《金融时报》这样表述自己的投资准则：

> "在决定优先（投资）场所时，有几个标准对我很重要：法制法规、能保证投资的政治稳定性、宽松的生意环境以及良好的税收结构，这些都是重要特征。"

其实，早在 2008 年金融危机爆发时起，李嘉诚就有了将主战场转移到欧洲的想法，当时李嘉诚就认定卷入危机漩涡的欧洲如同 1967 年时的香港，是抄底的最好目标。另外，因为英国的政治环境相对稳定，它还拥有良好的经济环境、完善和成熟的法律、财务制度，况且，它的整体经济很快就出现了改善的迹象，因此，李嘉诚将英国视为了最理想的投资地点之一。

李嘉诚看好英国，与他同时代的富豪们也看到了欧洲投资的机会，只不过，他们依照之前的惯例，把目光放在了房地产上。这一次，李嘉诚又一次出人意料，他没有碰自己最熟悉的地产业务，而是把投资重点放在了基建、公用设施、通讯等领域，这些业务的最大特点是能持续长期回馈利润，稳定的现金流输出有助于商业做好长短的搭配，不用依赖于外部融资，就能实现更长远的发展。

2014 年 11 月，英国首相卡梅伦在英国工业联合会演讲中提出，英国需要"合理地控制来自欧盟以及世界其他地方的移民"，英国开始逐步收紧移民政策。随着移民政策的收紧，外来的地产投资项目受到了很大的冲击，这时，那些跟李嘉诚一起抄底欧洲，却选择了地产领域的人又一次忍不住感叹李嘉诚的超人能力。

然而，事情很快急转直下。2016 年 6 月 24 日，英国全民公投决定退出欧盟，多家外媒称当天为英国的"独立日"。这个英国举国欢庆的大日子里，李嘉诚却笑不出来。这个时候的李嘉诚刚刚完成了英国的全面布局，有数据显示，李嘉诚这时 56% 的投资在欧洲，其中有 37% 在英国。[1] 在英国脱欧公投结果公布后的一个交易日内，英镑兑美元汇率暴跌 10% 左右，这令李嘉诚在英国近 4000 亿港元的资产损失惨重，同时他旗下的 4 家上市公司在两个交易日累计蒸发 714 亿港元！

很快，网上出现了不少嘲笑李嘉诚的言论："超人"已经老了，眼光已不复当年了。老超人"撤东向西"，中国的房子涨了 50%，西边的资产缩水 20%，李嘉诚这一下得亏损上千亿港元。

对英国脱欧这件事，李嘉诚却很淡定，他说："即使英国脱欧，也不会是世界末日。"言下之意，早就对脱欧有了心理准备。其实，不论英国脱欧与否，李嘉诚都视"撤东向西"为自己的最佳选择。

在一次见面会上，李嘉曾跟郭广昌、马云、冯仑等商界大佬分享自己多元经营却稳赚不赔的一条铁律：手头上始终要有一样核心产品，即使天塌下来你也是赚钱的。李嘉诚口中的"天塌下来也能赚钱的产品"指的是能输出"稳定的现金流"的产品。正是在这种思维下，在英国的投资他聚焦在了基建、公用设施、通讯等领域。无论世界怎么变化，人们总是需要喝水、用电、用天然气、打电话的，只要老百姓要过日子，这些领域就能赚钱。这样的投资让他觉得最安全，而安全也是李嘉诚最看重的。在一次采访中，李嘉诚就说过这样的话："商人的首要目标是让资本更安全，其次才是增值。"

---

[1] 傻眼了！英国脱欧，李嘉诚怒亏数十亿还不是最惨的，http://business.sohu.com/20160627/n456419784.shtml。

商人的本性是追逐利润[1]，李嘉诚对自己的要求是安全地追逐利润。他在金融危机以后，欧洲的投资风险已经充分释放，资产价格处于低位的时候，果断抄底，无论有什么意外情况出现，他的做法都是抓住了最好的时机。而亏损只是暂时的，也是李嘉诚最不看重的，他看重的是二十年、三十年后的未来。退一步讲，李嘉诚将手下资产进行最安稳的配置，这也为他后期退休打下了基础。

---

[1] 抄底英国亏损数百亿？李嘉诚唯有自食苦果，http://dy.163.com/v2/article/detail/C34ES4960519AE2N.html。

第十章

永不满足：保持谦卑，心系未来

　　曾经一度，亚洲的经济评论家们一致认为，在知识经济即将到来的时代，香港以李嘉诚为代表的那些靠地产、航运、港口致富的传统型富豪，将很快被时代所淘汰。但事实证明，他们错了。李嘉诚以一副谦卑、谦恭、谦虚的心积极拥抱新时代的挑战，这让他的事业出现了无限的可能。

商人最可怕的是自我满足

一个总司令，是一个集团军的统帅，拿起机关枪总不会胜过机关枪手，走到炮兵队操作大炮也不如炮兵。但作为集团军的总司令不要管这些，只要懂得运用战略便可以。

——李嘉诚

生活中，身处高位的人，身边都是敬佩、吹捧的人，很容易就产生自我满足的心理，这种心理下，人们很容易故步自封、固执己见。李嘉诚几十年头角峥嵘、荣耀无双，可他却没一点自我满足心理，他说：

"若要向前迈进，必须具有危机感的态度，不能因为长期生活在比较富裕的情况下而形成自我膨胀的心态，忽视其他地方的潜力和优势只会僵化自己。

我非常喜欢看书，追求最新的科技知识。我非常留意与自己从事行业有关的新信息和发展转变，无论做什么生意，你一定要喜欢它和爱它，这样才有进步。"

之前我们也讲过，李嘉诚有一个习惯，他晚上睡觉前一定要看半小时的书，了解前沿思想理论和科学技术，他所读的书，除了小说外，文、史、哲、科技、经济方面的书都在他的涉猎范围内，他这个习惯坚持了几十年。李嘉诚说：

> "我从不间断读新科技、新知识的书籍，不至因为不了解新讯息而和时代潮流脱节。"

广泛的学习让李嘉诚能更好地把握时代的脉搏。在地产领域收获了大量现金流后，1999 年起，李嘉诚对全球电信业、IT 业、生物制药等新兴产业表现出了极大的兴趣。就是在这一年，在李嘉诚的支持下，他的长子李泽钜通过长江实业、和记黄埔开始共同投资网络，李泽钜花费近 2000 万港元购买"WWW.TOM.COM"这一域名。经过一系列的动作，李嘉诚给他的地产王国换了一个新的面目，他手下的集团业务主要通过八家香港上市公司来完成，分别为长江实业、和记黄埔、电能实业、长江基建、长江生命、和记电讯、和记港陆以及 TOM 集团。这八家子公司在李嘉诚的财富规划中扮演着不同的角色。

长江实业是李嘉诚最早起家的公司，它聚焦房地产业务，尽管与内地地产公司相比，长江实业规模排不上前甲，但是其财务状况要比同业健康很多。

和记黄埔是一个多元化经营的平台，它在全球 52 个国家和地区进行地产、酒店、零售、基建、能源、电讯、港口等核心业务的多元化经营，一直充当着利润大户的角色。

电能实业，顾名思义就是主管电能业务。一开始主管香港地区的电力供应业务，后来逐渐演化为经管长江集团的全球化能源公司。2011 年，公司积极投身各种可再生能源，使得其在香港以外的业务盈利贡献首次超过香港本土业务。

长江基建公司，主要负责长江集团香港和内地的基础设施建设。

在内地的投资以交通基建为主，而英国、加拿大、澳大利亚和新西兰等海外市场的投资则以能源基建为主。

和记电讯公司，主营集团的电讯业务。一开始长江集团的电讯业务主要集中在香港和澳门地区移动通信和固网等业务，后来开始涉足3G业务，成为集团全球电讯业务不折不扣的财务后盾。

长江生命公司，负责李嘉诚商业版图中最"边缘"的医药和保健业务，也是李氏家族中唯一一家创业板上市公司。长江生命公司的投资业务也很全球化和多元化，从中国内地的肥料业务，到北美市场的医药和保健业务，再到澳大利亚的葡萄园种植、专业草皮管理等农事业务。

和记港陆，专门负责玩具和手机配件业务。李嘉诚是靠塑料玩具起家的，这一块的业务他一直没有丢，后来和记港陆慢慢向商业地产转型，不过和长江基建相比，规模无疑要小很多。

TOM 公司主要负责"新事物"业务，比如电商、出版业、传媒和电视产业等，不过一度亏损，近年来才逐渐盈利。

通过多元化、多领域的资产分配，李嘉诚从"塑料大王"和"地产大亨"这两个固有形象中脱颖而出，转身成了 IT 时代的新资本家。

一份统计资料显示，在 20 世纪初的世界大型企业中，至今仍能位居世界 500 强之列的只有 3% 左右。很多公司在经历了时代的风风雨雨之后，最终销声匿迹，导致这种现象出现的一个主要原因是，在同样的环境下，有的企业能够主动顺应潮流，顺应变化，持续不断地做出令人赞叹的成绩；有的企业却因为不能持续创新，不肯变革，而被挤出了时代的主流。

对此，李嘉诚说：

"为了适应时代发展变化的需要，也为了企业自身的生存和

发展，企业必须以市场为导向，以创新为手段，以效率为核心，重建企业形象。"

在重建企业形象的道路上，李嘉诚从没停止过改革的步伐。

2015年1月，已入耄耋之年的李嘉诚再次震惊四座：将旗下两家核心上市公司长江实业及和记黄埔进行股份交换并购，通过资产合并及重组，两集团资产最终将分拆为两间以开曼群岛为注册地的新公司，在港重新上市。就这样，原来的"和黄"和"长实"没有了，出现了两个注册于开曼群岛的新公司："长和"与"长地"。

选择在开曼群岛注册，外界又开始传扬起了李嘉诚要逃跑的传言。其实，李嘉诚之所以大张旗鼓地进行这一变革，他的初衷不是逃跑，而是让李家的商业王朝更加稳固。李嘉诚认为，实体产业是抵抗金融危机的最好工具，而以高端装备制造业为核心的实体产业必然将成为世界经济未来的主攻方向。根据李嘉诚的世纪重组方案，长和将持有长江实业及和记黄埔的所有非房地产业务，包括港口、电讯、零售、基建、能源等，而长地将持有两个集团的房地产业务，包括在香港、内地及海外的相关业务。如此，他把有潜在危机的产业和更有保障的实体产业分割开来，采取不同的控制手段，这样能让李家商业王朝的财富更加刀枪不入。

生意场上的变化风云莫测，每一天甚至每一分钟都在发生着变化，李嘉诚用他的实际行动告诉世人，只有紧随时代的发展，及时调整自己的经营策略，找到属于自己的发展空间，才能把握住商场脉搏，永远站在时代前沿，才不至于被社会淘汰。

不断尝试新玩法

科技世界深如海，如曾国藩所说的，必须"有智、有识"，当你懂得一门技艺，并引以为荣，便愈知道深如海的境界，而我根本未到深如海的境界，我只知道别人走快我们几十年，我们现在才起步追，有很多东西要学习。

——李嘉诚

在将地产业务大规模撤出中国后，李嘉诚很快又重新杀了回来，不过，这次李嘉诚换了一副面孔，他开始尝试新的玩法。

电动车是世界汽车产业升级转型的必然趋势，对于这一领域，李嘉诚非常看好，他说，"中国新能源车是我持续看好的市场之一"。在这种理念下，2010 年，李嘉诚入股五龙电动汽车，踏入了新能源汽车行业。五龙电动车业务范围涵盖设计、生产及销售电动汽车，锂离子电池研发、生产及销售及电动汽车租赁等，其产品和技术在各方面都不太突出。对此，李嘉诚自然不会满足，2013 年，五龙电动车注资重组杭州长江客车有限公司，并将其更名为杭州长江汽车有限公司，李嘉诚投资 51 亿元，按高标准、高规格建设冲压、焊装、涂装、总装、电控等五大国际先进工艺生产设施，把它打造成了新能源汽车领域"工业 4.0"样板企业。

李嘉诚仍旧不满足，五龙电动汽车进入正轨后，他开始在新能源汽车上下游产业链上加大投资。先是以 9 亿港元收购了素有"日本特斯拉"的电动车公司 GLM85.5% 股权，随后又以 10 亿英镑（约 87 亿人民币）收购了英国转废为宝的再生能源公司 Cory Riverside Energy Group。在供应链领域，李嘉诚通过一系列眼花缭乱的炒作，控制了包括简式国际汽车设计（北京）有限公司，上海中聚电池研究院在内的研发中心。[1] 新能源汽车中的动力电池是重中之重，为此，李嘉诚将重庆、天津、吉林、台湾相关的三元电池生产及技术研发企业纳入了囊中。在国际化方面，李嘉诚持续注资以生产电动物流车为主的美国 SMITH 电动汽车公司，为进军世界第二大的美国新能源汽车市场铺桥搭路。这一番操作下来，李嘉诚的投资已遍布产业链的各个环节。

在 2005 年的汕头大学毕业典礼上，在提问环节，有学生问李嘉诚："您的集团现在发展到在全球的 52 个国家有超过 20 万的员工，您是从最底层开始创业的，在这个过程中您是怎样处理好微观和宏观、细节和大局这样的一个关系？"李嘉诚回答说：

> "按照我个人的经验来讲，做生意、决定一件大事的时候，一定要有宏观的想法。你要看看业务在今天、在未来的前景怎么样，竞争对手的情况怎么样，然后做出决定。但是每天做的事情一定要微观，那就是要非常仔细地看你做的事有什么问题，世界有什么变化。因为世界是在不断变化的，所以你平常认为的行业和经验是非常好的，但是人家只要接近一点，迈进一点，在 360 度之间你可能就违规了一两度，这就是微观的。"

李嘉诚时刻在关注着世界的变化，也格外看重项目未来的前景，正是在这种思路下，他做出了投资新能源汽车行业的决定，并且，他

---

[1] 李嘉诚在英国玩不转，现又回中国搞新科技是何意？ http://mini.eastday.com/a/160804063523891.html。

玩就要玩大的，目光瞄准的是产业链的全局。

除了新能源汽车外，李嘉诚还尝试进入了飞机租赁业。

2014 年 11 月，长江实业发布飞机收购交易公告[1]，宣布以 18.922 亿美元（约合 115.706 亿元人民币）分别与三家公司购买 45 架飞机，并斥资 1.32 亿美元（约合 8.0717 亿元人民币）收购一家项目公司 60% 股权，该公司间接持有 15 架飞机。对于以上合计 20.242 亿美元（约合 123.778 亿元人民币）的耗资，长江实业发言人表示将以内部资源支付。长江实业对这次投资的前景非常看好，其发言人说："飞机租赁业务预期将为集团带来长期及稳定的收入。进军飞机租赁符合集团致力推动业务长期持续发展，并反映集团秉承业务多元化及全球化方针以开拓新发展域。"

从利润角度看，新能源汽车虽然未来前景看好，可近几年一直处于亏损状态，一方面，技术研发需要持续的投入，另一方面，新能源汽车市场还没到成熟的时候，这笔投资是前期投入未来收益的项目。而飞机租赁业务，随着我国民航业的发展，飞机租赁业有很大的发展空间，这个项目回报率可能不高，可却能产生长期而稳定的收入，非常适合资金雄厚、金融风险掌控力强的李嘉诚财团，李嘉诚在资金分配上做了一个配比和平衡，兼顾风险和收益，凸显了他的投资智慧。

生活中，很多人感叹没有好的投资项目，对于未来的投资，李嘉诚说：

> "18 世纪工业革命由英国开始。21 世纪则是科技革命，不少行业包括国防工业、农业、水利、能源、医疗、生命科技、电讯、互联网等等均有突破性的发展，投资机会数之不尽，应接不暇。"

因为勇于发现，敢于尝试，李嘉诚面前的投资机会永远是应接不暇的。

---

[1] 86 岁李嘉诚无退休意思：不玩地产改投飞机租赁，http://finance.sina.com.cn/leadership/crz/20141216/102321087726.shtml。

欢迎并拥抱"颠覆"

领导者绝不能故步自封，抱残守缺，要敢于并且善于接受新的思想、新观念、新事物和新方法。要敢于启用年轻的人才，并且放手使用，让他们充分发挥自己的热情、才智和创造力，只有这样，才能使企业常盛，常新，不断发展。

——李嘉诚

李嘉诚素来以投资房地产、能源和基建行业为人们所熟知，但世界在变，李嘉诚也在变，这个变化的直接表现就是他对新科技的热衷。

2002 年，李嘉诚全部个人出资成立了维港投资，由周凯旋来主管。周凯旋一直被外界认为是李嘉诚的"红颜知己"，自 1992 年与李嘉诚结识后，周凯旋就一直在李嘉诚的主要投资项目上扮演着重要角色。当时，她的另一个身份是李嘉诚基金会执行董事。这次，李嘉诚把维港投资交给她来负责，可见李嘉诚对这个项目的重视。

维港投资的投资方向分为两个类别：一是与李嘉诚的传统业务有协同价值的项目，二是那些能解决巨大问题的、探索未来愿景、以及推动前进的颠覆科技。维港投资主要以投资科技初创企业为主，其中又最为关注大数据应用行业、人工智能行业，在地域上则注重挖掘美国硅谷和以色列的创新企业[1]。

2007 年，周凯旋向李嘉诚推荐投资 Facebook 时，李嘉诚仅用 5 分钟就下了投资决定。尽管脸书当时还未实现盈利，但它庞大的用户量和移动端的发展计划，让李嘉诚相信它未来存在巨大的增长潜力。2008 年，维港投资投资了 Siri，2012 年，维港投资又投资了 DeepMind 和 Viv。随后几年，人工智能越来越热，人们不得不佩服李嘉诚的思维比很多年轻人都要超前。

2013 年，李嘉诚接受了《南方周末》的采访，记者问："你投资了包括 Facebook 在内的许多高科技企业。你已经 85 岁了，怎么会投资高科技？"李嘉诚回答说：

> "85 岁，就不能爱科技吗？我对新科技深感兴趣，令我的心境年轻化。
>
> 我喜欢新科技，私人参与投资的科技公司有 60 家，也越来越'知识改变命运'。有一项关于农业的项目，一样的土壤、一样的水源，不改农作物的基因，可以增加三分之一的产量，若这不是新科技，那是什么？现在已证明这项新科技是成功的，并在国内进行试验。"

2014 年，维港投资联同雅虎创办人杨致远等投资者，向食品科技公司 Hampton Creek 提供 2300 万美元融资，折合约 1.8 亿港元。李嘉诚之所以看重这家公司，是因为他们开发了一个新奇的产品——植物蛋，这种鸡蛋由植物制造，据称营养价值、味道等均与真鸡蛋一样。

---

[1] 不只是 BAT 在赚钱李嘉诚的科创投资版图也盆满钵满，http://finance.ifeng.com/a/20170818/15586553_0.shtml。

Hampton Creek 透露，这种植物鸡蛋是由几种豆类植物混合出来，它的价格比真蛋便宜，保存时间更长，也不含麸质与胆固醇，相比之下，会更健康。也就是说，以后人们烹饪鸡蛋时，不用一个鸡蛋一个鸡蛋地敲碎，只要拿出一瓶鸡蛋液来直接倒出来就可以。这样的发明，可谓脑洞大开，李嘉诚却非常看好，他还特意下厨烹饪了植物鸡蛋以推广这款新产品。

李嘉诚说："我们正身处于一个数据驱动、能力主导的经济，其中'颠覆'将成为主流。"他能坦然接受并非常欢迎各种"颠覆"。李嘉诚直言，他每次与这些年轻创业者会面时，第一项需要注意的，就是放开自己的假设及印象，这样才能欣赏产品的惊人之处，并称赞说"他们勇于发掘一个与过去截然不同的未来"，因此，他将继续大力投资有价值潜力的初创公司。

近 10 年来，李嘉诚已通过维港投资，累计投资超过 70 家最前沿的科技企业。其范围涵盖互联网、虚拟现实、大数据、云计算、人工智能、可穿戴设备、3D 打印、电竞、氢燃料电池汽车等领域，他对人造鸡蛋、人造牛肉、节能灯，情绪识别、汽车 3D 打印等领域的投资，更一度成为热闻和产业风向标。

2017 年 5 月下旬，89 岁的李嘉诚还投资了 29 岁的王思聪也热衷的事——电竞，以超过 5000 万美元投资了游戏设备公司 Razer（雷蛇）。这笔投资的几天后，李嘉诚兴致勃勃地坐在电脑前，全程观看了围棋王柯洁与 Alpha Go 围棋大战的最后一战。

李嘉诚还曾与 Alpha Go 的开发者——Deep Mind 公司的两位创办人 Demis 和 Mustafa 会面，虚心地向他们请教关于人工智能的种种问题。在会面前，李嘉诚早早就准备好了纸笔墨，在听取他们讲解人工智能研究方向与各种应用的阶段成果时，他细心地做了摘录笔记，听到激动时，还数度站起来。可见，李嘉诚对新科技的热情和关注。

"我们需要学习如何灵活捕捉及利用年轻人的能量，并寻找方法将新科技应用到现行成熟的市场之中。"

在被投资企业的眼中，李嘉诚是一个不可思议的"年轻人"，保持着对这个世界充沛的好奇心，既愿意追随潮流，也乐意创造潮流。不管年纪多大，李嘉诚奋斗的心仍在跳动，并将永不止息。

致力为世界带来尊严和机遇

人生苦短，一个人活了多少岁，并不能说明他就能够当得起这个"寿"字，因为，一个人即使是活了百岁，却对这个社会，对于身边的人没有任何实际的帮助，这样的"寿"又有什么价值呢？一个人的一生只有在自己快乐的同时，也让他人快乐，活着才有意义。

——李嘉诚

在维港投资的投资轨迹里，我们可以发现一个与"商人"身份不符的李嘉诚，他热心追逐未知的世界，愿意倾注资源去尝试一切新鲜可以改变未来的东西，尽管背后的风险可能让投入的资源血本无归。

在汕头大学 2018 届毕业典礼上，李嘉诚发表了以"建立自我，追求自我"为主题的致辞，这是李嘉诚连续 17 年出席汕大毕业典礼，也是最后一次致毕业辞。在这次致辞中，李嘉诚说：

"同理心和慷慨良心，是一种选择。给人快乐满足感，大家同心，可实现更大的梦想。"

李嘉诚曾在多种场合强调，自己从来不是大家口中的什么超人，他算得上是一个成功的商人，更是一个普通人，甚至是一个老人。他有自己的喜怒哀乐，也有自己的情感。在功成名就、奋斗一生的晚年，他不再过多的想赚钱的事儿，而是想着做一些利于国家、利于人民的事儿，这能带给他快乐感、满足感、成就感。

正是在这种思想下，李嘉诚通过维港做出的很多投资没有过多地计较成功与失败，在传统产业上的成功，让他有足够的资本去承受高风险，他把关注点放在了改变未来的黑科技或创见上，这类投资一旦成功，则会给人类带来无法计量的好处。

正是出于这样的考虑，维港投资的经营模式是李嘉诚个人承担投资风险，收益却拨入李嘉诚基金会。也就是说，维港投资没有太多的盈利压力，它能接受更长的投资期限，对回报容忍度更高，不易受到短期波动的影响。它仅需向李嘉诚一个人负责，就如同是李嘉诚被延长的眼和手，代替他到更广阔的世界里去探索。

维港投资的背后是家族办公室型基金，这种独立的架构保证了维港投资灵活的投资方式。维港投资不仅仅关注早期项目，只要企业有潜力，不论是 B 轮 C 轮，甚至是一级半项目[1]，都可以投资，与一般大型的私募基金相比，它不用为了向投资者明确投资期望和投资风险，而会错失一些机会。

2017 年 5 月，李嘉诚亲自品尝了一款抗衰老产品，吃完后，他觉得很不错，"感觉像是回到了 20 岁"，于是，他掷了两千万美金（约2 亿港元）投资了这家公司。这家公司是由美国生化家 Charlie Brenner 和朋友联合成立，后被美国医药上市公司 Chroma Dex 收购。而他们生产研发的这个 TRUNIAGEN 的药品中含有一种来自维生素 B3 的NR 物质，这种物质能够刺激人体诺加因子（NAD）的分泌[2]，而诺加因子是人体新陈代谢、能量合成以及细胞修复所必需的物质，它有

---

[1] 维港投资——李嘉诚财富板块的一大支点，http://www.myzaker.com/article/599647e21bc8e0353400003d/。

[2] 李嘉诚买下这家生产"长生不老药"的公司，看来又要大赚一笔了！http://baijiahao.baidu.com/s?id=1585362666921443101&wfr=spider&for=pc。

着延缓衰老的功效。

李嘉诚的这项投资未必是真的想长生不老，毕竟长生不老只是一种对未来的预测，中间需要克服的难题还有很多，他更多的希望能让科技帮助更多的人永远年轻。另外，随着老龄化社会的来临，如何防止和减缓人口老龄化，以及如何更好地为老年人服务，正在成为社会广泛关注的问题，李嘉诚的这项投资还有着改善社会状况的意义。同时，有专家预计，医疗健康产业正逐渐成为全球经济发展的新引擎：预计到 2020 年，全球健康支出总额将达到 10.16 万亿美元，这是一座名副其实的大金矿。李嘉诚的这笔投资，可谓是一举多得。

现在的社会环境下，从政府机构到社会机关各方面都在提倡科技创新，可现实执行中，各种各样的现实问题阻挡了科技创新的进行，辜负了科技公司勇于创新的决心，面对这些问题，李嘉诚引用了 20 世纪法国作家《小王子》作者 Āntoine de SaintèĒxupéry 的名言："若你想建造一艘船，请勿招人收集木材，请勿指派任何工作，只需引起人们对浩瀚大海的憧憬。"他认为，支持科技创新的最好办法就是不带任何附加条件的去激发社会对创新的渴求。

2012 年，15 岁的澳大利亚中学少年尼克·德阿洛伊西奥开发了一款软件，这款软件可以自动将网络文章提炼精简为 400 个字符，可以大大节省人们在信息搜索时花费的时间。了解清楚这款软件的情况下，虽然对方创业不到一年的时间，对象还是一个年仅 15 岁的少年，维港还是果断拿出了 25 万美元的天使投资支持这个项目。正是得益于这笔投资，尼克·德阿洛伊西奥很快吸引了其他明星大腕的支持，一年后，这家公司以 3000 万美元被 Yahoo 收购，这款软件有了更广泛的应用空间。

李嘉诚因为价值观和兴趣去投资一些希望渺茫的科技而不计较成功与失败，他力争以一己之力刺激科技创新的动力，他成了黑科技最好的资助者。李嘉诚说："一生以理智、道德和诚信，致力为世界带来尊严和机遇。"他以科技创新为切入点，实现自己人生的价值，也达到了改变世界的目的，他的这种做法让人佩服。

永远保持成长，和市场接轨

为了保有竞争优势，不管你过去有多风光，你永远不要志得意满，一定要对事物充满好奇心，并拥有永不停止追求新知的强烈欲望，不管几岁，都要永远让脑袋保持成长，和市场接轨。

——李嘉诚

尽管李嘉诚坚持与创新创业前沿的年轻人沟通交流，并肩前进，努力使自己越活越年轻，"跳着一颗不老的心"，但这并不意味着，他忽视衰老这件事。在拥抱年轻的同时，李嘉诚也在孜孜不倦地通过投资为老年人谋福利。

2018 年 3 月，李嘉诚宣布退休时表示："往后，我会做集团的资深顾问，同时会披上新的战衣，全力投入基金会的工作，特别是医疗和教育方面，襄助社群推动改革。"

作为李嘉诚基金、维港投资的执行负责人，周凯旋在 2018 世界人工智能大会上说过一句话：维港投资为李嘉诚的兴趣服务，由李嘉诚个人承担投资风险，收益全部归属于基金会，用于支持慈善事业。

根据李嘉诚的兴趣，维港投资投资过很多新兴事物，但李嘉诚最大的兴趣在于大健康产业。李嘉诚不止一次预言："未来最赚钱的 3 大行业就是新零售、互联网＋共享经济、大健康产业。""大健康产业将成为永不落幕的朝阳产业。"

李嘉诚每次预言都不是空口无凭，他看好大健康产业的依据有四：其一，人口老龄化与环境污染提高了居民的保健、医疗潜在需求；其二，居民健康意识提升扩大了医疗保健支出；其三，市场空间巨大，目前美国健康产业约为 15 万亿美元，而中国却只有 400 亿美元左右；其四，"健康中国战略"政策带来新的历史发展机遇。

2013 年，国务院印发了《关于促进健康服务业发展的若干意见》，提出到 2020 年，基本建立覆盖全生命周期的健康服务业体系，打造一批知名品牌和良性循环的健康服务产业集群，健康服务业总规模达到 8 万亿元以上。进军大健康产业，成了不少企业的一致发展趋势。

2014 年开始，马云布局医疗行业，布下了包括未来医院、云医院、天猫医药馆、阿里健康 APP 等"棋子"，旨在打造一个 B2C + O2O 的医药健康产品销售平台，为用户带来更多元化的医药健康产品购买体验，解决"买药难"问题。

2016 年上半年，又有三大公司先后强势进军大健康产业。3 月 16 日，李彦宏打造"百度医生"医患双选平台，利用百度大数据、人工智能等先进技术，有效降低预约就诊的时间成本。3 月 25 日，马化腾启动"腾爱医疗"战略，推出了搭建"互联网 + 医疗"开放平台，为医疗产业提供互联网化的后端服务。6 月，许家印携"恒大健康"进军互联网社区医院、新型国际医院、医学美容及抗衰老、养老产业等四大业务领域，将依托恒大集团全国规模第一的社区资源，为社区老百姓提供独一无二的超级配套和健康增值服务。

作为大健康产业的预言者，李嘉诚比这些大企业行动要更早。1998 年，李嘉诚基金会捐资 2000 万元人民币，将新型的服务医疗模式——宁养服务引入内地，在全国开展宁养服务计划。目前全国的宁养院已发展到 20 家。宁养服务，守护在生命的终点前，让晚期癌症患者有勇气、有尊严地走完人生最后的一段旅程，在缓解癌症患者痛苦的同时，更注重照顾患者及家属身心，使其真正感到"逝者魂安，生者心慰"。2000 年，长江实业开始涉足生命科技行业，并成立长江生命科技集团有限公司（下称长江生命科技）。长江生命科技从事生物科技产品的研发、商品化、推广及销售业务。在官方网站上，可以看到三大业务板块：农业相关业务、保健产品业务和医药项目。前面我们介绍过，李嘉诚在医药行业是不折不扣的"隐形大户"，势力覆盖"北上广"：在北京与同仁堂合作，在上海开办上海和黄医药有限公司，在广州与白云山医药合资建厂。2012 年，雀巢全资子公司雀巢健康科学集团与李嘉诚旗下的和黄中国医疗科技有限公司合伙开办了一家营养科学合伙有限公司，希望可以找到用中药治疗肠胃病的办法。与比尔·盖茨一样，李嘉诚非常热衷投资医药医疗健康。

2016 年，在其他企业高调进军大健康产业的时候，李嘉诚也不甘示弱，加快了投资动作。先是斥资 8.5 亿英镑大手笔收购英国最大的养老院集团 Four Season Health Care Group，该集团拥有大约 500 家养老院，几乎承包着英国人的养老问题。人口老龄化席卷全球，英国也不例外。但是，随着经营成本的提高，英国不少养老院运营商退出了养老行业。李嘉诚此举又是一个低位买入的投资案例。

接着，李嘉诚又投资了美国掀起的素食健康产业。李嘉诚在亲身试食"煎人造蛋"后，认为其符合现代人"更有效、更环保、更有质素"的食物选择需求，立马拍板 2300 万美元投资美国旧金山食品科技公司 Hampton Creek 研发出植物制的人造鸡蛋及蛋黄酱等。这些"植物蛋"产品主要是将几种豆类植物混合，制作出味道及营养价值与真鸡蛋相似的人造蛋黄酱，可用作制作面包、蛋糕、沙拉酱等。除了李嘉诚，其实"植物蛋"还获得过 PayPal 创办人蒂尔及比尔·盖茨的投资。

继植物蛋在香港开售后，李嘉诚又投资了另一项创新科技——"植物汉堡"。"植物汉堡"是由美国斯坦福大学生物化学研究人员创办的创业公司 Impossible Foods 研发，这家公司比尔·盖茨也有投资。"植物汉堡"看起来像肉一样的肉堡，其实是全素的，主要是从菠菜、小麦和大豆中提炼而成，其含有的蛋白质、铁质和维生素，比一般来自动物的同类汉堡还要高一点，而且是零胆固醇。

除了热衷投资"吃的"，李嘉诚也投资"喝的"。早在2015年4月，李嘉诚旗下维港投资宣布入股美国功能饮料Celsius。Celsius创办于2004年，定位是"健康饮料"。2016年11月，Celsius通过和屈臣氏集团达成分销协议进驻中国香港地区，在7-11、永旺、International、Fusion、TASTE以及百佳超市均有铺货。2017年，Celsius进入内地市场。李嘉诚多次表示："我对科技餐饮深感兴趣，并相信能够推动健康生活。"

2018年退休后，李嘉诚对"大健康产业"更加热衷。在宣布退休的当月，李嘉诚以1500万美元领投英国体外诊断企业Owlstone Medical。Owlstone Medical开发出一种呼吸活检设备Breath Biopsy，通过获取患者呼吸代谢组学物质的一种非侵入性检测方法，用于早期发现并实时监测疾病活动，主要针对癌症、炎症和感染病等疾病的早期检测和诊断。

退休后李嘉诚还做了一件让很多人费解的事情，他结束了每年一度出席汕头大学演讲之后，似乎更热衷犹太人在广东办以色列学院事业。看看李嘉诚投资过的以色列项目，大概就能理解了。

2011年开始，李嘉诚团队就和以色列的初创公司进行接触，先后投资了24个项目，其中不乏生物科技项目。例如，提供一系列革命性解决方案、改善胚胎并培养诱导型多能干细胞的Accellta公司；开发出突破性的解决方案、用来诊断传染病和炎症性疾病的MeMed诊断公司；致力于以低成本进行癌症筛查的生物科技公司Medial Research；开发出一项创新的名为EP的非转基因技术平台的Kaiima Bio-Agritech公司。

大健康产业预计在未来十年内将会以每年15%~20%的速度增长，远远大于药品、医疗、保健任何一个单一领域。高瞻远瞩的李嘉诚提前做好了从医药、医疗、保健、生物高科技的全产业链布局。

第十一章

坦荡为人：不义而富且贵，于我如浮云

商人，在大多数人眼里都是见财忘义、不择手段的奸商。商人逐利本是天性，钱无好坏，人有善恶，因此就有了奸商和慈善家的分别。对此，李嘉诚说："事业上应该赚点钱，有机会便要用钱，用到好处去，只有这样，这一生赚钱才变得有意义。"

财富于我如浮云的境界

没有钱是办不成事的，但金钱却也不是万能的，对有些地方、有些事，就是有了钱也不能解决问题的，只要我捐出的有限的钱，能为社会带来较大的益处，我就终身无悔。

——李嘉诚

2019 年 7 月 19 日，各社交网络平台纷纷被一则新闻刷屏："李嘉诚机场偶遇一群孩子，相谈甚欢资助 100 万旅费"。[1] 事后，当事人——上海市小白鸽舞蹈团带队教师表示，网传的 100 万元并不准确，李嘉诚实际捐赠总额为 200 万元。

李嘉诚基金会和上海市小白鸽舞蹈团签署的捐助合同中表明，200 万元分为两部分。其中的 100 万元，90 万元用于 45 名舞蹈团成员参加在日本北海道"国际青少年舞蹈大会"相关差旅，10 万元补助该舞蹈团因参加此次比赛的开支。另外 100 万元用于该舞蹈团一直在推行的老年人学习舞蹈的公益项目。除了这 200 万元之外，李嘉诚还给每个遇到的孩子 2 万日元（折合人民币 1300 多元）用于自己购买礼物。

事情的起因在于，李嘉诚与团队工作人员在北海道机场搭乘自动

---

[1] 李嘉诚机场偶遇一群孩子，相谈甚欢资助 100 万旅费，http://ent.sina.com.cn/s/h/2019-07-19/doc-ihytcerm4719898.shtml。

扶梯时，小白鸽舞蹈团的 45 名孩子自动给他让道。孩子们尊老礼让的礼貌举动，让李嘉诚很感动，于是有了 200 万元的捐助。

一次偶遇获得 200 多万元捐助，很多人表示不可思议。事实上，李嘉诚这种"率性而为"的捐助并不少见。

1991 年 7 月 12 日，李嘉诚正在用早餐的时候听到广播中播报中国华东地区发生百年未遇的特大水灾，他立即打电话给下属，通知新华社香港分社，以长实、和黄、港灯、嘉宏四公司的名义，捐出 5000 万港元赈灾。当时，李嘉诚还没有在内地投资。李嘉诚还借助香港《文汇报》呼吁"各界人士、各个社团，只要经济能力许可的，都踊跃参加，用最快速度，最有力的方式来支援灾区。"数日后，李嘉诚偶然得知汕头遭遇强台风灾害，又果断以个人名义捐了 500 万港元。

受到李嘉诚帮助的人不计其数，李嘉诚自认为最有意义的一次捐资是捐给中国残疾人联合会的 1 亿元。仁慈的李嘉诚每每看到盲童，就特别同情，在他看来，没有了手脚，至少还能看到这个光明的世界。可是眼睛失明了，就只能在黑暗里生活了。所以他一直想为这些不幸的人做些什么。

早期，中国残疾人联合会是不接受香港企业家捐助的。有一次，中国残疾人联合会理事长到香港访问，李嘉诚听说后，塞给了他一张 500 万元港币的支票。后来，改革开放逐步深入，随着李嘉诚在内地加大投资，为国民熟知之后，中国残疾人联合会开始正式接受李嘉诚及其公司的捐助。

李嘉诚一次性捐出 1 亿元时表示："希望你们把这些钱继续当作'种子钱'。你们只需争取四五倍的配套经费，便可帮助更多的残疾人士。

我捐钱，你们落实个计划，为残疾人办事。"[1]李嘉诚播下的这粒种子收获了丰硕的果实，不仅促进残疾人事业走上了系统发展的道路，让残疾人士受到了实在的好处，并在 5 年时间里让 163 万残疾人士重获新生，为我国残疾事业做出了巨大贡献。

李嘉诚在香港有一些朋友因肿瘤病过世了，过世之前受过不少痛苦。有一天他去医院看望一个朋友后，就在想，在内地也应该有这样的病症，假如家庭环境不好的话，有什么去关怀他们呢？有了这个念头，很快就有了内地 20 家临终关怀"宁养院"。

李嘉诚很多公益行为，都是源自一个"起心动念"。所以很多熟悉他的人说："李嘉诚捐款与别人不一样，他的捐赠是真正发自内心的。""李先生不是那种捐出 100 万、200 万，只要有自己的名字就可以的人，他是真心实意去解决这些问题""李先生的捐款与别人完全不一样，他的不一样在于别人在捐出款项以后，所考虑和关心的仅仅是其善举为不为社会所知，而李先生考虑的是捐出款项之后，是否解决了问题。"

李嘉诚乐善好施的背后，是与众不同的财富观在起作用。希望财富被更多人分享，一直是李嘉诚对待财富的原则。李嘉诚长期以来秉持一种观念，钱来自社会，应该用于社会。财富最大的价值是在使用过程中给世界带来正面影响。财富花出去，你的价值也就传递出去了。

"财富到某一个数字，衣食住行都无虞，握在手里的用途就不大。如果你不能做到慷慨割舍、有爱心的话，是没有太大意义的，顶多就是遵照华人的传统观念，一代交给一代，如此而已。"李嘉诚说，"但如果，能将建立社会的责任，与延续后代一样重要，选择捐助财产有

---

[1] 助无助者——李嘉诚与残疾人，http://www.people.com.cn/GB/shehui/47/20010926/569949.html。

如分配给儿女一样，那我们今日一念之悟，将为明天带来更多的新希望。"

对于钱财的处理，李嘉诚自有一套学问，他认为有三种钱是必须要花的：

第一种，学习的钱一定要花。换句话说，把钱投资在自己的头脑上，是最安全的理财方式，到哪里都不会饿肚子。

第二种，孝敬父母的钱一定要花。不管父母经济情况如何，自己再怎么困难，也要挤出钱来孝敬父母。那些从年轻开始，做什么赔什么，做什么都失败、不顺利的人，跟父母的沟通一定有障碍。

第三种，回馈社会的钱一定要花。社会是一个大家庭，要互相帮助，要养成回馈社会的好习惯，即使收入不高，十几元、二十元都行，有条件的可多捐献一些。

这些慷慨之举，为李嘉诚赢得无数的荣誉。从邓小平开始，多位国家领导人多次接见他，高度赞扬其为国为家乡做出的贡献，这让"超人"的形象更加光辉。而李嘉诚则在商场上更加资源丰富，游刃有余。可以说，散财善举反过来给李嘉诚的商业事业带来了巨大收益。两者可谓相辅相成。

李嘉诚在"内心的富贵才是财富"的主题演讲中说道：

"《论语》中的'不义而富且贵，于我如浮云'一句，是一种境界。还有唐代诗人李白的诗句《山中问答》：'问余何意栖碧山，笑而不答心自闲。桃花流水茫然去，别有天地非人间。'所表达的又是另外一种境界。商人最后能做到超然物外，于我如浮云的境界，那是很不容易的了。"

我们从他的经历可以看出，他一生都在追求"超然物外，于我如浮云"的境界。年纪越大，越发视财富为浮云。李嘉诚在其古稀之年后，逢人便讲："我有了第三个儿子！"当时他的朋友们听后，都一脸不好意思地恭喜他，而他则继续兴高采烈地告诉他们："我很高兴，我不仅爱他，我的儿子也将爱他，我的孙儿也将爱他！"他给"爱子"起名为"李嘉诚基金会"。他对全世界说："我的基金会就是我第三个儿子！"李嘉诚基金会自成立至今，已捐资公益事业超过近千亿港元，过亿人受益。李嘉诚把"第三个儿子"视为生命的延伸。

有些生意，利润再高也不能做

不义而富且贵，于我如浮云。是我的钱，一块钱掉在地上我都会去捡。不是我的，千万块钱送到我家门口我都不会要。我赚的钱每一毛钱都可以公开，就是说，不是不明白赚来的钱。

——李嘉诚

《论语》记载了这样一则典故。

孔子向公明贾询问公叔文子："他一向不说、不笑、不取，是真的吗？"公明贾答："这话有点夸大。公叔文子该说时才说，该笑时才笑，该取时才取。不哗众取宠，不夸夸其谈，到该说该讲的时候才讲，别人才不厌恶他的话。不逢迎、不谄媚、不奉承，只有在高兴的时候才笑，别人才不厌恶他的笑。在明确了义的前提下合理合法取利，别人才不厌恶他的索取。"

义然后取，人不厌其取，这就是"君子爱财，取之有道"的由来。关于义与利的关系，孔子进一步说道："见得思义，见利思义，不义而富且贵，于我如浮云。"见到利益要想到义的要求，见到好处要想到义的要求，用不正当的手段得来的富贵，就像是天上的浮云一样。

西方也有类似的谚语："殷勤筹划的，足致丰裕；行事急躁的，都必缺乏。用诡诈之舌求财的，就是自己取死；所得之财，乃是吹来吹去的浮云。"在这个物欲横流、金钱之上的年代，很多人都喜欢走捷径、用诡计赚钱，古今中外的圣贤都告诉我们，这样赚钱等于自己作死，而且所得的钱财就是吹来吹去的浮云，无法拥有，转眼就到别处去了。

在一般人的观念里，"落袋为安"，以为赚到兜里的钱就是自己拥有的钱了，于是他们用尽心思，想尽一切办法，把钱捞到手，捞越多越好。而像李嘉诚一样富有财商的人懂得，财富在金钱之外，做正经事，赚合理钱，才是持久生财之道。

李嘉诚做了七十年的生意，对于赚钱有很深切的体悟。他说：

> "正正当当做一个商人是不容易的，因为竞争越来越大。如果个人没有原则，从一个不正当的途径去发展，有的时候你可以侥幸赚一笔大钱，但是来得容易，去得也容易，同时后患无穷。"

在长江实业越做越大的时候，他提出了一个准则："有所为有所不为"。

自20世纪90年代中期开始，李嘉诚通过和黄大举投资港口行业，引领和黄港口业务走向全球化。其中，在岛国巴哈马，李嘉诚不仅建造了最大的自由港码头，而且还建造了拥有世界上最长跑道的飞机场，同时还建造了许多酒店以及高尔夫球场。

巴哈马是位于加勒比海地区的一个小岛国，有着优良的海港和丰富的旅游资源。巴哈马有著名的粉色海滩，被美国《新闻周刊》称为"世界上最性感的海滩"，是世界顶级潜水胜地，吸引无数人来游玩。巴哈马政府为了快速发展当地的旅游业，给出了许多优厚的投资政策，并积极地欢迎全世界的商人来当地进行投资。李嘉诚对这里进行了长达十年的经济投资，一度成为巴哈马最大的海外投资商。

为了奖励李嘉诚对巴哈马的投资贡献，巴哈马总理英格拉哈姆决定赠给李嘉诚一张赌场营业许可证。这对于许多商人都有着巨大的诱惑力，因为赌场的盈利是非常可观的，且赌场的营业许可证不是谁想取得就能随便取得的。可当英格拉哈姆总理的这份大礼送到李嘉诚手里时，出乎意料的是，李嘉诚并没有表现得很兴奋，而是严肃地拒绝了。

下属提醒他："这是总理给我们的。就算我们不做赌场生意，将巴哈马的赌场牌照转让给他人来做，每年也可以有 1.5 亿港元入账。"

李嘉诚却以不容商量的语气说："告诉总理，这个牌照我交回给他。和黄集团绝对不做赌场生意。"

英格拉哈姆总理收到退回的牌照后觉得不可思议，他亲自到香港找李嘉诚解释说："一大堆商人追着要这个牌照，我们都没给，你在我们这里做了这么大的投资，我一定要给你，你在我国有三家酒店，随便放哪家都可以。"

李嘉诚当然知道这个牌照的价值，但是李嘉诚对赌场这种生意始终不感兴趣。很多商人认为赌场是一种娱乐事业，但李嘉诚对赌博这种东西很反感。

早在 1995 年，香港传媒爆出李兆基赌球输掉 1400 万元的新闻。此前，李嘉诚、郑裕彤、周文轩、李兆基香港四大富翁玩纸牌的新闻也时有报道。对此，李嘉诚高呼冤枉，当时他说过这样一句话："要在商场上获得成功，首先要学会处理自己的金钱，明白金钱得来不易，要好好地爱惜它，保管它，禁忌花天酒地，花个精光，否则它不会和你久处。因为金钱本身也好像有灵性似的，你不理会、不爱惜它时，它会无情地和你说分手。"对于赌博的态度可见一斑。

李嘉诚成为香港首富之后，媒体还喜欢把他和澳门首富何鸿燊相提并论，李嘉诚并不是很开心。何鸿燊是香港人，是何东爵士弟何福的孙子，拥有犹太、荷兰、英国、中国，多个民族血统。当年澳葡政府规定博彩业须通过专营制度实施，何鸿燊看准时机，与其他富商合作，一举拿下赌场独家专营权，迈上"赌王"之路。除中国香港和中国澳门外，何鸿燊亦在其他地方投资，包括越南、韩国、菲律宾、葡萄牙等国家。李嘉诚一是不想和何鸿燊竞争，二是根本不希望赌场这种"刀口上行走"的生意毁了和记黄埔专注正经生意的招牌。

最后，权衡利弊，为了不得罪巴哈马总理的好意，李嘉诚同意在自己的酒店之外加盖一座赌场，租给第三者经营。但他明确表示自己不会接受这块牌照，和记黄埔只负责收租金："我们盖的是酒店，租给的人要开赌场不关我的事，我只按市场价值拿我固定的租金。"李嘉诚要求承租方将"和记黄埔的酒店绝不设赌场"写入合同之中。

当时，很多人觉得李嘉诚迂腐，像巴哈马这种特殊的旅游港口，开赌场几乎等于捡钱。李嘉诚说了这样一段至今都很有影响力的话：

> "是我的钱，一块钱掉在地上我都会去捡。不是我的，千万块钱送到我家门口我都不会要。我赚的钱每一毛钱都可以公开，就是说，不是不明白赚来的钱。比起赚钱，更重要的是要建立个人和企业良好信誉，这是资产负债表中无法显示却具有无限价值的资产。一个有使命感的企业家，应该努力坚持走一条正途。正直赚钱是最好。"[1]

孔子说："君子之于天下也，无适也，无莫也，义之与比。"意思是说，君子对于天下之事，没有什么事一定要怎么做，没有什么事一定不要怎么做，但有一点，就是一切都要依循"义"的原则。

见到利益，人人都想得到，而且得到的越多越好，这是世人的共

---

[1] 达人解析：《李嘉诚经商自白书》，群言出版社，2004。

同心理，无可厚非。但孔子倡导的"君子爱财，取之有道"，已被证明是亘古不变的商道铁律。走歪门邪道和什么生意都想染指的人，最终会输得一塌糊涂。正如李嘉诚所言："商业投资，禁忌贪欲过甚而不知自制。贪欲不止，往往只见利而不见害，结果是利益也没有得到，祸害反而先来临了。"正直赚钱，始终坚守"义"字底线，不义之财绝对不做，这是李嘉诚行走多年始终立于不败之地的一个重要原因。

见利思义，见危授命

人为了成功而不择手段，首先在做人上就失败了，做人失败了，即使一时赚取了利润，也如朝露，很快就蒸发了。这样做生意，是不会长久的。

——李嘉诚

不赚不道义的钱，这只是做人经商之底线。孔子还说过，君子应当见义而为，反之，"见义不为，无勇也"。也就是说，一个人有了财富、地位和能力之后，要有担当意识。孔子强调说："君子以义为上。君子有勇而无义为乱，小人有勇而无义为盗。"君子应始终把义作为至高无上的准则。而当利益和道义发生了冲突，该怎么办呢？孔子的建议是舍利取义。

喜欢品读国学，并以之约束和要求自己的李嘉诚，在经商过程中一直牢记"见利思义、见危授命"的古训。

1973 年，由于中东战争的爆发，导致全球性的石油危机，石油危机波及香港，包括塑胶行业在内的很多产业都受到了严重影响。香港的塑胶原料全部依赖进口，进口商看准有利可图的大好机会，联合起来大搞价格垄断，将价格炒到厂家难以接受的高位。年初的每磅塑胶原料是 6 角 5 仙（分）港币，秋后竟暴涨到每磅 4 至 5 港元。当时也有人劝"财大气粗"的李嘉诚趁机"大捞一笔"。塑胶业出身的李嘉诚，当然不愿意干这种趁火打劫的事情。不仅没有赚这份"黑心钱"，李嘉诚还及时出手，充当了"救业英雄"。

眼看着不少塑胶厂家被迫停产，李嘉诚毫不犹豫地挂帅牵头，倡议数百家塑胶厂家入股组建联合塑胶原料公司，以蚂蚁抱团攻打大象之势，向垄断商开炮。原先单个塑胶厂家无法直接由国外进口塑胶原料，是因为购货量太小。现在由联合塑胶原料公司出面，需求量比进口商还大，通过直接交易把成本降了下来。困扰塑胶业两年之久的原料危机，在李嘉诚的出手下，很快就解决了。

在带领塑胶业打破进口商垄断期间，李嘉诚为了救助塑胶原料缺少的一些厂家，还"雪中送炭"，从长江公司的储备中抽出来原进口价达12.43万磅的原料，用比市场价格低一半的价格卖给即将关门的厂家。而且在联合对付垄断成功从国外买回原料后，李嘉诚以购入价格将相当于长江本身配额——20万磅，转让给了需求量比较大的塑胶厂家。

当时李嘉诚的经营重心已转移到地产上，原料危机对长江实业并不存在什么打击，他完全可以"事不关己高高挂起"的，出于一种义务和责任，李嘉诚站了出来。解救了危在旦夕的香港塑胶制造产业，让李嘉诚赢得了"救世主"的好口碑。扶危济困的义举，让李嘉诚获得了极高的信誉和声望。有一句话叫做"你的形象价值无穷"，树立起好的商业形象，为李嘉诚后期事业越做越大奠定了基础。

1987年8月，香港股市飚升到历史高峰。牛气冲天之际，有着敏锐意识的李嘉诚预计股市将会崩溃。9月14日，李嘉诚宣布长实系四家公司——长实、和黄、嘉宏、港灯合计集资103亿港元，是香港证券史上最大一次集资行动。10月19日，美国华尔街股市狂泻508点，香港股市值恒指跟着暴跌420多点。第二天，联交所主席李福兆宣布停市4天。

10 月 23 日，李嘉诚向香港证监会提出一个"稳定股市"的方案，拟动用 15 亿～ 20 亿港元，吸纳长实系四公司的市面散股，以便"协助本港股市的稳定"。他强调：

> "此举目的是希望看到本港股市的经济不要太多波动，希望能稳定下来，绝非为个人利益，完全是为本港大局着想。"

这就是被有关传媒评价的"百亿救市"行动。尽管李嘉诚申明了自己的立场，仍有人认为"有为私之嫌"。

李嘉诚多次去港府力争，希望以"救市大局"出发。结果，收购及合并委员会决定接纳李嘉诚的"救市建议"。

依以往本港与海外股市的经验，股灾之后，必有两至三年的低迷。很多人由此判断，李嘉诚此举必蚀老本不可，为李嘉诚"出风头"的"救市"行为捏了一把冷汗。

李嘉诚也做好了亏本的心理准备，结果谁也没有想到的是，这次特大股灾恢复很快，到次年 4 月，已经冲回到 1987 年年初的水平。李嘉诚"百亿救市"，未蚀本，略有小赚。

在这次股灾中，李嘉诚扮演了"白衣骑士"的角色，再次博得了港人的好感。很多人都说，李嘉诚很幸运。其实，幸运的背后是人品和付出在做筹码。

子路曾经问过一个问题：什么样的人才算完美无缺的人？孔子回道："像臧武仲那样聪明，像孟公绰那样清心寡欲，像卞庄子那样勇敢，像冉求那样多才多艺，再加上礼、乐的修养，如此可以说是完美无缺的人了。但现实中完美的人哪里一定要这样呢？见到利益就想到道义，面临危难挺身而出，这样就可以说是完美无缺的人了！"如果按照这个标准，李嘉诚可以说是商界的"君子"了。

刻薄成家，理无久享

不为五斗米折腰的人，在哪里都有。你千万别伤害别人的尊严，尊严是非常脆弱的，经不起任何的伤害。

——李嘉诚

李嘉诚坦言，从三十岁那年起，就再没有仔细数过自己的财富了。

"五七、五八年初次赚到很多钱，人生是否有钱便真的会快乐？那时候开始感到迷惘，觉得不一定。后来终于相通了，事业上应该多赚钱，有机会便用钱，这样一生赚钱才有意义。当我最初打工的时候，我有很大的压力。打工的时候，尤其是最初一、两年，要求知，又要交学费，自己俭到不得了，还要供弟妹读中小学以至大学，颇为辛苦。开始做生意的最初几年，只有极少的资金，的确要面对很多问题，很多艰辛。但慢慢地，你想通了，以这样的勤力，肯去求知，肯常常去想创新的意念，悭俭自己，对人慷慨。交朋友，有义气，又肯帮人。自己做得到的，尽力去做。如果从这条路走，迟早一定有某一程度的成就，应该生活无忧。当生意更上一层楼的时候，绝不贪心，更不会贪得无厌。"

中国几千年的商业文化，宣扬的都是一个"奸"字，李嘉诚并不这么认为。成为"超人"后，许多人向他"取经"，李嘉诚说："绝不同意为了成功而不择手段，即使侥幸略有所得，亦必不能长久，如俗语说'刻薄成家，理无久享'。"

多年来，商界流传着这样一个故事：一枚硬币从李嘉诚口袋里滚落到一个角落里，他弯腰去拾，却没有拾到。此时旁边一名年轻人见到了，就帮他拾起来。作为酬谢，李嘉诚竟然给了对方100元。对此，李嘉诚的解释是："我拾这枚硬币，是怕它滚到下水道，消失浪费了。给100元给正在辛苦值班的年轻人，是因为他可以用到。我觉得钱可以用，但不可以浪费。"李嘉诚说这段话，更多是怕年轻人没有面子。

"富贵"之后的李嘉诚有个习惯：尽可能帮助年轻人。这个习惯的养成来自早年经历。

众所周知，年少的时候，李嘉诚曾经在茶楼里当伙计。有一次，他给一位客人倒水时，不小心洒到对方的裤脚上。这可是一种严重的失职行为，李嘉诚吓坏了，木桩似地站在那里，不知所措。在那个时代，到茶楼喝茶的都是有钱人，茶楼是万万得罪不起的。如果遇到挑剔的茶客，茶楼为了少赔钱，开除伙计是常用的处理办法。

所以，一看出事了，茶楼老板立马跑过来，准备大骂李嘉诚。就在这个时候，这位有教养的茶客说话了："是我不小心碰了他，不能怪这位小师傅。"李嘉诚第一次见到为伙计开脱的客人，很是感动。

事后，茶楼老板对李嘉诚说："我知道是你把水淋了客人的裤脚，以后做事千万要小心。万一有什么错失，要赶快向客人赔礼，说不准就能大事化了。今天这位客人心善，所以你才免了一劫。"

回到家里，李嘉诚把这件事告诉了母亲。母亲听完，语重心长地说："客人和老板都是好人。你要记住，种瓜得瓜，种豆得豆。积善必有善报，作恶必有恶报。以后做任何事情，都要待人诚恳一些，心里多一些善念，会有好的回报。"

李嘉诚牢记母亲的教导，把那位茶客作为自己一生的学习榜样。

后来步入商场，无论遭遇困难，还是生意发达，李嘉诚都保持着一份善念，真诚相待，绝不刻薄，无论对方是什么样身份地位的人。

商场如战场，精明、老练、会算计，确实可以获利。但是，让别人敬佩你，对你折服，才是真聪明。一个成功的商人必定是君子，而不是小人。那些表面上刻薄成性、猴精鬼灵的人，是不适合经商的；就算是经商有了点成果，也不过是一些骗钱的骗子罢了，终究还是得不到别人和社会的信任。

李嘉诚曾经戏言自己不是经商的料，因为他觉得自己不会骗人，不符合中国人所说的"无商不奸"的标准。事实上，恰恰相反，这种真诚待人的品性成就了他。因为和别的商人太不一样，大家对李嘉诚另眼相看，愿意跟他交往、合作，甚至主动提供帮助。李嘉诚在商场上春风得意，生意越做越大，与这一点有很大关系。

传事业不传财富，避免败家

人对财富的支配一定要具有三种权力：所有权，控制权，受益权。因此，企业资产不等于个人资产。

——李嘉诚

关于要不要留财富给子女，林则徐有过这样一句经典名言："子孙若如我，留钱做什么？贤而多财，则损其志；子孙不如我，留钱做什么？愚而多财，益增其过。"即，子孙如果像我一样优秀，我就没必要留钱给他，贤能却拥有过多钱财，会消磨他的斗志；子孙如过混得不如我，我也没必要留钱给他，愚钝却拥有过多钱财，会增加他的过失。

李嘉诚也说过类似的话：

"如果子孙没有出息，享乐，好逸恶劳，存在着依赖心理，动辄搬出家父是某某，子凭父贵。那么留给他们万贯家财只会助长他们贪图享受、骄奢淫逸的恶习，最后不但一无所成，反而成了名副其实的纨绔子弟，甚至还会变成危害社会的蛀虫。如果是这样的话，岂不是害了他们吗？"

与某些商贾对外嘴上说着"财富于我如浮云"、私下早把钱分给了子孙的分裂行为所不同的是，李嘉诚给两个儿子留产业但不留钱。

2018 年，李嘉诚宣布退休的时候，有人曾经做过统计，李嘉诚可以估算的全部资产大致为 2 万 5 千亿人民币。如果加上隐蔽财富，要远远超过这个数字。深圳 2017 年全年 GDP 为 22438 亿元，香港 2017 年全年 GDP 为 23049 亿元，都不及李嘉诚明面上的财富收入。

这么多钱，该如何分配给自己的后代呢？

李嘉诚在 2012 年的时候这样分家产：将 40% 的长江实业股份、和记黄埔及连带的 22 家上市公司，加在一起总共约为 8500 亿港元的资产全部交由李泽钜，等于说长和系已经完全交由李泽钜。对二儿子李泽楷，李嘉诚选择为其在美国成立了一个基金，价值其实和李泽钜的 8500 亿港元旗鼓相当。另外价值 1400 多亿的维港投资归周凯旋所有。梁洛施为李泽楷生的 3 个儿子都没有份。

李嘉诚的财富分配被公认为是富有智慧。表面上看，很公平，大家也都拿到了客观的数字，但这些钱可望不可及。李嘉诚分家的思路很清晰，长子继承衣钵，次子在家族企业外开拓。所谓的财产分配，不过是为了确保家业永续的手段罢了。与其说分钱给他们，不如说让他们帮自己保管财富。

李嘉诚曾说过："别人都说我很富有，拥有很多的财富，其实真正属于我个人的财富是给自己和亲人买了充足的保险。"他还说过，他认为，人对财富的支配一定要具有三种权力：所有权，控制权，受益权。因此，企业资产不等于个人资产。只有自己给子女买的保险，才是明确属于他们个人的资产，其他都是企业资产。

在李泽钜、李泽楷很小的时候，李嘉诚就很忌讳给他们钱。他总是逼着他们自己小小年纪去赚零花钱。两兄弟去美国斯坦福读书时，李嘉诚也只给他们勉强维持生活的钱，其余靠自己勤工俭学。一方面是怕他们从小养成败家行为，另一方面是有意培养他们的赚钱能力。

两个儿子最终得到这样的财产分配，完全是基于他们的"业绩"。

长子李泽钜毕业后，被李嘉诚安排到加拿大主持长实分支机构。李泽钜在温哥华看中当地海边的世博会旧址，立马决定在这里建设居民住宅区，并出售给香港人。几经困难挫折，最终建起"万博豪园"，在香港和温哥华大为畅销。第一次出师，就大战告捷。商业眼光和执行力，不是一般的好。1993年2月，李泽钜出任长实集团总经理。

1999年，李泽钜再创辉煌，以2000万港元购买"TOM"网域名，仅用了70多天就顺利运作上市，上市首日终盘价飙升了335.4%，创下了香港万人空巷的轰动场面。

2003年，李泽钜又创佳绩。他以私人名义投资加拿大航空公司，在众多世界级投资财团中脱颖而出，以38亿港元掌控了加拿大航空公司31%的股权，一跃成为加拿大航空公司最大的单一股东，为李氏家族进军航空业打下了坚实的基础。

可以说，李泽钜的业绩可圈可点。他入主集团以后，用自己多年在海外学来的知识及商业运作经验，让李氏家族更上一层楼。最重要的是，他和李嘉诚一样低调沉稳。李嘉诚曾这样评价李泽钜的表现："他可以得90分，但是如果他不是自己的儿子，可以得100分。"所以由他接棒长和董事会主席，众望所归。

相反，李嘉诚不让李泽楷过问长和，也是有原因的。

1990年，其母庄月明病逝，李泽楷在李嘉诚的指令下才不得不回港。他本以为回香港之后，父亲肯定会给自己提供优越的生活条件，可没想到，李嘉诚安排他到和记黄埔做了一名普通职员。李嘉诚有意让当时的行政总裁马世民带他长本事，他却抱怨自己的薪水太低。

李嘉诚留不住他，只好支持他出去创业，当时李嘉诚只给了他四字忠告：保持低调。李泽楷显然也没有听进去。在事业上，李泽楷大胆行事，甚至略带投机色彩。在私生活上，绯闻不断，从1992年到2008年，先后换了8任女朋友，还有两位是女明星，吸引了无数的关注。

2011年，李泽楷与梁洛施分手，李嘉诚接受媒体采访时这样感叹："他从7岁就不听我的了，何况他现在47岁了。"对李泽楷的失望与无奈，由此可见一斑。

当然，作为李嘉诚的儿子，李泽楷也差不到哪里。1991年，香港政府开始发放卫星电视牌照，李泽楷向李嘉诚借了5亿港元，成功获得香港首个卫星电视牌照。同年3月，李泽楷正式成立卫星广播有限公司，此时他才25岁。到1993年，李泽楷以8亿美元将卫星广播有限公司卖给了默多克，接着创办了盈科集团。盈科成立一年以后，他大胆与新加坡电讯竞争，成功收购了香港电讯，一跃成为香港三大公司之一。同时，他还曾是腾讯早期投资人，拥有过腾讯20%的股权。

但是，这些漂亮的业绩背后，总有李嘉诚在后面撑腰和收拾残局。1994年，李泽楷成立盈科数码，正式与家族事业分道扬镳。看似独立了，但他能在短短数天内从四家银行得到上百亿美元贷款，离不开李嘉诚的背书。1997年，李泽楷以80亿港元投资东京地铁站，成为日本当年单一外资投资者最大交易。不料遭遇金融风暴，在其危难之际，李嘉诚以29亿港元买下地皮45%的权益，并给盈科1.7亿港元管理费，令李泽楷幸免于难。2000年之后，中国的互联网泡沫随即被冲破，原本一帆风顺的李泽楷也没能幸免。2006年，李泽楷有意出售盈科资产，最后李嘉诚拿出个人资金，收购他手中的电讯盈科股份。李泽楷一直努力摆脱父亲的影响，但事实上李嘉诚一直在暗中帮助他。

李嘉诚曾经坦言："对于泽钜和泽楷，我没有一般中国人一定要子孙继承事业的想法。但是，我也会给他们机会，给他们创造继续发展的良好条件，如果最后他们的能力确实无法胜任，那么我认为企业也可以继续发展，只是无须李家管理。一个真正优质的企业，只有组织正确，有一套健全的制度和科学的管理，才能生存并继续向前发展。"从这段话，我们不难看出，李嘉诚始终以事业为重，如果子孙不具备继承能力，就不会交棒给他们。所幸，李泽钜足够优秀。

第十二章

内心富贵：建立自我，追求无我

  越到晚年，李嘉诚越对富贵两字有了别样的理解。李嘉诚说："'富贵'两个字，它们不是连在一起的。其实有不少人，'富'而不'贵'。真正的'富贵'，是作为社会的一分子，能用你的金钱，让这个社会更好、更进步、更多的人受到关怀。内心的富贵才是财富。"李嘉诚主张人生应该是"建立自我、追求无我"、充盈内心的过程。

侠之大者，为国为民

如果真的要写墓志铭，我会选择一直支持我每天充满斗志的两句话：建立自我，追求无我。

——李嘉诚

当地时间 2018 年 12 月 1 日，加拿大政府应美国要求在温哥华逮捕了华为副董事长、首席财务官孟晚舟，理由是怀疑违反美国对伊朗的贸易制裁。这起事件只是个导火索，随后，美国联合加拿大等"五眼联盟"围剿华为，狙击华为在 5G 上的发展。在激烈多方争夺战后，华为不屈不挠，在重压之下，奋力前行，赢得了多个大国的 5G 订单。很多人不知道的是，据说，这背后有一股神秘的力量在鼎力相助，这股力量就来自李嘉诚。正是李嘉诚的帮助之下，华为在欧洲市场打破了僵局，让美国发动的围剿不攻自破。

我们都知道，李嘉诚在 2018 年退休之前，做了很大的战略调整，在内地和香港抛售多处地产，把重心转移到欧洲，长江实业在英国投资了很多基础设施，同时，李嘉诚还被英国女王授予了爵士勋位。为此，李嘉诚背负"跑路"的恶名，被各种舆论讨伐。

而此次华为能获得欧洲企业的认可，除了自身技术实力强之外，多亏李嘉诚此前在欧洲的布局。李嘉诚在欧洲的布局中，通讯系统占很大一大块业务。2012 年开始，李嘉诚先后收购了英国、奥地利和荷兰的多家电信公司，到 2017 年长和系已经成为完全以欧洲为大本营的跨国集团，在欧洲获得的利润中，高达 43% 来自电讯业务。长和电讯业务更是遍布亚洲、欧洲、澳洲，全球用户 1.3 亿人，每年营收近 900 亿港币，贡献的利润远超其他业务。正是通过在欧洲持续并购，充分发挥规模协同效应，长和电讯得以跻身欧洲一流电信运营商，长和帝国在欧洲获得很大话语权。

一开始，作为"五眼联盟"的成员，英国本来是拒绝华为的，态度转变的"幕后功臣"就是李嘉诚。孟晚舟事件爆发后，李嘉诚挺身而出，投入 175 亿美元，旗下的两家英国电信公司"Three UK"和"O2"与华为签订了 5G 大单，改变了英国运营商对华为的态度。英国政府公开表示华为 5G 风险在可控范围之内，随后新西兰、德国等国家在华为问题上的态度也纷纷松动。

李嘉诚旗下 Wind 公司与意大利运营商 Fastweb 签约为期十年的协议，合建意大利 5G 网络。根据协议，双方将共同促进 5G 网络建设和发展，推动 5G 生态系统的完善，此举也被业界评论为是对华为的有力助攻。

另外，李嘉诚还采取紧急终止收购行动，撤回在加拿大的投资。李嘉诚之前已经计划以 389 亿美元收购加拿大 MEG Energy 公司，用于推动当地经济，缓解就业问题。李嘉诚的财富比加拿大首富还多，临时撤资给加拿大压力不小。

李嘉诚利用自己在欧美的提前布局，助攻华为，帮华为撕开了美国凶猛严密的 5G 围堵大网，用事实打脸"别让李嘉诚跑了"的传言。在大是大非面前，李嘉诚表现出了一个企业家该有的责任担当和英雄气节。

事实上，这不是李嘉诚第一次出手帮助华为。早在 1996 年，李嘉诚还助力华为在香港站稳脚跟。当时，"香港电话公司"一直垄断固话和国际电话业务。香港回归祖国前夕，港府决定解除垄断。李嘉诚看准时机，成立和记电讯有限公司，也拿下一张牌照。问题是，和记电讯必须在 3 个月内完成一个综合性商业网，整合香港的移动电话、传呼与固网服务，再经过香港电信局验收。李嘉诚原本可以找西门子、阿尔卡特等设备供应商合作，但当得知华为决定走国际化道路，将出海第一站瞄向了香港之后，有意提供一臂之力，帮助内地企业走向海外。

谁知道，双方合作之后，在内地调试很好的华为交换机，到了香港却"水土不服"，很不稳定，接二连三出问题。情况紧急之下，华为人发挥"狼性精神"，在机房打地铺，连续多日通宵调试，华为总部设计人员也放弃周末休息协助调试。和记公司的员工也大受鼓舞，纷纷伸出援手，大力协助调试。最终，项目顺利通过了验收。和黄在香港电讯市场进一步站稳了脚跟，华为也拿到了香港电讯设备的经营权。

古人言，君子喻于义，小人喻于利。作为商人，最常被人诟病的就是"无商不奸""为富不仁""唯利是图"，没有足够的社会担当意识。李嘉诚多次被道德绑架，他也曾经为自己的商人身份懊恼过，后来在商圣范蠡和富兰克林身上找到了启示。

"飞鸟尽，良弓藏；狡兔死，走狗烹"，范蠡基于这样的担心离开了勾践，躲到齐国海边耕种经营，靠捕鱼、晒盐获得商业成功之后，敏锐地察觉到嫉妒之火即将临近，于是赶紧散尽家财，分给他惧怕的亲友乡邻，出走宋国陶邑。在陶邑，又靠着贱买贵卖的惊世之才，获得成功，没出几年，又成巨富，然后再次选择归隐。作为一代商圣，范蠡一生在逃避，从为国为民的高起点到想尽办法独善其身。

富兰克林，1706 年生于波士顿，家境清贫，12 岁当印刷学徒（巧合的是李嘉诚 12 岁开始当茶童），当了近十年的印刷工人，但他的学习从未间断过；后来，他为政府印刷纸币，在实业上获得了很大成功。

随后他开始致力于各项发明和研究，正当他在科学研究上不断取得新成果的时候，美国独立战争的势头愈演愈烈。为了民族的独立和解放，他毅然放下了实验仪器，积极地站在了斗争的最前列。富兰克林利用自己的关系，赢得了欧洲人民对北美独立战争的支援。还积极参加美国宪法的制定工作，并组织了反对奴役黑人的运动。富兰克林还是大慈善家，临终前捐款修建了以他命名的富兰克林·马歇尔大学。李嘉诚强调：

> "做好事，做好人是驱动富兰克林终生的核心思想，他极希望自己做的每一件事均有益于社会，身体力行为后人谋取幸福。"

同样是商业天才，范蠡以"无我"追求"自我"，而富兰克林则先"建立自我"，而后"追求无我"。李嘉诚不愿意走范蠡的路，他选择向富兰克林学习："建立自我，追求无我。"

内心充盈才是真正富贵

当一个人真正觉悟的一刻，他放弃追寻外在世界的财富，而开始追寻他内心世界的真正财富。

——李嘉诚

美国脱口秀主持人柯南·奥布莱恩曾经说过一句话：Gravity is good for your health。意思就是说，人生需要"重力"约束，人越成功，"重力"越大。遗憾的是，一个人成功之后，基于对富贵的敬畏，越来越少的人敢于给予负面的反馈和真诚的建议。这时候就要个人对"重力"的感知，告诫自己什么该做什么不该做。然而太多人，在成功之后变得刚愎自用，目中无人，失去感知"重力约束"的能力。

这种成功之后的"失重"现象，就是李嘉诚所说的"富而不贵"。

2005 年，李嘉诚在接受央视《面对面》节目专访时直言："富贵两个字，不是连在一起的。这句话可能得罪了人，但是其实有不少人富而不贵。"

李嘉诚认为，衡量财富的准则，在于"内心的富贵"。真正的富贵是要懂得用自己得来的金钱，对社会尽一点义务和责任。作为社会的公民，作为社会的一分子，有责任令这个社会更好、更进步，更多的人可以得到关怀，帮助那些需要帮助的人。唯有这样，社会才会进步，才会更加好。"这是做人的一个原则，如果这些人没有什么困难，也不会希望人家帮忙。这一点，也是做人的道理。所以我就是这样，如果一个人想得通的话，你的贵是从你的行为而来。"李嘉诚还特别引用中国哲学家的观念来加以说明："贵为天子，未必是贵；但是，贱如匹夫，不为贱也。关键是看你一生所做的事，所讲的话，怎样对人对事。"

关于"内心的富贵"为什么是"真正的财富"？李嘉诚进一步解释道："真正的财富，当是今生可以享用，身后仍归属于自己的。对其他需要帮助的人有所贡献，这个才是真财富，因为金钱的财富，你今天可能涨了，身价高很多，明天掉下去，可能一夜之间，减少一半，这种例子有的是。只有你做些让世人得益的事，这才是真财富，任何人拿不走。"

"财富到某一个数字，衣食住行都无虞，握在手里的用途就不大。如果你不能做到慷慨割舍、有爱心的话，是没有太大意义的。所以我后来重视捐钱甚于赚钱。"李嘉诚能够对财富如此豁达和智慧的使用，背后有一个曲折的心路历程。

如前所述，早在 1956 年，凭借塑胶花走红，28 岁的李嘉诚已经是百万富豪。和所有暴富的人没有区别，李嘉诚也选择了"报复性消费"。向来节省的他，也穿起了香港著名裁缝定制的西服，戴起了瑞士进口的高级手表，甚至也买了名车和游艇，还在香港最贵的地段给母亲买了豪宅。

然而就在搬进豪宅的当天晚上，李嘉诚失眠了，这是他人生第一次开始审视赚钱的意义。他发现"报复性消费"并没有让他很开心，巨大的财富也没有让他在内心获得安全感。

百万富豪李嘉诚变得忧郁起来，他开着豪车在香港西环半山上兜风，有一天突然开悟：帮助别人，才是财富的应有之义。于是，李嘉诚迷上了乐善好施，他捐款给很多人。

捐钱容易，但亲力亲为需要耗费极大精力，一开始李嘉诚乐此不疲，后来随着长江实业的壮大，李嘉诚实在没有那么多精力去个人捐赠了，于是，1980 年成立了专门的慈善基金，把帮助别人变成了事业化。为了弥补自己少年失学的痛和父亲因病去世的无奈，他将基金会捐献的方向主要放在两方面：教育和医疗。在不断帮助别人的过程中，李嘉诚感到分外踏实。

2000 年，世界首富、微软创始人比尔·盖茨成立了专门的慈善基金会，用于改善全球卫生、紧急救援、教育、反贫困等。一时间，轰动世界。比尔·盖茨以及夫人梅琳达·盖茨被评为美国最慷慨慈善家。当时比尔·盖茨那句名言影响了很多企业家："伴随着巨大财富而来的是巨大的责任。"全球不少企业家开始热衷做慈善事业。

比尔·盖茨引发的全球慈善之风，再次引起了李嘉诚的思考。2003 年的某个夜晚，为基金会的未来，他再次彻夜难眠，因为他日渐体会到自己年事已高，但又不希望基金会停止运作，而基金会无止境地运作，就需要投入大笔大笔钱，他担心，这是否剥夺了原本该属于子孙的财富权利？如何确保子孙不会在他死后不觊觎基金会的钱呢？

李嘉诚突然想到了主意：

"如果我不是有两个儿子，而是有三个儿子，我是不是也要给第三个儿子一份财产？只要将基金会视为第三个儿子，财产分三分之一给基金会，就理所当然。"

把李嘉诚基金会视作自己的第三个儿子！李嘉诚心念一转，豁然开朗。

在接下去的星期一早上，跟儿子儿媳吃饭时，李嘉诚正式对他们说："你们多了个弟弟。"看着李嘉诚一脸严肃认真的样子，李泽钜和李泽楷吓了一跳。李嘉诚再次严肃地说："我再说一遍，你们有个弟弟，这个弟弟不会欺负你们，你们也别欺负他。"随后，李嘉诚详细解释自己准备把1/3的家族财产注入基金会。

这就是李嘉诚"第三个儿子"的来历。李嘉诚一直有个心愿，将慈善业从个人的道德完善，转变成促进社会进步的力量。"第三个儿子"的诞生，让世人看到了他的决心之大。[1]

2018年，李嘉诚退休之后，很多人担心他的"失业问题"。李嘉诚明确表示，我要做的事情实在太多，我要亲手管理自己的"第三个儿子"。之前，一直是周凯旋在"抚养这第三个儿子"。

"在巨额财富中死去是一种耻辱！"李嘉诚很欣赏卡耐基的这句话。退休后的他开始真正享受起"内心的富贵"。可以说，在缺乏回馈社会风气的华人商界，作为亚洲首富，李嘉诚开了一个好头。

在2018年的汕头大学毕业典礼上，李嘉诚发表了《建立自我，追求无我》的著名演讲，作为"告别作"。"建立自我，追求无我"曾是他多年来秘而不宣的人生信念，他将之公之于众。

---

[1] 王晶：《赚钱是一种修行》，华中科技大学出版社，2016。

有能力帮助别人是福分

晚上仰望星空让我了解人的渺小，在漫漫长路上，很多时候也感到沮丧无力，但为了明天，我依然披上战衣，去思考、去感受、去行动，永不言倦——继续公益求变，寻找更好。

——李嘉诚

2019 年 6 月 28 日，广东汕头大学举行 2019 届毕业典礼，李嘉诚 18 年来首次没能出席。现场，有毕业生在唱校歌的时候哭了。

截至 2018 年，李嘉诚创下了连续 17 年参加汕大毕业典礼的记录，每一年的毕业季，汕大学子们都期待着与华人首富近距离接触，这已经成为每年这时候汕大乃至整个潮汕"朋友圈"的一项盛事。

尽管 91 岁的李嘉诚未能出席，但他早给汕头大学的同学们预备好了大礼包。2019 年，李嘉诚基金会助力汕头大学教育改革，首推本科生学费全额奖励，奖励支持汕头大学本科学生在校修读完成本科所有课程。本科生学费全额奖励计划是李嘉诚基金会捐资在汕头大学设立的专项奖助学金。首期奖励计划的对象为 2019 级至 2022 级本科生，包括四年制专业和临床医学、口腔医学等五年制专业。每年的捐资额度依据 2019 级至 2022 级本科生当年的学费总额，并以每年 1 亿元人民币为资助上限。

汕头大学是全球唯一一所由私人基金会持续资助的公办综合性大学。李嘉诚及李嘉诚基金会自1981年以来，一直支持和推动汕头大学国际化发展，累积捐款100亿多港元。2018年至2025年，李嘉诚基金会再捐资20亿港元。

"我吃苹果的滋味跟我儿子吃苹果的滋味是不一样的，我吃苹果的味道，比他们香得多。因为我小时候，经过蔬果店，那时候，灯光照着水果，非常漂亮的，非常香，但我没有钱可以买。我一辈子不能忘记当时的滋味，所以我要帮助还在尝这种滋味的人。"

这是多年前李嘉诚对外表达的想法。

张爱玲说过一句名言："因为懂得，所以慈悲。"从贫困生活中走出来的李嘉诚，格外懂得人间疾苦。所以，在他成功后也能够懂得去帮助他人。

李嘉诚少年经历忧患，不足15岁便辍学到社会谋生，深深体会健康和知识的重要，认为对无助的人给予帮助是世上最有意义的事情，教育及医疗两者更是国家富强之本，他也认识到个人力量到底有限，唯有事业成功，才能对社会和国家作更大的贡献。故早年随着事业进展、行有余力的时候，便热心慈善公益，支持中国内地及香港的教育医疗事业。

在教育界，除了汕头大学，李嘉诚基金会还资助过很多大学。1997年，北京大学100年校庆期间，李嘉诚基金会向北京大学图书馆捐赠1000万美元，支持新图书馆的建设。1999年，李嘉诚基金会捐款4000万港元给香港公开大学，作为回报，香港公开大学将设于信德中心的持续及社区教育中心命名为李嘉诚专业进修学院。

2002年11月，李嘉诚基金会建立长江商学院，在北京和上海建立校区。这是中国政府批准的第一家具有独立法人资格的商学院，也是唯一一所实行教授治校的商学院。来自联想、首钢、中国网通、万科、GE、INTEL 等本土或跨国公司的近千名中国商界政界的中高层管理者就读于此。"希望大家报慷慨宽容的胸怀，打造奉献的文化，实现我们人生最有意义的目标，为我们心爱的民族和人类创造繁荣和幸福。"这就是李嘉诚创办长江商学院的宗旨。

2007 年 3 月，李嘉诚向新加坡国立大学李光耀公共政策学院捐款 5 亿港元，创立教育及学术发展基金，设立教授席及 40 个硕士奖学金等，志在培育区内公共管治人才。

在医疗界，1988 年，李嘉诚基金会捐款 1200 万港元兴建儿童骨科医院，并对香港肾脏基金、亚洲盲人基金、东华叁院捐资 1 亿港元。2005 年 5 月，李嘉诚向香港大学医学院捐出港币 10 亿元以资助医科学生及医学研究用，香港大学校长徐立之称将重新命名香港大学医学院为"香港大学李嘉诚医学院"，并于 2006 年 1 月 1 日正式易名。2011 年，向西藏阿里红十字会捐助 100 万元人民币善款用于"爱里的心"专项慈善活动。

其中，李嘉诚个人非常重视一个叫"宁养服务"的医疗项目。"宁养服务"也就是"临终关怀"，因为李嘉诚不喜欢"临终关怀"这个词，所以改为了"宁养服务"。随着年龄渐长，李嘉诚对这个项目格外上心，甚至还专门就市面上有哪些新药和李嘉诚基金会的执行人员进行过讨论。"宁养服务"在内地以及香港有大约 50 家宁养院。

"谁都知道，世界上没有任何一个国家或任何一种制度，能够全面改变贫困的存在，不论是制度上的不足或是个人努力不够，我们绝对不能漠视这个日益严重的问题。"

2004 年 12 月 26 日李嘉诚在潮汕故乡启动"关心是潮流，打造奉献文化"医疗扶贫模式时如是说。

李嘉诚的帮助对象，不仅局限于潮汕故乡和华人地区，凡是正在深渊痛苦无助的人，都是他帮助的对象。

2004 年，南亚发生海啸。李嘉诚在电视上看到海啸惨状，立即决定出资赈灾。李嘉诚和和记黄埔共出资 2400 万港元。大手笔出资自然引发社会强烈关注，但和记黄埔董事及股东并没有因此不满。因为，与多数每年从所在企业赚取巨额年薪的企业家不同，李嘉诚每年在长和集团的工资只有 5000 元，他在公司里得到的利益跟所有其他股东是一致的，作为公司股东，拿到股息。相对于多年来李嘉诚引领公司取得的利润是微不足道，所以他热心公益得到了管理层和股东的支持。

李嘉诚的公益事迹数不胜数。2011 年他在接受加拿大媒体《环球邮报》专访时，首次提及做公益的动机。

李嘉诚父亲去世一年后，有一个亲戚来找他，因为家境贫困，这个亲戚要带孩子回潮州生活，李嘉诚当时才 15 岁，这么小就担负起养家重担，日子本身就过得非常拮据，但他知道，这位亲戚肯定是走投无路才找他，于是他拿出足够的钱帮她全家回潮州。

在登船的那一天，那位亲戚哭了，因为她本来辛苦准备了六天的食物被人偷了。送行的李嘉诚，急忙回家把父亲的衣服拿去典当，换了些钱，买了食物赶回码头，准备把食物给她。但是当他到码头的时候，他亲戚乘坐的船刚刚挂帆起锚，李嘉诚只好雇一艘小舢板去追。就在李嘉诚奋力追着亲戚的大船过程中，突然有很多船上的乘客对他挥手，在对他喊一些他听不清的话。

小舢板怎么追得上大船呢？他追了一个小时，都没法追上这位亲戚，他觉得很对不起这位亲戚，心里很难受。直到不久后，他收到了亲戚的来信。这位亲戚说，因为李嘉诚追着船送食物的行为，感动了船长和所有乘客，乘客们都愿意把食物拿出来给她分享，而且都站出来喊李嘉诚回去。

李嘉诚说，他一辈子都忘不了那一幕。在亲眼见证爱心传递带来的奇迹之后，他发誓等自己有钱之后，一定要帮助人，并影响更多的人去互相关爱。1980年成立的李嘉诚基金会，其使命就是推动社会建立"奉献文化"。

李嘉诚说过："我的钱来自社会，也应该用于社会。有能力帮助别人是福分，一定要发扬光大。"2018年6月9日，90岁的李嘉诚宣布将公益的接力棒交给次子李泽楷，李泽楷当场表示会传承下去。反哺社会的家族文化就这样继承了下来。

2019年，李家的第三代接班人——李泽钜的长女李思德走进权力中心，引发全民关注。耐人寻味的是，李思德之前任慈山寺董事。慈山寺是李嘉诚纪念亡故妻子，耗费15亿巨资、历时11年修建的。李思德在接班之前在慈山寺就职，李嘉诚的用意很明确：先过了"奉献文化"这关再说。有能力帮助别人是福分，也是李家的守财之道。

"一人得道，全家得道"

在我离开这个世界后做的事，一定要比我在世时做的只多不少。

——李嘉诚

所谓"一人得道鸡犬升天"，古往今来，社会始终存在着一种现象，一个人成功，一家人一起享受幸福。过去，读书人一旦当官，全家人跟着衣食无忧。现在，很多富豪在成功后，拿出数百万元分给他们的兄弟姐妹，以示慷慨。

李嘉诚成为大富翁之后，并没有这么做。大家都知道李嘉诚有两个儿子，其实他还有一个弟弟和一个妹妹。长兄如父，妹妹李素华可以说是李嘉诚看着长大的，李嘉诚在妹妹李素华心中有着很高的地位。自从李嘉诚创业以来，李素华就一直跟着哥哥李嘉诚干，为他鞍前马后效命。但就是这么亲近的妹妹，李嘉诚也没给她分一毛钱。

李嘉诚只传授给李素华一个道理："建立自我、追求自我"。李嘉诚经营塑料厂的时候，就教李素华如何经营和管理塑料厂。当他转行做房地产时，李华素就帮着他打理塑料厂。后来李嘉诚开始放弃做实业，李素华则另立门户，自己开了一家塑料厂，随后一直从事塑料行业。

事实上，李素华完全可以靠着哥哥过上衣食无忧的退休生活，我们都知道李嘉诚是一个重情重义的人。李素华可以不创业，只需跟在李嘉诚身后做做投资或者是直接去李嘉诚的公司上班，就可以赚到很多钱。事实上，长和公司里有不少员工都是李家和庄家的亲戚。李素华没有走捷径，和李嘉诚一样，她觉得自食其力、自力更生才是最好的，"建立自我、追求自我"才是最有价值的人生。通过自力更生，李素华早就是身价数十亿的女企业家了。为了"追求无我"，现在岁数很高的李素华也和哥哥李嘉诚一样，每天坚持工作超过 10 个小时来创造自己的社会价值。

李嘉诚对待妹妹如此，对待亲儿子也是如此。跟着李嘉诚，想不劳而获、坐享其成是不可能的。

李嘉诚很欣赏曾国藩的这句话："凡世家子弟衣食起居无一不与寒士相同，则庶可以成大器，若沾染富贵气习，则难望有成。"他对李泽钜和李泽楷的教育非常严苛。

现在很多年轻人都希望自己能"有个富爸爸""赢在起跑在线"，但李泽钜和李泽楷从小并没有享受到"有个富爸爸"的好处。李泽钜和李泽楷小的时候，李嘉诚很少让他们坐私家车，却常常带他们坐电车、巴士。有一次，李嘉诚看到在路边摆报摊的小女孩边卖报纸边捧着课本学习，就特意带两个儿子经过这个报摊，让他们学习小女孩认真学习的态度。

李泽钜和李泽楷就读于香港圣保罗男女小学，在这所顶级名校里，许多孩子都是车接车送，满身名牌，可他们却经常和爸爸一起挤电车上下学。

有一次，李泽钜和李泽楷终于忍不住对李嘉诚发火："为什么别的同学都有私家车专程接送，而你却不让家里的司机接送我们呢？"李嘉诚笑着解释："在电车、巴士上，你们能见到不同职业、不同阶层的人，能够看到最平凡的生活、最普通的人，那才是真实的生活，真实的社会；而坐在私家车里，你什么都看不到，什么也不会懂得。"

于是，两个孩子和普通家庭的孩子一样，在拥挤的电车里一天天长大。和学校里那些大手大脚花钱的同学们相比，李泽钜和李泽楷甚至怀疑自己的父亲是不是真的像大家说的那样富有。因为小气爸爸不仅很少给他们零花钱，还常常鼓励李泽钜和李泽楷勤工俭学，自己挣零用钱。

中学之后，李泽钜就开始做杂工和侍应生了。而李泽楷更小的时候就到高尔夫球场做球童了，看着小小的儿子背着大大的皮袋跑来跑去，李嘉诚甚是开心。

而当李泽楷告诉他，把挣来的钱拿去资助有困难的孩子时，他更是笑逐颜开。懂得勤劳和独立、懂得助人即是助己的儿子，是他想要的好儿子。有一次，香港刮台风，李嘉诚家门前的大树被刮倒了，李嘉诚看到两个菲律宾工人在风雨中锯树，马上把儿子从床上喊了起来，指着窗外的工人说："他们背井离乡从菲律宾来到香港工作，多辛苦，你们去帮帮他们吧。"[1] 李泽钜和李泽楷马上穿上衣服走进了风雨，而这时的李嘉诚在他们身后绽开了笑容。

李嘉诚曾说过："对子女的教育，百分之九十九应该教他们做人的道理，即便是他们成人后，也应该是三分之二教他们如何做人，三分之一才是教他们如何做生意。"

李嘉诚作为一个成功的大企业家、大富豪，当然也希望自己的两个儿子是一个成功的人。但他懂得，成功是要有扎实基础的，建立好自我，才能追求无我。

当李泽钜和李泽楷长大一些，李嘉诚召开董事会，就让儿子坐在专门设置的小椅子上列席会议。开始兄弟俩觉得新奇好玩，瞪大眼睛，

---

[1] 李嘉诚：一个人事业上再大的成功，也无法弥补子女教育失败的缺乏，http://www.sohu.com/a/225783033_498200。

认真听父亲和各位董事讨论工作，有时大家争得面红耳赤，吹胡子瞪眼睛，兄弟俩吓得哇哇直哭。李嘉诚说："孩子别怕，我们争吵是为了工作，正常现象，木不钻不透，理不辩不明嘛！"有一次李嘉诚主持董事会讨论公司应拿多少股份的问题，他说："我们公司拿百分之十的股份是公正的，拿百分之十一也可以，但是我主张只拿百分之九的股份。"董事们有的赞成，有的反对，争论不休。这时李泽钜站在椅子上说："爸爸，我反对您的意见，我认为应拿百分之十一的股份，能多赚钱啊。"弟弟李泽楷也急忙说："对只有傻瓜才拿百分之九的股份呢！"李嘉诚郑重地教育他们：

"经商不是1+1那么简单，你想拿百分之十一发大财反而发不了，你只拿百分之九，财源才能滚滚而来。"

人间正道是沧桑，李嘉诚在年幼的李泽钜和李泽楷心里植下了"做一个正直的商人"的种子。

李泽钜和李泽楷在父亲的耳濡目染下，养成了勤奋、自律、诚信的习惯，为以后执掌长和帝国打下了坚实的基础。

后院起火，殃及鱼池。家庭是事业稳固的基石，家人如果不能跟上节奏，就会为家族事业拖后腿。李嘉诚是一个危机感很强的人。他对家人的教育就是"建立自我，追求无我"。身为李家人，既要有建立一番自己的事业的雄心和自觉，还要有富而不骄、贵而不亢、泽被苍生、爱世人、做榜样的高境界。

克勤克俭，不求奢华

有金钱之外的思想，保留一点自己值得自傲的地方，人生活得更加有意义。

——李嘉诚

著名作家、画家木心有句话被很多人奉为圭臬："岁月不饶人，我亦未曾饶过岁月。生活最佳状态是冷冷清清地风风火火。"冷冷清清，即做人的状态，找得到内心的自我，心里始终有一颗开花的树，才能受得住追求无我的落寞；风风火火，即做事的状态，干脆利索，雷厉风行。李嘉诚无疑是这句话的最好诠释者。

岁月不饶人，李嘉诚拿什么去不饶过岁月？勤奋和自律。论做事的勤奋，论做人的自律，李嘉诚可谓是无人能及，无人不服。

李嘉诚到底有多勤奋？有人曾经这样描述过"年轻"李嘉诚的一天：

早上6点前起床，从香港岛南部深水湾道的家出发，下山去附近的九洞高尔夫球场并确保能在7点以前打出第一竿。他可能和住在香港高尔夫俱乐部附近的亿万富翁一起打球，也可能和他公司里的某个高级管理人员打球，亦可能和一个他想作出判断的新生意伙伴打球。

10 点李嘉诚到达办公室。自从位于中心商务区的 70 层高的长江中心落成之后，他的办公室就一直在那座用铬与玻璃建成的塔的顶部，那儿几乎被一个顶部缩进的游泳池占满了。

李嘉诚做的第一件事是查阅报刊，看看有没有和他或他的公司相关的报道。他用英语和别人交谈，但喜欢阅读中文，因此，英文报刊中的有关部分在他到达之前就已翻成了中文。李嘉诚也很关注经纪业对他公司的评价，那些激起他怒火的撰稿人将接到他助手的电话或是收到他的律师函。

上午 11：30，李嘉诚开始做按摩。此后，还要去处理更多的管理事务。

13：00 吃午餐，当然是工作餐。

午饭后，李嘉诚在办公室里工作两个小时，16：00 回家。

17：00，他很可能会再做一次按摩，之后，也许会在 18：30 与生意伙伴玩纸牌。

最终，商务晚宴后，于 22：00 就寝。这样日复一日地循环下去。[1]

2018 年 3 月，奋斗 78 年的李嘉诚宣布退休，大家以为他终于可以歇一歇，颐养天年了。然而 90 岁高龄的他，依然保持工作时的习惯：5 点 59 分闹铃响后准时起床，然后听新闻，再打一个半小时高尔夫……为了不落伍，睡前必看书，平时还会看英文电视。李嘉诚时间观念重，他的手表总是拨快半小时，这个习惯退休后也没有丢。

---

[1] 超人李嘉诚另一面：早上 6 点起床，晚 22 点就寝，日复一日，http://finance.sina.com.cn/roll/2018-03-18/doc-ifyskhxt2562495.shtml。

当然，赚钱的"老毛病"也戒不掉。宣布退休后没多久，就接下了一个大单：5 月 3 日，小米正式向港交所递交 IPO 申请书后，雷军顺道去拜访了一下"教父"李嘉诚，结果李嘉诚当天做了一个决定，长江和记实业有限公司与小米宣布合组全球策略联盟，小米的智能手机、智能硬件和生活方式产品将被引入长江和记旗下超过 17700 家位于世界各地的电讯和零售部门，涉及 11 个国家（地区）近 1 亿 3000 万活跃移动电讯客户。

交出指挥棒的李嘉诚，实际上"退而不休"，以老当益壮的姿态继续战斗着，赚钱着。另一方面，退休后的李嘉诚返璞归真，继续过着克俭的生活。

美国《财富》杂志曾刊登过一篇《十亿美元巨富俱乐部（three-commaclub）》的文章，其中说道："观察这些十亿富豪的用钱之道，可以说上了一节生活课。有的多姿多彩，有的穷奢极欲，夜夜笙歌。"其中，文章对李嘉诚的评价说："他的标志就是节俭。拥有 25 亿美元的李嘉诚仍然住在 20 年前所购置的一幢两层高的房子内。此宅外观不气派，内部装饰也不豪华，还看不到海景。"大道至简，简单朴实的生活让李嘉诚更为愉快。

李嘉诚到底有多节俭？讲一个真实的故事：

2001 年冬天的一个清晨，在北京大学任教的项兵教授走进落成不久的北京君悦酒店。他应邀与李嘉诚共进早餐。原本以为亚洲首富会吃多么高级的早餐，谁知道摆在他面前的竟然只有米粥、馒头和 4 小碟咸菜。李嘉诚自在地享用着自己的早餐，冷不丁地说出了影响数万人命运的一句话："我希望为中国、在中国，创办一所世界级的商学院，为我们国家培养一批世界级的企业家。"一年后，长江商学院应运而生。

富可敌国的李嘉诚，家庭用餐一直是很简单，退休后更是清简。在其他方面，也是极尽节俭之能事。比如，一个超级大富翁，坚持戴平价手表。

李嘉诚在接受媒体访问时，谈及钟情日本品牌平价手表，他说自己2013年换上该只手表后就再也没有更新换代，当时买它就是欣赏其环保节能性能。在问到是否怕被富豪朋友取笑，李嘉诚笑着说：

> "他们知道我的性格，如果手表值10万美元，我要戴得小心点；若只是几百美元，我可以打高尔夫球、游水，做任何运动也可以戴，不需要小心翼翼。很喜欢这只表，很轻、很实用，至少可戴多10年。"

"丹青不知老将尽，富贵于我如浮云"，杜甫送给曹霸将军的这句诗，特别像李嘉诚的晚年写照。家财万贯，但奢华是不存在的。

很多人年轻时拼命赚钱的目的只是为了将来享受奢靡的生活，简单来说就是赚钱为了挥霍。这样的人为了得到财富而不择手段，拿到钱之后各种挥霍，乍富时买各种奢侈品到处炫耀、和别人攀比，退休后大吃大喝，不懂得节约。与之相应的，还有像李嘉诚一样的爱财不贪钱的人，他们努力赚钱为了成就一番伟业，造福别人，对于自己来说，哪怕拥有再多的财富，也绝不花没必要的钱。对别人大方，对自己人节俭，是做大事人的共同特质。

克勤克俭，始终如一，可以说，没有几个人能做到李嘉诚这样，从财富的万花丛中过，却片叶不沾身。"发上等愿、享下等福"，李嘉诚说到做到。贯穿一生的强大自律，正是李嘉诚能够"建立自我，追求无我"的资本。也正是因为此，《福布斯》富豪榜的创立者斯蒂夫·福布斯如此盛赞李嘉诚："他不仅是我们时代最伟大的企业家，在任何时代都是最伟大的企业家。"

大事记

1928 年 7 月 29 日	出生于广东潮州潮安县北门街面线巷。祖籍福建莆田。
1939 年 6 月	李嘉诚与家人辗转到香港，寄居在舅父庄静庵的家里。
1943 年	父亲李云经病逝，为了养活母亲和三个弟妹，14 岁的李嘉诚辍学到茶楼当学徒。
1945 年	李嘉诚到舅父所属中南钟表公司高升街的一间钟表店当店员，学习钟表装配修理技术。
1947 年	李嘉诚因不愿长期寄人篱下，到一家五金厂当推销员，开始了打工生涯。
1948 年	由于业绩出色，20 岁的李嘉诚升任塑胶厂总经理。
1950 年	22 岁的李嘉诚用平时省吃俭用积蓄的 7000 美元在筲箕湾创办长江塑胶厂。
1957 年	李嘉诚阅读英文版《塑胶》杂志，无意间发现塑胶花商机，迅速到意大利考察，回港后率先推出塑胶花，随即成为热销产品。

1957 年底	长江塑胶厂改名为长江工业有限公司。公司总部由新莆岗搬到北角，李嘉诚成为"塑胶花大王"。
1958 年	李嘉诚在港岛北角建起了第一幢 12 层工业大厦，正式介入地产市场。
1960 年	李嘉诚又在柴湾兴建了第二幢工业大厦，事业迅速走向辉煌。
1963 年	李嘉诚与庄月明结婚，斥资 63 万港元买下深水湾道 79 号 3 层花园洋房。婚后，庄月明加入长江工业公司。
1964 年 8 月	长子李泽钜出生。
1966 年 11 月	次子李泽楷出生。
1967 年	香港地价暴跌，李嘉诚低价购入大批土地储备。
1972 年	长江实业上市，其股票被超额认购 65 倍。
1978 年	李嘉诚与国家领导人邓小平会面。
1979 年	李嘉诚斥资 6.2 亿元，购入老牌英资商行和记黄埔，成为首位收购英资商行的华人。同年，与霍英东等人出任中国国际信托投资公司（中信集团前称）董事。
1980 年	李嘉诚基金会成立，主要捐款用于教育、医疗、文化及其他公益事业。
1981 年	李嘉诚获委任为太平绅士，获选为"香港风云人物"。同年，创立汕头大学。

1982 年	李嘉诚获得巴拿马国 Grand Officer of the Vasco Nunez de Balboa 勋衔。
1984 年	长江实业购入香港电灯公司的控制性股权。
1985 年至 1990 年	出任香港特别行政区基本法起草委员会委员。
1986 年 3 月	进军加拿大，购入赫斯基石油逾半数权益。
1986 年 5 月 1 日	李嘉诚母亲庄碧琴逝世。
1986 年 6 月 20 日	国务院总理赵紫阳会见了李嘉诚。
1987 年	李嘉诚联同李兆基及郑裕彤，成功夺得温哥华 86 年世界专览会旧址的发展权。
1988 年	捐款 1200 万港元兴建儿童骨科医院。并对香港肾脏基金、亚洲盲人基金、东华叁院捐资 1 亿港元。
1989 年 1 月	李嘉诚获英国女王颁发的 CBE 勋衔。6 月，获加拿大卡加里大学授予的名誉法学博士学位。同年，捐赠 1000 万港元，支持北京举办第 11 届亚洲运动会。
1990 年 1 月 1 日	庄月明因心脏病发，在家中病逝，终年 58 岁。
1991 年	李嘉诚向英国保守党捐赠 10 万英镑作竞选费用。
1992 年	被聘为港事顾问。4 月 28 日北京大学授予李嘉诚名誉博士称号。1992 年至 1997 年，出任港事顾问。
1993 年	比李嘉诚年轻 33 岁的周凯旋在北京王府饭店第一次与李嘉诚见面。

1996 年 5 月 23 日	李嘉诚的大儿子李泽钜遭张子强绑架，最终李嘉诚支付了 10.38 亿港元，把李泽钜赎回，李泽钜并无受伤。
1997 年	北京大学 100 年校庆期间，李嘉诚基金会向北京大学图书馆捐赠 1000 万美元，支持新图书馆的建设。
1997 年	李嘉诚通过国际竞标，获得了对巴拿马运河太平洋一端的巴尔博亚和大西洋一端的克里斯托瓦尔两个港口长达 25 年的管理权。
1998 年底	香港特区行政长官董建华约见李嘉诚，提出借助李嘉诚的资本力量，为香港打造一个新名片——"中药港"的想法，嘉诚欣然接受了建议。
1999 年	首次被《福布斯》杂志评为全球华人首富，之后连续 15 年蝉联华人首富宝座。
1999 年 10 月 21 日	李嘉诚向外界公布：和黄以价值 1130 亿港元的价格向德国电讯公司曼内斯曼出售 44.81% 的 Orange 电讯公司股份，曼内斯曼分别以折 220 亿港元的现金、价值 220 亿港元的欧元三年期票据及 1184 万股曼内斯曼新股支付。这是世界商业史上的第二十二大交易，香港历史上的最大宗交易。李嘉诚表示"这是我最骄傲的交易。"
2000 年	获得比利时国 The Commander in the Leopold Order 勋衔、英帝国 KBE 爵级司令勋章、国际杰出企业家年奖（由加拿大明尼吐巴大学 University of Manitoba 颁发）。

2000 年 10 月 7 日　　和记中药与同仁堂联手，在香港成立了同仁堂和记（香港）药业发展有限公司。到 2003 年底，和黄进一步地直接与同仁堂集团总部合作，共同成立合资企业，由同仁堂与和黄各占 49% 股权。

2001 年 8 月　　和黄与上海市药材公司旗下上海中药一厂合资成立上海和黄药业，上海市药材公司隶属于国内最大医药上市公司上药集团。

2002 年　　李嘉诚海外基金建立长江商学院，是中国第一所也是唯一一所实行教授治校的商学院。

2004 年 11 月　　和黄与广州白云山股份有限公司正式合作，成立合资公司——白云山和记中药有限公司，填补和黄医药在华南市场的空白。

2004 年 12 月　　南亚海啸，李嘉诚透过旗下的和记黄埔及李嘉诚基金会，共捐出 300 万美元予受灾人士。

2005 年 1 月　　李嘉诚以 12 亿加元（约 78 亿港元）出售加拿大帝国商业银行股份，并成立以加拿大多伦多为基地的"李嘉诚（加拿大）基金会"。

2005 年 5 月　　李嘉诚向香港大学医学院捐出港币 10 亿元以资助医科学生及医学研究用，香港大学校长徐立之称将重新命名香港大学医学院为"香港大学李嘉诚医学院"。

2006 年 5 月　　和记黄埔将旗下和黄中国医药科技有限公司分拆后，在伦敦证交所独立上市，成为首家进入英国资本市场的中药企业。

2008 年 5 月 19 日	李嘉诚致函中央政府驻港联络办公室主任高祀仁,再以李嘉诚基金会、长江集团、和记黄埔集团的名义捐款一亿元人民币,用于为 5·12 汶川大地震灾区学生设立特别教育基金。
2010 年 7 月 30 日	亚洲首富李嘉诚旗下的长江基建、港灯、李嘉诚基金会有限公司及李嘉诚(海外)基金会,以 57.75 亿英镑竞购法国电力集团旗下部分英国电网业务。
2010 年 9 月 6 日	中国国家主席胡锦涛在广东深圳会见了李嘉诚。
2011 年 7 月	教育部副部长郝平赴汕头大学调研,期间会见了李嘉诚。
2011 年 9 月 28 日	国家孔子学院把成就李嘉诚的一道工夫茶传奇故事搬上国际频道,中英文全球推广。
2012 年 5 月 25 日	李嘉诚首次宣布分身家安排,将 40% 长江及和黄股份和 22 家上市公司,市值逾 8500 亿港元,名下上市资产逾 2900 亿港元,全归予长子李泽钜,长和系日后由他打理。次子李泽楷获得李嘉诚对其生意上的资金支持。
2012 年 7 月 29 日	李嘉诚将 1/3 家族信托权益全部转让给长子李泽钜。
2013 年 12 月	李嘉诚通过旗下的风投公司 Horizons Ventures 投资一家国外比特币支付初创公司 BitPay。

2014 年 3 月	李嘉诚将屈臣氏股份近 25% 作价 440 亿港元卖给新加坡主权基金淡马锡，成功套现超过 710 亿港元。
2014 年 6 月 13 日	李嘉诚投资 1.8 亿港元的人造蛋黄酱在香港发售。
2014 年 8 月 2 日	李嘉诚可能竞价收购爱尔兰 Awas 航空租赁公司旗下约 100 架飞机资产。
2015 年 3 月	李嘉诚旗下公司和记黄埔与西班牙电信公司 Telefonica 达成最终协议，和记黄埔有限公司将斥资约 102.5 亿英镑（约合 956 亿元人民币）收购英国第二大移动电信运营商。
2015 年 9 月	某报社微信公众号一篇题为《别让李嘉诚跑了》的文章，在网上引发了极大关注。李嘉诚专门对这篇文章进行了回应，否认"不爱国"质疑。
2017 年 11 月	李嘉诚基金会决定未来 8 年再捐资 20 亿元，支持汕头大学加快发展。
2018 年 5 月 10 日	李嘉诚正式退休。
2018 年 6 月 29 日	李嘉诚最后一次参加汕头大学 2018 届毕业典礼暨颁奖礼，辞去汕头大学校董会名誉主席职务，交棒给次子李泽楷。
2018 年 9 月	李嘉诚入选全球化智库（CCG）评选的"世界最具影响力十大华商人物"。其他九位入选者分别为曹德旺、陈启宗、郭鹤年、郭台铭、马化腾、马云、任正非、谢国民和许家印。

2019 年初	李嘉诚停止以 389 亿港元收购加拿大油砂公司 MEG。后又给予华为 5G 订单，并帮助华为在英国拿下大额订单。
2019 年 6 月 16 日	李嘉诚为汕头大学设立本科生学费全额奖励计划专项奖助学金，首期奖励计划对象为 2019 级至 2022 级本科生，包括四年制专业和临床医学、口腔医学等五年制专业，以支持这 4 届本科生在校修读完成本科所有课程。每年的捐资额度依据 2019 级至 2022 级本科生当年的学费总额，以每年一亿元人民币为资助上限。
2019 年 7 月 18 日	李嘉诚在日本北海道机场偶遇上海小白鸽舞蹈团，捐赠为 200 万元人民币，100 万元用于报销该舞蹈团 45 名成员日本比赛开支，100 万元用于该舞蹈团未来推行老年人学习舞蹈的公益项目。

汕头大学毕业典礼致辞精选

2002 年：《在那"零"和"非零"间》

我常常都想列出我个人认为成功的一生缺一不可的质素：坚毅、勇气、有志、有识、有恒、有为、诚恳、可靠、有礼、宽容、公平、正义、洞察、智慧、尊重、正直、和善大方……大家不要紧张，菜单这么长，真正可令人吃不消，读诵已经够累人。世界越变越复杂，反复如汪洋，对一些人来说生活是艰苦的，但对更多人来说生活尽是迷惘，今天我们确实需要很多生命的坐标。

我们要主宰生命，但如何主宰，在学校可没有课程。理论上我们最清楚自己是怎样的一个人，在你们的脑海中，早已刻画好自己理想生活的每个细节，其中包括浪漫、权力和成就。我们都希望一切从心所愿，每一事物都要用理智来衡量，生活好像是沉闷无趣的。我想学术界的"博弈理论"对人生有一定的反映，人生有没有既定命运，我不知道，但每一天我们在那"零"和"非零"间选择，我们启示正在不断选择自己一生的命运。

西班牙著名画家戈雅有一副蚀刻画，命名为"当理智沉睡时，心魔可会出现"，画中一个学者沉睡在其书本之上，背后的猫头鹰和蝙蝠像噩梦一样纠缠着他，是说我们一生应小心谨慎及高度戒备，以理智克服心魔的诱惑。当我们面对镜中的自己，尽管不一定是梦想中、理想中最成功、最伟大、最有权力的人物，但一定不可以是一个我们所憎恶的形象。

2003 年：《人性的迷失能否复归》

小时候我的志愿想做医生，也曾想过当大学教授而不是要做一个企业家，你们也许不知道，我曾想过多少多少次，如果像你们一样有机会上大学，我的一生又会如何呢？所以我很羡慕你们，因为我的梦想就是你们的现实，我很高兴汕头大学今天把我们连结在一起。

我们生活在一个充满矛盾的时代，全球化到底代表些什么？它是多元一体的世界，我们生活中的每一个范畴——经济、社会、文化、科技等，都不断加速改变，这高速快车却像没有终站，车上的人谁也不知道往哪里去。

全球化如此大规模的商贸及金融活动，在一个董事会议室内，就可以为地球另一端的地方创造价值或为投资撇账，一张资产负债表是否就能反映商贸的真正价值呢？今天全球化资讯有爆炸性的力量，我们能传递资讯，我们又能否传递意义呢？

变化已经成为人类生命的本体，再没有人能凝固于往昔的日子里，在这场追求效率及效益最大化的混战中，生命可以变得很无情，人性可以很迷失，我们每一天要快人一步，根本没有时间停下来，好好思考到底需要一个什么样的新典范，来面对经济失衡，环境破坏，人性尊严及和平所受到的挑战？

我们常说人为万物之灵，人是一切发展的核心能源，我们兼具为善、为恶，有创造、有破坏的能力，我们为了追求进步，不断提升自己的竞争力，这本来是对的，教育的本质是令我们积极向前。

今天科技进步，通讯、医疗、生命科学等都不断有新突破，我们拥有更多知识，但未必更有智慧；我们能掌握事物的起因，但还不能预知未来。今天社会一切的困境不也就是人类创造出来的吗？所以我们必须反思人性的迷失能否复归？我个人深信透过教育是做得到的。

教育目标是传播知识，追求思维、追求智慧、完善人格。我们生活在社会中，要与社会互动，懂得如何与自己相处，以及如何与别人相处。大家要有同理心，能易地而处，张开心胸去体会来自世界各地不同文化，不同种族的人们所思所想，才可以超越种族、性别、年龄、文化及其他隔膜，不单要努力提升自己，更要致力建立社会共同的尊严，否则我们在全球化的过程中要能彼此和谐共处，只是遥遥不可及的希望。

2004 年：《Are you ready》

每当我们要展开新的一页，追求一个新的梦想，编织一个新的希望，都是我们需要思考时，Are you ready？Do you have what it takes？当你们梦想伟大成功的时候，你有没有刻苦的准备？当你们有野心做领袖的时候，你有没有服务于人的谦恭？我们常常都想有所获得，但我们有没有付出的情操？我们都希望别人听到自己的说话，我们有没有耐性聆听别人？每一个人都希望自己快乐，我们对失落、悲伤的人有没有怜悯？每一个人都希望站在人前，但我们是否知道什么时候甘为人后？你们都知道自己追求什么，你们知道自己需要什么吗？我们常常只希望改变别人，我们知道什么时候改变自己吗？每一个人都懂得批判别人，但不是每一个人都知道怎样自我反省。大家都看重面子，but do you know honor？大家都希望拥有财富，但你知道财富的意义吗？

各位同学，相信你们都有各种激情，但你知不知道什么是爱？这些问题，没有人可以为你回答，只有你自己才知道你将会怎样活出答案。这四年来你得来的知识，可助你在社会谋生，但未必可以令你懂得如何处世。只有你知道，你将会怎样运用脑袋内知识素材，转化为做人的智慧。生长与变化是一切生命的定律，昨天的答案未必适用于今天的问题，只有你的原则才是你生命导航的坐标，只有你的情操才是你鼓舞生命的力量。没有人可以为你打造未来，只有你才知道怎样去掌握。各位同学，are you ready？

2005 年：《内心的天空》

如果你认为毅力是每分每秒的"艰苦忍耐"式的奋斗，我觉得这是很不足的心理状态，毅力是一种心态，毅力不是一种生活。真正有毅力的人清楚自己人生的目标，且愿意承担责任，有颗坚强、非凡的决心又充满着希望的心，知道什么是原则、事实与正义，有极大的勇气和谨慎。心力是理性和理智心灵的发展，通过终生思索和追求学问的人一定不会掉进时间的迷宫，在营营役役中黯然失去生命的光彩。善于学习的人能领会和掌握未来，好学的人懂得把观察、经验和知识转化为智慧并使用得当，不仅能把梦想持之以恒，更懂得如何事半功倍。

各位同学，你们将走入人生另一阶段，我相信你们都有雄心壮志投入社会创造成就，请你们不要忘记，凭仗自己的本事你会受人尊重，凭仗自己的贡献你更会感动别人，让我们永远不会忘记回馈社会和民族的信念。我记得法国文豪雨果有这一句话：世间有一种比海洋更大的景象，那便是天空；有一种比天空更大的景象，那便是你内心的天空。在这里预祝大家活出精彩、快乐、成功。

2006 年：《打倒差不多先生》

我最近重读了胡适先生 1924 年所写的文章《差不多先生》，差不多先生若真有其人，他早应是不在人世。我认为胡先生笔下对中国人夸张的描绘虽不全面但发人深省，然而这家传户晓的人物，这有一双眼睛，但看的不是很清楚；有两只耳朵，但听得不很分明；有脑袋但缺乏洞察力和没有层次思维的先生却依然活着，而且可能有特强的繁殖力。现代科学至今还未找到人不死的灵丹妙方，何以独是差不多先生能成功存活于世？

也许胡适的差不多先生已变异为病毒，通过其散播，感染越来越多人。病毒强烈的僵化力使脑筋本质聪敏的人思想停滞不前，神志昏沉，虚度其既漫无目的也无所期待的庸碌日子。也许他还有发白日梦的本事，但缺乏追求梦想的意志，发酸地堕入无底的藉口世界以哄慰自己，种种似是而非的理由还在蔓延，慢慢侵蚀我们的社会、价值观、体系、技术和经济。

当我重读这篇名着，令我惊骇的不仅是差不多先生可怜的愚昧，更糟的是旁人接受如此荒谬的存在方式，还企图自圆开脱，这种扭曲式的浪费智慧行为足以令人哭泣。医生常常说准确断症是痊愈的起点，差不多是一种折损人灵魂的病，令人闲散；要知道人的生命光辉需凭仗自我驰骋超越，各位同学，如若你不愿被命运扣上枷锁，你必须谨记，活着是一种参与，你要勇于思考、尊重科学、尊重原则，能感受、有追求、能关心，敢于积极，能经得起考验，骨中有节，心中有慈、心中有爱。

你们都知道我生长在离汕大约45分钟车程的地方，当年为了战乱，离乡别井的时刻我并不知道命运前景将会如何，我只知道在理性误区中是不可能建造信念或希望；终我一生，我将毫不含糊和不变地活出我精神力量的华彩和我血肉热切之心。我是绝不会成为差不多先生，你们呢？

2007年：《活出你的故事》

一个人通过自身的努力，为自己和家庭，争取成就、建立幸福是非常重要的。然而，"取得成就"和"真正成功"是有天渊之别。要做一个比成功更成功的人，拥有专长、技能、学历、人际网络或经验只是基本功，更重要的是确立你与众不同的特质和看世界的角度。思维单一的人也许只终生追求财富和满足于拥有权力，但人生意义是多狭隘和失诸平衡，一个一生能够肩负理想，承担抱负、以爱心为原则、热诚投入及活出价值观的人，他们的生命却是无亡无尽的。

你们要做个造梦者，也要做个脚踏实地的人。你们要结合现实理据和实际经验来不断测试和强化自己的梦想。如果你有崇高的抱负为指引明灯，人生的目标便清晰明确，如果你一生以思驭动，你一定可从容不迫和充满活力地生活；如果你的价值观不是空洞口号，而能历久常新，你一生会有定力去应付现实社会复杂、多元和变幻莫测的挑战；如果你真正深爱你的社会、深爱你的民族，深爱这个世界和深爱活着，那你必须参与和无惧承担，我们民族传统智慧有很多高贵的境界；如若你能拈出"好谋而成、分段治事、不疾而速、无为而治"的精髓，生命是可以如此的好。

2008 年：《自负指数》

希腊哲学家对"卓越"与"自负"有一个非常发人深省的观念，他们相信每一个人都有责任把自己潜能发挥得淋漓尽致，但同时，人的内心应有一戒条，不能自欺地认为自己具有超越实际的能力，系统性扩大变而自我膨胀幻象，如陷两难深渊，你会被动地、不自觉地，布往失败之宿命。在"卓越"与"自负"之间取得最佳平衡并不容易，因为有信心、"勇敢无畏"也是品德，但沉醉于过往和眼前成就、与生俱来的地位或财富的傲慢自信，其实是一种能力的溃疡。

我们要谨记传统智慧，老子的八字真言："知人者智，自知者明"。我想和大家分享的诀窍是什么？我称它为"自负指数"，那是一套衡量检讨自我意识、态度和行为的简单心法。我常常问问自己，我有否过分骄傲和自大？我有否拒绝接纳逆耳的忠言？我有否不愿意承担自己言行所带来的后果？我有否缺乏预视问题、结果和解决办法的周详计划？我深信"谦虚的心是知识之源"，是通往成长、启悟、责任和快乐之路。在卓越与自负之间，智者会亲前者而远后者。背道而驰的结果，可能是一声净成就得之极少，而懊悔却巨大，成为你发挥最佳潜能的障碍，减弱你主控人生处境的能力。

在现今无限可能的电脑时代，大家对"重新启动"按钮相当熟悉。然而，在生命这场永无休止的竞争过程中，我们未必有很多"重新启动"的机会，我相信，给你这个机会，也没有人期望过着一个不断要"重新启动"的人生。同学们，你们绝对是最幸福的幸运儿，你们生于一个充满机会和希望的黄金时代，你们都很棒，而且雄心壮志。准备就绪。有巩固的根基应付未来的挑战和机遇。不够，请大家谨记，迈向成功要通过层层考验和淬砺。当你们走出小渊，踏进人生这真正的大学堂，请坚守常思考，常反思的守则，并怀着奉献和关怀的心态处事。只知撷取而不懂付出的人，他的人生仅是个虚影，只有能活出原则，真正懂得如何奉献国家民族及世界的人，才是真英雄。应如庄子所说："势为天子，未必贵也；穷为匹夫，未必贱也；贵贱之分，在行之美恶。"如果你们愿意这样做，并谨记常常检讨自己的诀窍，那么你们定能，攀登高峰后再达巅峰。

2009 年：《汕大人要活出超越梦想的人生》

尽管世道无常，矛盾错杂，游戏规则也每每有不公平和不公正，汕大人仍会坚持以原则与价值观走在康庄大道上。在你们灵魂深处，充满着反省的活力与仁心的朝气，大家能以果敢的人格与诚信活出精彩。你们的抱负不仅仅是懂得建筑工程师、治病的医生、做报道的新闻工作者、政府的公务员、善辩的律师、做研究的科学家、一个唯美的艺术家或营造财富的企业家等等。你们都知道权力、财富与责任相连的绝对性；你们都知道有同情心、相互尊重和兼容不同，是和谐社会真正的支柱；你们意识到排斥、歧视、贫穷和屈辱等形式式的不公平无处不在，你们永远不会把这种不公平加诸别人；你们会乐于参预社会，勇于承担责任，我们怀着助人的热忱，必能对抗消极与彷徨。

我仍记得三十年前，当年这里是一片稻田，今天看到大家灿烂的笑容与自信的脸孔，告诉我当年的决定是正确的，教育是掌握未来的关键，命运与坚持让我和国家共创汕大，但承传发扬汕大精神的重责是落在你们身上。若果我们坚信万物凝聚有始，长江不择细流，汇聚百川，如浩瀚宇宙，点点银河繁星，那你们必须谨记，建立自我能让个人梦想成真，追求无我能让更大的理想成真，汕大人要活出超越梦想的人生。2008 年 8 月 8 日，我在北京参加奥运会开幕礼，眼前是各国的运动员抖擞出场，脑海中是一幕幕民族和个人经历的回忆。同学们，你们置身民族兴盛之年，携着你们的热望与知识和不屈的精神出线。祝愿你们旅程中有无尽一展所长的机遇，挑战中充满欢欣，寻得及珍惜良师益友。我会永远与大家共勉。

2010 年：《八十后问卷》

我和你们一样也是八十后，所以今天想和大家互动一下：在座的有多少同学认为在汕大的岁月可以为你日后的成功奠下基础？请举手。有多少同学认为自己具备充沛的精神与力量、矫健的体魄，以及所有必须的重要元素来实现抱负和目标？请举手。有多少同学希望自己不甘心光是活着，而是能攀登理想的高峰，创出非凡成就？请举手。有哪些同学相信自己仍有很多需要学习的空间？有哪些同学知道什么障碍令你却步？

现在进入一个比较难以回答的问题：有多少同学可肯定自己必会一直坚持原则，拒绝自欺欺人，拒绝把走捷径视为正途？各位同学，我们都知道空抱宏愿并无太大意义；漫无计划地急于求成徒然令自己身心疲惫。人生必须立志，必须以热切的努力来追寻自己的梦想。如何追求个人快乐与满足不一定能在课本中找到答案，只有在你积极实践与心灵共鸣的行为时，富具意义的体验才可以驱赶心灵的空虚，让你享受富足人生的滋味。

你对自己有多少信心？你有没有不屈不挠的精神，知道如何正视和克服成长过程中将不断出现的挫折和障碍？你是否愿意信赖自己？面临选择时无惧接受考验？逆境求存的你，能否在磨炼中孕育更强的生命力？你是否懂得承担责任的意义，有坚持公平公正的公义心，为自己和社会追求进步？你是否懂得珍惜有选择的福分，有耐心成为后辈的良师益友，有奉献心，为国家，民族当中流砥柱的角色，在天地间寻找和活出恒久的价值观？

以下是我今天对你们最后一个问题：你有没有知遇感恩的胸怀，有没有在这快乐一刻中想起在你成长路上一直给予无怨扶持的父母和悉心善导的老师而心灵有所触动？各位同学，在准备今天的讲稿时，我的同事们建议说到这里最好来一下引经据典，以强化学富五车的感觉，我不同意这个观点，前人的启发固然重要，但如何让哲理里历久常新更需要你们的思考和提炼；若你能尽你的忠诚，努力在责任的道路上活出丰盛、快乐和充满尊严的人生，日后能成就大业者，能出类拔萃者，能出尘不染者，舍你其谁？你就是精彩，你就是经典。

2011 年：《柠檬汁人生观》

我以为活到这年纪，早看尽太阳底下的事，想不到令人莫名其妙的事还是不少的。近期媒体在热炒年青人应否成为李嘉诚，观点之多，煞有介事的炒作令人费解发笑。对我而言这议题本身挺空洞，每一个人各有不同的独特天赋、经验，并按自己的选择踏上命途，虽然没有人应附人骥尾，盲目模仿他人，但从他人经验悟出心得，也是不错的成长教材。坦白的对大家说，我爱当我自己！但这句话不意味着我未曾梦想当一名内科医生，或是科学家，一点痴性，人人可有，不太久之前，我还希望自己是高球高手。

人生的价值不仅需要重视结果，奋斗过程，也同样重要。东坡先生曾说"食无肉，病无药，居无室……"，生活所需全部欠缺，我小时候比苏东坡这句话中的生活条件更苦，在这艰难阶段中，我还能在品格个性、能力、情感与志趣的探索里找得快乐的滋味。这次闹哄哄要不要当李嘉诚的炒作，反而促使我对自己的旅程反思，如果一切有机会从头再来，我的命运会如何不同？人生充满着很多"如果"，转捩点比比皆是，往往也不由我们控制。如果战争没有摧毁我的童年，如果父亲没有在我童年时去世，如果我有机会继续升学，我的一生将如何改写？我对医学知识如此热诚，我会不会成为一个医生？我对推理与新发现充满兴趣，我会不会成为一个科学家？这一切永远没有答案，因为命运没有给我另类的选择，我成为今日的我。

人生的过程中尽管不无遗憾，但我学到最价值连城的一课——逆境和挑战只要能激发起生命的力度，我们的成就是可以超乎自己所想象的。我成长的年代，香港社会艰苦，是残酷而悲凉的。那时候没有什么社会安全网，饥饿与疾病的恐惧是强烈迫人。求学的机会不是每一个人的权利，贫穷常常像一种无期徒刑。今天社会前行，新的富足为大部分人带来相对的缓冲保障，贫穷不一定是缺乏金钱，而是对希望及机遇憧憬破灭的挫败感。很多人害怕可上升的空间越来越窄，一辈子也无法冲破匮乏与弱势的局限。我理解这些恐惧，因我曾经一一身受。

没有人愿意贫穷，但出路在哪里？七十年前这问题每一个晚上都在我心头，当年十四岁时已需要照顾一家人，没有接受教育的机会，没有可以依靠的人脉网络，我很怀疑只凭刻苦耐劳，和一股毅力，是否足以让我渡过难关？我们一家人的命运是否早已注定？纵使我能糊口存活，但我有否出人头地的一天？

我迅速发现没有什么必然的成功方程式，首要专注的是，把能掌控的因素区分出来。若果成功是我的目标，驾驭一些我能力内可控制的事情是扭转逆境十分重要的关键。我要认清楚什么是贫穷的枷锁——我一定要有摆脱疾病、愚昧、依赖和惰性的方法。比方说，当我发觉染上肺结核病，在全无医疗照顾之下，我便下定决心，对饮食只求营养不求喜恶、适当地运动及注重整洁卫生，捍卫健康和活力。此外，我要拒绝愚昧，要持恒地终身追求知识，经常保持好奇心和紧贴时势增长智慧，避免不学无术。在过去七十多年，虽然我每天工作十二小时，下班后我必定学习，告诉你们一个秘密，在过去一年，我费很大的力气，努力理解进化论算法里错综复杂的道理，因为我希望了解人工智能的发展，以及它对未来的意义。无论在言谈、许诺及设定目标各方面，我都慎思和严守纪律，一定不能给人嚣惰脆弱和倚赖的印象。

这个思维模式不但有助于投资，更可建立诚信；你的魅力，表现在你的自律、克己和谦逊中。所有这些元素连接在一起功效非凡：它能渐渐凝聚与塑造一个成功基础，帮助你应付控制范畴以外的环境。当机遇一现，你已整装待发，有本领和勇气踏上前路。纵使没有人能告诉你前路是什么一道风景，生命长河将流往何方，然而，在这过程中，你会领悟到丘吉尔多年的名言："只要克服困难就是赢得机会。一点点的态度，但却能造成大大的改变。"生命抛来一颗柠檬，你是可以把它转榨为柠檬汁的人。要描绘自己独特的心灵地图，你才可发现热爱生命的你、有思维、有能力、有承担，建立自我的你；有原则、有理想，追求无我的你。

2012年：《我很在乎未来》

我 1928 年在潮安出生，如果你认为今天的汕头还不算很先进，那么八十四年前潮安县的景象就更加可想而知。在家乡这十二年，我有太多甜酸苦辣的回忆。还记得我六岁那年的夏天，晚饭后一家人陪伴祖母在家里的小院子纳凉聊天，叔叔告诉我们城中的老板如何富有，人们估计他有二十万枚龙银（以古董价计算，今天约值人民币三亿元）的总资产，祖母低沉地自说："不知我们哪一代的子孙，才可能像别人那样。"这是一个老百姓期求安逸的平常盼望。我心爱的祖母早已离逝，长埋在她最爱那韩江岸旁，七十八年过去，我也曾在扫墓时倚在祖母的墓首，低声地向她说："我们已经做到了。"

如果你认为一个失去求学机会，没有任何资源，穷得只剩下希望的小伙子对"命运"巨碾从未惧怕，那我要告诉你事实并非如此。对贫穷的人，忧虑是一个体验至深的折磨。也许你们都听过我如何挣扎求存，奋抗命运变幻无常的故事，但你们可能不知道，我在你们同龄的时候，多次拒绝放弃理想以换取"无发展空间"的眼前安逸，我一直深信，如果世界上有任何"成功秘方"，其中最关键的元素必定是你对成功的欲望远远大于对失败的恐惧。

这心态像是刀锋——锐化你对什么是"可能的"触觉和激发你的梦想；这心态像是预警系统，令你对自满情绪和停滞时刻警惕，令你审慎律己、敢爱、敢说实话、敢当万绿丛中那点红。当你在我的年龄，你不会想带着后悔和遗憾地感慨，曾经是开朗、热情、自信的你，却选择无梦和无理想地过了一辈子，你曾经是正直无畏，真诚和至诚，烙印在你那颗赤子心上，但面对生活冷酷的考验，你选择放弃原则和目标，在道德路上迷失了你的灵魂、你的谦卑和爱贡献的心。

各位亲爱的同学，人生命运必然是你一生做出选择的总结，懂得如何选择和承担后果是谱写自己命运的入门法。爱因斯坦在普林斯顿大学的办公室门上挂着这句话："不是所有可以算的东西都是重要的，

也不是所有重要的东西都可以被计算。"那你问我当年订立的目标是
什么，我的答案你们早就知道："建立自我，追求无我"，希望你们
与命运也许下承诺，凭仗智慧和勇气，实现你的梦想及贡献我们心爱
的祖国大地、和我们彼此共存的世界。

2013 年：《现实的造梦者》

在医院期间，我静静思考，世界改变的步伐不断加快，虽然过往
经验是人生无价之宝，但传统应对困难与挑战的智慧和观点，今天是
否依然适用？古书古语，劝人苦心志、劳筋骨、坚毅奋斗，这些励志
的话语，是否足够提升我们的韧力？如何迎战改变，是世界上每一个
人要思考的问题。

今天在逆境中奋斗的人，不要让内心的愤怒燃烧，而影响你解决
问题的能力。在医院期间，我非常感激医生与护士们，专业与悉心的
照顾，手术的伤口没有任何痛楚，凄楚的是心上的回忆。这个小指头
是我第一个疤痕。这疤痕是我 14 岁的时候，愤怒的印记。那年，一个
寒风透骨的冬天下午，我忙了一整天，要把堆得高高的皮带切割，为
明天生产工序做好准备。从窗框中，看见高层领导，坐在暖暖的室内，
悠闲地品茗。我默然感到很孤独、很怨愤，我错手割伤自己，深可见骨，
我还记得血从伤口由红变黑，当时心中只有一个念头——自己一定不
再成为那可怜的人。我知道，只有怨愤而欠缺思维，只会令你更软弱、
更惶恐，使你付出更大的代价和承受更大痛苦。我要把愤怒转为对自
己更高的要求，和更专注解决问题的动力。只有能面对现实的人才可
征服现实，只有更加勤奋，更具观察力和韧力的人，才可改变困境，
创造机会和缔造希望。

各位同学，在过去数十年，别人给我的昵称是"华人首富"，这
是一个很复杂的滋味。我的一生充满了竞争与挑战，历程是好不容易

的。常常要有智慧、要有远见、要有创新，怎不令人身心劳累，四方风风雨雨中，我还是不断在学习笑对人生，作为一个人、一个爱自己民族的中国人、一个企业家，我不断在各种责任矛盾中，尽了一切所能服务社会。各位同学，你具备卓越的专业知识与才干，迎接人生的各种挑战，你们的前途成就可比我更光明，为社会缔造明天，舍你其谁？你一生谨守正知、正行、正念，路漫漫其修远，你对社会永远的关怀和参与，这一份坚持，就是解决不公平问题的最实际方案。

2014 年：《无心睡眠》

我忧心，在全球化、知识经济的时代，各人智商、能力和努力程度不一样——机会失衡成为"新常态"。我忧心，国家资源局限成为未来发展的难题。眼前，我们需要把困难变为机遇；眼前，我们急需科技拓阔创新；政府要有灵活方略，处理价值世界和实际世界间微妙的关系，特别在再分配的调节机制，不要让"贫富悬殊的愤怒"和"高福利负担"一事的两面现象，持续让社会停滞和不安；政府必须率先纳新求变、开拓思维，政府必须深切推行教育改革，我一直认为投资教育失当是对未来严重的罪行。我忧心，人与人之间欠缺互信：信任是凝聚理性社会一个重要的环节，当它未能成为润泽社会的"正能量"，当大家总觉得一切在变味，对一切存疑，认为公平正义被腐蚀时，政经生态均会走向循环的大滑坡：构建社会信任是民族最好的无形资产。

各位同学，你们今天毕业了，在新大门的真理钟敲响之时，你对未来的许诺是什么？每天晨光初现时，你可曾对社会的问题有所记挂？你会是，视而不见、无动于衷，还是渊深邃密、锲而不舍？一个有真能力的人，总会自觉地把"推动社会进步"视为己任。不可言诠的世界，她的未来需要你们年轻人的承担、需要你们正面的价值观、需要你们的关怀、需要你们的耐心，也需要你们的解决问题的能力，尽其心者知其性，有你们推动社会进步的决心和坚持，就是你我在变动不居的世局中最好的酣眠良方！

2015 年：《求成者》

感恩，蕴含特强的感染力，是一股悦己达人的正能量。"推己及人"的态度，是一股为自己灵魂充电、成就他人、造就成功的超能量。一念的同理心，有无可量度的威力，我认为它是世界上最值得投资的"储备货币"，它的规模、它的流通、它的价值，在人心之中是实在、全面和绝对的。

年轻的同学们，你可能觉得这是老生常谈，知易行难。其实，你不在乎它，才是一个关键失误。今天，世人要求成功者交出的成绩表，不但要对经济有所掌握，还要对环境保护有所承担，对人类生活有所贡献，"三重底线"的概念已是最基本要求，如果你想成为明天的领袖，世人对你的气节和能力要求，基准将更高。

具有同理心的储备，才知道自己是一个"求存者"，还是一个"求成者"。在"求存者"眼里，一切都是"谜"。但"求成者"却不同，即使置身于熙熙攘攘的世态中，依然懂得解码的方法。"求成者"的内心有所追求，对自己的定位明确，他们愿意为改善今天，不断寻找最佳方案；他们精明，但没有一大堆主观的标签；他们负责任的心态，为了贡献明天，拒绝接受不认真、僵化，把一切弄复杂的做事方法。"求成者"有纵横合一的真功夫，他们的思维系统，是非线性的，不怕拥抱新知识、新领域，看不见的联系，是他们创新的乐园。使命感令他们知谦卑，而不妄自菲薄；潇洒勤奋工作，爱思考探索，乐在其中。

最重要的是，"求成者"以"仁能善断"、"仁能善择"去定义自己的一生，我们要把这种态度元素，像编写智能系统内核一样，内置在人生当中，不断升级、不断优化，令涌现的机遇、洞见的升华、做人处世节奏的掌握，汇合运行自如，有效做出最好的判断、最好的选择，打造自己的运气，建立充满光芒的人生。

2016 年：《未来就在眼前》

踏出校门，你将迈进急速锐变的年代，科技催迫全方位的改变，以往熟悉的模式不断更新重塑，全球在世局变幻不定、经济不稳的大气候中谋求转型发展；这"以往不再，未来没来"的关头，是契机还是危机？滥竽充数已经没有市场，没有解决方案的雄伟愿景更是"有毒组合"，贻误资源、时间还未最可怕，你知道我最害怕是什么？我最害怕主观、因循的"心向"。我们对"闭塞倾向"要时刻高度戒备，功能凝固及惯性定向的惰性判断，是走向未来的障碍和负累；错误的政策或计划，只会把未来困锁在永无尽头而又徒劳无功的迷惘中。

大家都知道科技创意带来高增长机遇，但世界依然困扰重重，环境难以持续，不公平、不公正、不安、焦躁处处，令人畏惧。你如何把恐惧转化为促动力，成为未来的想象者，和困难的解决者，承担各种不可能的挑战和任务而不输给风雨？我没有成功锦囊，但有三个心法希望和你们分享。

在这高增长的年代，要脱颖而出，必须不断强化谦逊的学习态度。当人工智能让机器也有观察力和逻辑力时，心智、心像力是你拥有洞见，有先见之明潜力的关键。科技是高增长的基石，人才创意是发动机，但社会的包容是燃料，三者合一，孕育出共同学习、共同迭代，让新观点引向新洞见，有升级增值力，有协变力的社会，才能享受连续链良性循环的红利。

锐变的年代，也同时是人格力量的年代，在理想大道上赶路时，希望你们有悲天悯人的心怀，不要忘记有能力帮助别人是福分。近日我对福气一词有真切的领悟，一场小病，在家休息期间，我迷上了在虚拟世界抄经——迷上了怀素的狂草。虚拟空间里真爽,笔锋意连,生生不息。回到现实世界里,我感谢大家对我的厚爱,亲情友谊关怀的珍贵,令熹微晨光,倍感殷殷相迎,夜里虫声唧唧,从前种种,易上心头,一切好不容易,但我没有叹息,我始终是个快乐的人,因为我作为一个人、一个企业家,我尽了一切所能服务社会。

2017 年:《愿力人生》

我明年 90 岁啦,一生志在千里,也知似水流年;我年轻过,历尽困难试炼,我深刻知道成长之路是非常不容易的;在高增长机遇巨浪中,愚人见石,智者见泉。因循的并发症是不思不想和无感无知,在人工智能世代中肯定过不了关;驾浪者的基本功,时时刻刻要灵敏、快知快明,要有独立思考悟力、能运用想象,把现实、数据、信息合组成新。愚人只知道"为"(to do),智者有愿力,把"为"(to do)变"成为"(to be)。

"愿力一族"是如何修炼?如何处世?如何存在?愚人常常抱怨,变得墨守成规是被逼出来的,被制度营役、被繁文缛节捆绑、被不可承受的期望压至透不过气;他们渴望"赢在起跑线上",希望有个富爸加上天赋的优越组合,认为"人能弘道"、改变尘世复杂和无可奈何的扭曲太负重,"道能弘人"肯定更舒服。这样的心态,他们已"输在起跑线上"。传统中国智慧告诫我们命与运是互动交织的,拥有一切,也可以一无所有。

懂得"善择"才是打造自己命运的保证。而命运大赢家的梦幻DNA 组合,是科学心智与艺术心灵的觉醒,才可把潜能修炼为出众的人生。性格基础是意志力,自律的坚持和创意潜力相形相塑,才可达致拥有挪移心外喧哗的处世心力。自律是铁杵成针的意志功夫。每个希望成为大舞蹈家的人,每天面镜,并非顾影自怜,而是不怕疲惫、不怕痛苦，一而再，再而三，修正追求举重若轻的完美，技巧内化自我之中。走到台前，"身与物化，意到图成"。

我今天为什么选择舞蹈幻灯为背景？诗人叶慈的提问，一矢中的，"怎样才能从舞蹈之中辨别真正的舞者？"舞蹈家个性魅力触动观众，凝住一瞬永恒，艺术映照人生，启迪感召每一个人逾越艰难超越局限，追求更高的水平，开拓无限的可能。

2018年：《建立自我追求无我》

在林林总总"做好人""做好事"的口号中，一个自我中心的人看世界，和真诚有本心的人看世界不同。超级出众的人会常常问自己：我是 Prince charming 或是 Prince Harming？你是魅力、功效之星，还是滔滔大论、制造问题的人？

现代环境的新挑战因循难立新，在平庸圈套的死胡同徘徊，徒然浪费资源事倍功半。要探求不一样的方法，才可寻找到有价值的量变。建立自我，关键态度是"谦卑、谦恭、谦虚"。谦卑具有修复、激励功能，它是虚伪自大和傲慢综合症的预防针。谦虚修为的人，是有量度、能长期处理复杂压力的问题解决者，他们意识到自己的观点，并非唯一有效可行的选择。谦恭的人常带好奇、开明，自胜者强是充实人生的灵丹妙方。立志要改变世界的人，有实质良心和才华同样重要，你的领导能力能否服务好理想？你的深度与宽度决定你是解决问题的人，还是问题本身；区分你是启发别人的天使，还是把主观强加于别人的牛魔王。有人认为我这把年纪，时间不再没有方向，时间就是当下。晚上仰望星空，让我了解人的渺小，在漫漫长路上，很多时候也感到沮丧无力，但为了明天，我依然披上战衣，去思考、去感受、去行动，永不言倦——继续公益求变，寻找更好。

亲爱的同学们、校友们，38年前，这里原是一片荒芜田地，创办汕头大学，尽管被人嘲讽是愚公移山，但我坚信只有推动教育改革，初心的许诺才能实践。我要感谢一直支持我的朋友，是你们令我这孤独激情路上不感孤独。每次来到汕大，同学们一张张笑脸和爱，是我永恒的鼓励。今天之后，我会退下汕头大学名誉主席的职务，在这心爱的大地上推动教育改革的使命，将交由小儿泽楷和基金会同仁接力。同理心和慷慨良心，是一种选择。个中满足感，难以言传。大家同心，可实现更大的梦想。过往一切深烙心上，向前眺望，我总是对大家能成就的未来带着期盼。同学们，ARE YOU READY？一生以理智、道德和诚信，致力为世界带来尊严和机遇，"建立自我追求无我"，活出真正胜利的人生。

参考文献

1. 陈美华、辛磊著：《李嘉诚全传》，中国戏剧出版社 2005 年

2. 李阳著：《李嘉诚传》，花山文艺出版社 2018 年

3. 李忠海著：《李嘉诚传》，国际文化出版公司 2015 年

4. 李永宁著：《李嘉诚：我一生的理念》，北京联合出版公司 2014 年

5. 李永宁著：《李嘉诚：成功没有偶然》，中国华侨出版社 2014 年

6. 李博恩著：《李嘉诚的人生智慧》，中国纺织出版社 2017 年

7. 武伟主编：《香港富豪排行榜》，当代世界出版社 2001 年

8. 理平著：《香港大富豪发迹史》，中国工人出版社 1992 年

9. 吴嘉林等编著：《闯荡香港新富豪》，广东人民出版社 1993 年

10.（英）弗兰克·韦尔什著，王皖强、黄亚红译：《香港史》，中央编译出版社 2007 年

11. 郑宝鸿著：《香港华洋行业百年》，商务印书馆 2019 年

12. 刘诗平著：《洋行之王——怡和》，三联书店（香港)2010 年

13. 郑宏泰著：《白手兴家香港家族与社会（1841-1941）》，中华书局 2019 年

14. 杜博奇著：《豪门兴衰：香港商业百年》，浙江大学出版社 2013 年

15. 吴晓波著：《激荡四十年》，中信出版社 2017 年

16. 金泽灿著：《李嘉诚家族传》，华中科技大学出版社 2015 年

17. 成力著：《李嘉诚谈管理》，海天出版社 2010 年

18. 王晶编著：《李嘉诚：赚钱是一种修行》，华中科技大学出版社 2016 年

19. 陈美华著：《李嘉诚：成功没有捷径》，花城出版社 2016 年

20. 陈润著：《时代的见证者》，浙江大学出版社 2019 年

21. 陈润著：《全球商业一百年：大商崛起》，浙江人民出版社 2013 年

22. 林汶奎著：《李嘉诚的财富传奇》，中国社会出版社 2009 年

23. 刘云芬著：《家族企业慈善捐赠的影响因素及效果评价研究》，东北财经大学出版社有限责任公司 2018 年

24.（美）约翰·D.洛克菲勒著，徐建萍译：《做生意的艺术》，江西美术出版社 2017 年

25.（美）詹姆斯·E.休斯著，钱峰、高皓译：《家族财富传承：富过三代》，东方出版社 2013 年

致 谢

行文至此，本书已经划上了句号。但是，关于李嘉诚的故事还远未结束，这个退休的老人像个永动机一样永不停歇，他的财富数字还在倍增。巧合的是，在初稿完成的时候，正好赶上朋友圈刷屏"李嘉诚机场偶遇一群孩子，相谈甚欢资助 100 万旅费"的新闻，退休后很少露面的李嘉诚，用这样惊喜的方式回到大众视野。正如没有人知道长和系到底有多少钱一样，我们永远不知道李超人还会带给我们什么样的惊喜。

面对饱受争议、毁誉参半的超级富豪，无论谁来执笔都难负重望。正如一千个读者眼中有一千个哈姆雷特，一万个读者眼中也有一万个李嘉诚。企图破解商业巨子的成功秘诀，注定吃力不讨好。同样一个李嘉诚，就算同一个人去解读，如果角度稍微一倾斜，就可能造成认知的偏差。但又如法国著名文学家罗曼·罗兰所说："世上只有一种英雄主义，就是在认清生活真相之后依然热爱生活。"笔者知道写作李嘉诚传记是一件难事，尤其是市面已经有那么多同类书的情况下。但是在资深财经作家陈润老师的鼓励下，笔者依然勇敢地应承下来。

之前听闻一位加拿大官员"粉"上了李嘉诚，将一张李嘉诚的杂志封面头像放大打印后挂在办事处，每天看到就对着李嘉诚竖起大拇指，逢人就讲那是自己的偶像。其实，这样的"粉丝"，全球何其多。

可以说，向李嘉诚致敬，是几代人的情怀。如果说每个 60 后、70 后心中都有一个强烈的金庸梦，期望有朝一日成为一位侠客，执剑走江湖，用武艺打抱不平和除暴安良，那么每个 80 后、90 后心中都有一个强烈的超人梦，期望有朝一日像李嘉诚一样，成为超级富豪，修身、齐家、治国、平天下，用财富为社会贡献力量。"20 岁 +"的时候，李嘉诚是一个传说；"30 岁 +"的时候，李嘉诚是精神食粮。在迈向不惑之年，笔者渐渐明白，仅靠道听途说去了解李嘉诚，是远远不够的，人生要想早日实现财富自由，须得深入学习李嘉诚。于是有了这部作品。通过这样的方式与偶像深度接触，也算圆了笔者的一个夙愿。

为了尽可能客观、全面、详实地完成这部作品，在写作过程中，笔者查阅并整理了关于李嘉诚的 500 多万字的主流财经媒体报道、评论和书籍，包括他的演讲、采访等影音资料，力图尽可能接近事实，还原被神话或误读了的李嘉诚。在此，笔者要对所有报道和著作的写作者表示诚挚的感谢。另外，个人的精力毕竟有限，笔者也求助了在媒体和图书馆工作的几位老朋友，感谢他们的友情支持和帮助。

最后，笔者要特别感谢陈润老师，是他提供了写作思路，并手把手指导笔者如何写作、梳理和完善加工。也感谢润商文化团队的各位老师，在他们的监督和帮助下，笔者最终按时完成了写作。

当然，由于李嘉诚的经历实在太丰富，投资的领域实在太多，本人所掌握的资料、了解的信息尚且有限，加上写作时间和出版时间仓促，难免有不足之处，敬请读者谅解与指正。